LA CIVILIZACIÓN DE LAS "TIERRAS SALVAJES"

VALORES FUNDACIONALES DEL CONCEPTO DE *PARQUE NACIONAL*

Norberto Fortunato

LA CIVILIZACIÓN DE LAS "TIERRAS SALVAJES"

VALORES FUNDACIONALES DEL CONCEPTO DE *PARQUE NACIONAL*

prometeo
libros

A la memoria de mi padre, José

A mi hija, Clara

Agradecimientos

Gracias a mis padres y a mi hermano, a Carmen Vaccaro, Marcelo Escolar, Claudia Barros, Carla Lois, Perla Zusman, Alejandra Tímpani, Carlos Reboratti, Rodolfo Bertoncello, Regina Schlüter, Verónica Hlace, Liliana Flier, Marcela Rafaniello, Daniel Terzano y Patricia Flier, quienes, de maneras distintas y en diferentes etapas, han dado su ayuda desinteresada para la realización de este proyecto personal.

Índice

Prólogo

La humanidad, a través de su historia, ha producido una multiplicidad de representaciones acerca del espacio natural. Estas percepciones implicaron relaciones sociedad-naturaleza diferentes, y los vínculos resultantes fueron asignando a la especie humana el rol de agente de cambio de las condiciones planetarias, por encima de la dinámica propia de otros actores naturales. Su poder transformador alcanzó niveles altamente significativos entre el siglo XIX y la actualidad.

En 1872, como fragmento del movimiento de *civilización de la barbarie*, la invención de la figura de "parque nacional" (y su legitimación política, jurídica y social) constituyó una estrategia de apropiación material y conceptual del territorio, situada en el contexto del avance del Estado-Nación sobre las "tribus" y de la expansión del capitalismo. En palabras de Roland Barthes, si "el adjetivo es el lugar de la ideología en el lenguaje", no es casual la adjetivación usada por sus creadores norteamericanos: los parques fueron llamados *nacionales* –no federales– por su administración; ni *salvajes* o de una manera análoga, por el grado de intervención humana.

En el proceso de apropiación territorial, sujetos e instituciones relacionados de maneras distintas con los intereses estatales –en el caso norteamericano, aquellos vinculados particularmente a la conquista del *far west*– recurrieron a la conceptualización de vastas extensiones pretendidas como ámbito de dominación, a través de la metáfora del "desierto". El anclaje de esta imagen estaba basado en una transferencia tácita de ciertas características de su significado literal y original, que estableciendo una relación de sinonimia no fundamentada entre "territorios en manos de pueblos originarios" y "desierto" (o en su lenguaje: *wilderness*), ponderaba de este último el rasgo de "espacio vacío y deshabitado"; en una operación no explícita, lo hacía extensible a *"vacío de civilización"*. Las áreas declaradas "parques nacionales" representaban el pasaje del estado salvaje al estado civilizado para vastas extensiones territoriales incorporadas al dominio estatal efectivo (con la consecuencia llamativa de la ausencia del discurso oficial sobre el desplazamiento de los pueblos nativos preexistentes en aquellas regiones).

Sin embargo, entre la Guerra Civil y el final del siglo XIX, los norteamericanos vivenciarían un período de profundas transformaciones: una sociedad esencialmente rural iría rápidamente convirtiéndose en una sociedad urbana y compleja. El *wilderness* había sido abierto a la producción con apoyo del gobierno federal. Las empresas agrícolas eran transformadas mediante su mecanización y la introducción de capital intensivo. El tendido del ferrocarril y de líneas telegráficas eran instrumentados como vehículos difusores de civilización. Por lo tanto, amenazada efectivamente la existencia de las tierras salvajes por la fuerza avasalladora de la industrialización, su paulatina pero inexorable desaparición precedió al surgimiento de una corriente llamada a promover su conservación. Si la "civilización del desierto" significaba la pérdida del ambiente geográfico e histórico donde se había forjado el carácter nacional norteamericano –representado en la cualidades arquetípicas del *pioneer*–, la creación de parques nacionales contribuiría a mantener el escenario fundacional de la nación para ser apreciado por las generaciones futuras. La antigua percepción del *wilderness* como ambiente hostil había dado paso a otra, como ambiente favorable. El lugar de la barbarie –antes enfrentado con militancia– ahora debía ser conservado. Como paradoja, si en el pasado la civilización había debido protegerse de la barbarie, para el futuro, las tierras salvajes debían ser protegidas de la civilización. Además, por una parte, sin la existencia del desierto no hubieran existido los pioneros: el arquetipo del héroe norteamericano era únicamente explicable en su relación con el *wilderness* y las condiciones de vida impuestas por el desierto sobre el hombre de la frontera. Por otra parte, aquella oposición efectiva y efectista establecida entre héroe y villano nacional –pionero y nativo, respectivamente– era reevaluada: el héroe era tan vital a la escena como el villano. Más aún, quizás su villanía no fuera tal, en vista de las "cualidades admirables" producidas por el contacto con el desierto.

Para la primera década del siglo XX, el debate acerca de los valores de estas tierras salvajes trascendería los círculos políticos, artísticos e intelectuales

18

hasta popularizarse. Convertida en una parte de la cultura de la nación norteamericana, la estima por los hombres de la frontera se extendería a gran parte de la sociedad hasta incluir su entorno natural. Como afirma Max Oelschlaeger: "El *wilderness* iría transformándose paulatinamente en naturaleza".

En Argentina, influenciados por este ideario conservacionista, los proyectos fundacionales de áreas protegidas serán producto de una valoración del espacio natural atravesada por tres dimensiones igualmente significativas: sus aspectos geopolíticos, económicos y simbólicos. El origen de los parques nacionales y el proceso que conduciría a la institucionalización de la conservación de la naturaleza coexistirían coherentemente con otras acciones encaminadas a la construcción y la consolidación del nuevo Estado-Nación.

Hoy, transcurrido más de un siglo de la etapa de su enunciación y en medio de una época caracterizada por los problemas ambientales, si estos distritos especiales son apreciados legítimamente como espacios de conservación de la biodiversidad, resulta igualmente válida su percepción como reservas alegóricas de la memoria de una tipología humana entendida únicamente en función del proceso de conformación de los territorios nacionales. La historia natural –visible mediante sus formaciones geológicas y sus especies naturales y vegetales autóctonas– y la historia cultural –asible a través de las huellas materiales e inmateriales de pueblos originarios, exploradores, misioneros, conquistadores, ejércitos, colonos y otros actores sociales– son expresiones de la diversidad de significaciones propias de las áreas naturales protegidas.

El territorio y el ambiente, vistos en sus marcas físico-biológicas y humanas, han sido y son fuentes formidables de producción de valores plurales, tanto tangibles como intangibles.

Ante la destrucción progresiva de la naturaleza y en tiempos de globalización y creciente uniformidad de paisajes y modos de vivir, como manifiesto de interés general en favor del sostenimiento de la abundancia de la diferencia, y como proyecto de transformación de la potencia de los mundos imaginarios en el acto de otro mundo real, ***re-pensar*** (***re-significar, re-crear, re-inventar***) el conjunto de valores de estos escenarios patrimoniales representa, junto a la posibilidad de aprender de nuestras experiencias históricas y a la oportunidad de sus usos múltiples renovados, una contribución a la defensa y el resguardo de la diversidad natural y cultural del planeta.

Norberto Fortunato

Introducción

Este libro aborda como tema principal el conjunto de valores otorgado al espacio natural a partir de la segunda mitad del siglo XIX y la primera mitad del siglo XX, época de surgimiento y legitimación política, jurídica y social de la figura de "parque nacional" y de formación de las bases del movimiento conservacionista y sus distintas corrientes ideológicas. Nuestra mirada estará abocada al estudio del origen de las áreas naturales protegidas en el mundo y en nuestro país, y al proceso que conduce a su institucionalización en la esfera de acciones nacionales estatales, con el propósito de evaluar -a través de las ideas, políticas públicas y prácticas adscriptas a dicha temática- las múltiples significaciones asociadas a estos emprendimientos durante la etapa fundacional mencionada, y su proyección sobre nuestro tiempo y el tiempo futuro.

Como aporte para la construcción de nuevos conocimientos sobre saberes territoriales y ambientales y para el aprendizaje —sobre la experiencia de las generaciones pasadas, de las generaciones actuales y venideras—, estas páginas intentarán —en base al tratamiento teórico-conceptual y el relato histórico del tema arriba indicado (y más allá de las diferencias apreciables en las particularidades propias de cada grupo humano situado en el contexto de su propio escenario histórico)— ofrecer una interpretación acerca del *logos* (sentido) de la conservación:

- *¿quién debe conservar? (agente responsable de la conservación);*
- *¿qué conservar? (objeto de la conservación);*
- *¿dónde conservar? (localización de la conservación);*
- *¿cómo conservar? (estrategia de la conservación);*
- *¿por qué conservar? (fundamento de la conservación);*
- *¿para quién conservar? (beneficiario de la conservación);*
- *¿para qué conservar? (finalidad de la conservación).*[1]

---

[1] Estas preguntas "clave" acerca de la conservación de la naturaleza han sido resultado de reflexiones compartidas con Verónica Hlace para el diseño de los contenidos del "Seminario sobre Áreas Naturales Protegidas" (Tecnicatura Univiersitaria en Turismo, Facultad de Ciencias de la Gestión, Universidad Autónoma de Entre Ríos, Villaguay, Provincia de Entre Ríos, mayo y junio de 2003).

No habrá reflexiones –más allá de su profundidad, su rigor y su consistencia argumentativos– capaces de producir respuestas únicas y definitivas a tales preguntas. Sin embargo, en acuerdo con las palabras de Edgar Morín y como justificación de este esfuerzo: "Conocer y pensar no es llegar a una verdad absolutamente cierta sino dialogar con la incertidumbre" (Morín, 1999). A pesar de la imposibilidad de su generalización y de la permanencia sin cambios de nuestras conclusiones, esta contribución residirá, justamente, en la oportunidad de reunir la diversidad de valores –siempre históricamente condicionados– acerca de una cuestión particularmente significativa para la actualidad y el futuro próximo.

Hoy en nuestro país, transcurrido más de un siglo de la época de su enunciación y desde la perspectiva del organismo gubernamental a su cargo, los parques nacionales cumplen un abanico de funciones específicas mutuamente relacionadas: la conservación de muestras de unidades naturales, el resguardo de hábitats de especies en peligro de extinción y la preservación de grandes escenarios naturales.

> El incremento acelerado de la población mundial y su capacidad de alterar el planeta provocan una presión creciente sobre las áreas silvestres. Pero el hombre, que es parte de la naturaleza, necesita contar con espacios que aseguren los ciclos naturales, la provisión de agua potable, lugares tranquilos para el esparcimiento e investigación, fuentes de nuevos recursos (...). Los parques nacionales han demostrado ser un medio práctico, eficaz y barato para resguardar la naturaleza en condiciones originales y simultáneamente propiciar su disfrute por parte de toda la comunidad. (Administración de Parques Nacionales, 2000).

Ante tales apreciaciones, si visualizáramos el presente como resultado de un desarrollo lineal y continuo del pasado –en un sentido teleológico–, nuestro interés debería centrarse en aquellas iniciativas vinculadas a preocupaciones hoy aceptadas genéricamente como "conservacionistas". Sin embargo, asumir inmediatamente como verdadera dicha perspectiva implicaría adoptar un planteo historiográfico inadecuado.[2] La reconstrucción retrospectiva de la génesis y el desarrollo de un conjunto de ideas políticas, públicas y prácticas actualmente cohesionadas alrededor de la conservación de la naturaleza –a partir del supuesto básico de su preexistencia en el pasado– significaría acep-

---

[2] Ver acerca del análisis crítico a tales posturas historiográficas, Aay, 1981 y Livingstone, 1992.

tar una tradición temática a menudo inexistente, mediante el rescate de una producción asumida como antecedente de su caracterización actual.[3]

En la actualidad no existe una acepción unívoca acerca de la idea de conservación de la naturaleza. En tanto que para las ciencias biológicas significa "asegurar aquellas condiciones necesarias para la evolución de una comunidad natural", en las ciencias económicas prevalece la noción de "limitar el uso de los recursos naturales hoy para disponer de ellos mañana" (Oelschlaeger, 1991: 419 y 420). No obstante ello, sea una u otra la acepción actualmente considerada, los propósitos mencionados no habrían constituido una preocupación central durante la etapa fundacional de los parques nacionales.

Un espacio temático de referencia actual nítidamente ambiental –parques nacionales, en un sentido acotado, o áreas protegidas, en un sentido de mayor amplitud y adecuación al lenguaje contemporáneo– durante el período histórico de nuestro análisis habría estado situado en un espacio temático de referencia fundamentalmente territorial.

El territorio y el ambiente como espacios temáticos complejos

El territorio y el ambiente son espacios temáticos complejos; esta condición de "complejidad" implica para su estudio, en tanto desafío intelectual, el desarrollo de una capacidad de *mirar* el conjunto de manera integral (y no sus partes constitutivas aisladamente).

Berger expresa ilustrativamente: "Todas las apariencias están continuamente intercambiándose: visualmente, todo es interdependiente. Mirar es someter el sentido de la vista a esta interdependencia. (...) Mirar es reconocer, entrar en un conjunto" (cit. en Mayer, 2004: 3).

Esta manera de *mirar* el mundo está asociada a *una visión sistémica de la realidad* (enfoque holístico). La "Teoría general de los sistemas", elaborada por Ludwig Von Bertalanffy hacia mediados del XX, representó una advertencia acerca del reduccionismo implícito en la fragmentación del conocimiento científico (enfoque merológico) y una proposición metodológica para su su-

---

[3] Este razonamiento sobre "tradiciones temáticas" ha sido tomado de Souto, 1996: 9 - 12.

peración, aplicada inicialmente en el campo de las ciencias de la naturaleza y trasladada posteriormente al resto de las ciencias.

La clave del aporte realizado por esta *metateoría* (teoría de teorías) está dada por el concepto de *sistema* y su uso como unidad compleja para el estudio de una realidad siempre compleja.

Todo sistema es "un conjunto de elementos interactuantes" y está regido por una serie de principios fundamentales, a saber:

- su condición de totalidad (el todo es superior a la suma de sus partes);
- su composición por partes y relaciones entre partes;
- su descomposición en subsistemas;
- su comportamiento finalista (sus elementos constitutivos interactúan en pos de alcanzar un propósito determinado);
- su dinamismo (expresado a través de cambios cuantitativos y cualitativos);
- su historicidad (las huellas de sus condiciones pasadas están expresadas en sus condiciones actuales y afectan las condiciones futuras);
- sus relaciones de intercambio con otros sistemas (en el caso de sistemas abiertos y en un sentido de condicionamientos mutuos entre el sistema y su entorno).

"La fragmentación de conocimientos e informaciones y las visiones parcializadas están obstaculizando nuestra capacidad de comprender. (...) Necesitamos transformar el nuevo conocimiento en verdadera sabiduría" (Gallopín, 1993: 36).

La adopción de una visión sistémica de la realidad significa, por una parte, hallar el equilibrio necesario entre la generalidad y la especificidad; por otra, y especialmente, el desafío de construir la capacidad de percibir la maravilla y la riqueza de las interacciones, de re-integrar nuestro aprendizaje, nuestros conocimientos y nuestras acciones.

Junto a esta visión sistémica de la realidad, a causa de su complejidad, el estudio del territorio y el ambiente —como temas independientes y como temas relacionados— requerirá simultáneamente de saberes diversos provistos por distintas disciplinas, tanto situadas en el campo de las ciencias naturales como en el campo de las ciencias del hombre. Si cada disciplina vinculada con su objeto de estudio, sus métodos y su lenguaje propios será una fuente proveedora de conocimientos necesarios para el estudio del territorio y el ambiente, podemos concluir preliminarmente la cualidad pluridisciplinaria (o multidisciplinaria) de nuestros espacios temáticos de interés. Sin embargo, resulta lícito advertir que la reunión de una serie de disciplinas diversas, si bien proveerá de una multiplicidad de miradas particulares –todas igualmente legítimas–, no será capaz de producir una mirada general ("integradora") de la complejidad mencionada. **La mirada particular de cada ciencia es necesaria pero no suficiente para la comprensión de problemas complejos.** La interdisciplinariedad es, junto a la visión sistémica arriba descripta, otro requerimiento para la construcción de saberes referidos al territorio y el ambiente. En otras palabras, **la construcción de conocimientos sobre temas "complejos" exige pensamientos complejos y métodos de producción igualmente complejos.**

Asimismo, el estudio del territorio y el ambiente, percibidos como temas complejos, exigirá de su *contextualización*. La realidad observada está siempre situada en un espacio y un tiempo determinados. No es un fragmento aislado de la realidad, sino parte de una realidad de mayor complejidad.

A modo de resumen, *visión sistémica, interdisciplinariedad y contextualización*, fundamentos básicos para una epistemología del conocimiento sobre el territorio y el ambiente, si bien no asegurarán el hallazgo de una verdad absoluta, ayudarán a percibir el problema planteado de manera más acabada.

a) El territorio (y la territorialidad)

El concepto de *territorio* es una referencia valiosa para una conceptualización de temas con fuertes connotaciones espaciales.

El *Diccionario de la Real Academia Española* define al territorio como "porción de la superficie terrestre perteneciente a una nación, región, provincia, etc." y como "circuito o término que comprende una jurisdicción, un cometido oficial u otra función análoga".

Según su origen etimológico, *territorio* deriva del término latino *terra* y corresponde a una palabra precisa: *territorium*, construyéndose por la adición del sufijo *torium* a *terra*. Como estructura, significa "el lugar de un sustantivo cualquiera". A modo de ejemplo: *pretorium*, como "lugar del pretor", o *dormitorium*, como "lugar de dormir". Pero respecto a *territorium*, sería redundante pensar en "lugar de la tierra". Lo que se enfatizaría con el sufijo sería el sentido localizado del término original, debiéndose pensar en una idea similar a "ámbito terrestre localizado".

Otro análisis basado en el origen del término, si bien acepta la construcción de la expresión sobre la base del término *terra* más el sufijo *torium*, especula sobre la probable relación de este último con *tor*, que significa "torre"; para luego extraer de ello la idea de "entorno de un poder centralizado" y explicar la transferencia de la soberanía política del sujeto social al territorio.

> La noción actual de territorio, no obstante haber asumido históricamente un uso referido a la tierra, recalca las características sociales de un espacio delimitado en su dimensión jurisdiccional de efectivo dominio. El cambio de su significado no es únicamente consecuencia de una ampliación del uso terminológico, sino que, simultáneamente, es producto de una modificación en el carácter del dominio y rol social de la tierra como área delimitada (Escolar, 1993).

Otro aporte interesante está focalizado en el resultado objetivo de la definición conceptual de *territorio* en el pano social: la "territorialidad", noción utilizada para caracterizar el "intento de un individuo o de un grupo de afectar influencias o controlar al pueblo, a los fenómenos y a las relaciones, delimitando y estableciendo un control sobre un área geográfica", agregando que "ese área debe corresponder al territorio". Su definición prioriza aquellos factores que expresan el poder efectivo de un sujeto social sobre un área geográfica determinada (Sack, 1986).

Una postura diferente es la propuesta conceptual de C. Raffestin:

> La territorialidad (nacida del sistema tridimensional sociedad-espacio-tiempo) es el conjunto de las relaciones establecidas por sus individiduos con la exterioridad (las relaciones verticales con el territorio, el "milieu", el ambiente) y con la alteridad (las relaciones horizontales con los demás agentes) para satisfacer las propias necesidades con la ayuda de los mediadores (médiateurs), con el fin de obtener la mayor autonomía posible, teniendo en cuenta los recursos del sistema. En este caso, por lo tanto, la territorialidad no es el resultado del comportamiento humano sobre el territorio, sino que es el proceso de "construcción" de tal comportamiento, el conjunto de las prácticas y de los conocimientos de los hombres en relación a la realidad material, la suma de las relaciones mantenidas de un agente con el territorio y con los demás agentes (Raffestin, 1999, cit. en Dematteis et al, 2005: 44).

Cabe agregar, como reflexión final, que lo local y lo global –y sus escalas intermedias– como referencias territoriales y de territorialidad no sólo representan espacios alternativos de observación y de acción de diferentes tamaños y alcances, sino que implican simultáneamente connotaciones de carácter físico-geográficas, jurídicas, político-administrativas, sociales y culturales específicas particularmente significativas.

b) El ambiente

Carlos Reboratti alude a la dificultad para establecer una acepción unívoca acerca de la noción de "ambiente", en virtud de la existencia de diferentes puntos de vista.

En una primera acepción, el ambiente es considerado como *entorno*: por lo tanto, si agregásemos la adjetivación *humano*, el *ambiente humano* será entendido como "entorno del hombre (de la sociedad humana)".

La idea de "ambiente" proviene de la ecología, una ciencia desarrollada (...) como desprendimiento de la biología y que estudia las relaciones entre los seres vivos y su entorno, conjunto al que le da el nombre justamente de "ambiente" (Reboratti, 1999: 15).

En una segunda acepción igualmente válida, el ambiente es percibido como *escenario*.

El hombre, tanto individualmente como organizado en un grupo social de cualquier escala y nivel de complejidad (familia, grupo local, nación, etc.), desarrolla sus múltiples actividades en un escenario concreto, formado por muchos elementos: luz solar, suelo, aire, agua en diversas formas (...), plantas y animales (...), construcciones de todo tipo y tamaño, luz artificial, caminos, aire acondicionado, máquinas para diversos fines (...). Este complejo escenario es lo que podemos llamar ambiente (Reboratti, 1999: 13).

Por lo tanto, en esta acepción, por ambiente humano entenderemos "escenario del hombre (o del accionar humano)". La *metáfora del escenario*, como traslación de las connotaciones propias de dicho término a la noción de ambiente, sugiere la existencia, por ejemplo, de un soporte físico, múltiples actores y una trama intrincada de relaciones; en ocasiones armoniosas, en ocasiones conflictivas.

¿El hombre, en tanto ser vivo, es una parte en igualdad de condiciones con respecto a otros seres vivos, como sostiene una posición denominada "ecocéntrica" (no es derecho del hombre disponer de la naturaleza a su propio arbitrio en detrimento de otras especies)? ¿O, por el contrario, como sostiene una posición denominada "antropocéntrica" basada en la superioridad "natural" del hombre con respecto al resto de la naturaleza (por su capacidad de dominio -supuesto- y de transformación del medio), debemos aceptar nuestro destino obligado de organizadores y usuarios de la misma? (Reboratti, 1999: 31 y 32).

Si observáramos hacia el interior del ambiente, sea bajo la concepción de entorno, sea bajo la concepción de escenario (ambos significados igualmente valiosos para su estudio) y tratáramos de identificar sus partes diferenciables fundamentales, podríamos percibir la presencia de "objetos" naturales (no creados por el hombre) y de objetos culturales (creados por el hombre) interrelacionados. En otras palabras, aceptar la existencia de una dimensión natural y una dimensión cultural del ambiente.

En la misma lógica de razonamiento, si ahora focalizáramos nuestra atención únicamente sobre su dimensión natural (aspectos de especial interés para nuestro curso), el "ambiente" será aquel sistema complejo y dinámico llamado biosfera (o ecosfera) y estará constituido por otros "objetos" diferenciables: la superficie del globo, las capas inferiores de la atmósfera y las superiores de la litosfera: tres partes de nuestro planeta caracterizadas por una particular combinación de elementos físicos y químicos posibilitadora del desarrollo de la vida.

Esta delgada –pero compleja– porción de nuestro planeta está organizada en unidades denominadas "ecosistemas", entendiendo por ecosistema a la **instancia de máxima integración de distintos niveles de organización del sistema natural**, en tanto **unidad funcional constituida por componentes abióticos (no vivos) y bióticos (vivos) interrelacionados mediante flujos de energía y materia**, siendo:

- sus componentes abióticos: factores climáticos, topográficos y edáficos;
- sus componentes bióticos: productores, consumidores y descomponedores;
- sus flujos de energía y materia: aquellos fundamentalmente constituidos por relaciones alimentarias organizadas en eslabones sucesivos de una cadena denominada *trófica*.

Cabe destacar, por una parte, que los componentes bióticos denominados *productores* son aquellos capaces de fabricar sus propios alimentos (*autótrofos*), mediante la síntesis de elementos químicos inorgánicos sumada a la energía (fundamentalmente solar), como insumos básicos para la producción de materia orgánica a través de un proceso biológico denominado *fotosíntesis*. Los componentes bióticos restantes –incapaces de fabricar sus propios alimentos (*heterótrofos*)– están diferenciados entre *consumidores,* como aquellos alimentados de otros seres vivos –animales y hongos o bacterias parásitos–, y *descomponedores o degradadores* –organimos microscópicos, hongos y bacterias no parásitos– como aquellos nutridos de deshechos orgánicos de organismos vivos –secreciones y excrementos– y de restos muertos de organismos no aprovechados por los consumidores. Asimismo, cabe destacar que la energía incorporada –necesaria para el cumplimiento de las funciones vitales de todo componente biótico del ecosistema, tales como crecer, moverse, reproducirse, etc.– es liberada a través del proceso de respiración.

Por otra parte, los componentes bióticos están organizados ecológicamente en distintos niveles: cada *especie* viviente (sea vegetal, sea animal) está organizada localmente en *poblaciones* -conjunto de individuos de una misma especie- y relacionada con otras especies para constituir una *comunidad* -conjunto de poblaciones características de un ecosistema dado-.

Este ejercicio entre la generalidad y la particularidad de la dimensión natural del ambiente humano es igualmente válido para el abordaje de su dimensión cultural. Sólo a título de ejemplo, si focalizáramos nuestra atención en la dimensión mencionada, podríamos observar "objetos" materiales (tangibles) y "objetos" inmateriales (intangibles) producidos por el hombre, y a partir de esta primera diferenciación, continuar la búsqueda y el hallazgo de particularidades dentro de cada subconjunto inicialmente identificado.

Como premisa final de este razonamiento, el ambiente humano será la reunión de las dimensiones natural y cultural, ya sea visto como entorno del hombre, ya sea visto como escenario de su accionar, en un espacio y un tiempo determinados, poblado de una serie de objetos significativos para nuestro punto de vista particular. Sin embargo, cabe destacar que esta artificialización es únicamente necesaria como estrategia metodológica orientada a recortar su complejidad.

c) Otros conceptos relacionados

Situados inicialmente en el contexto general de este debate temático, creemos necesario el tratamiento de otros tres conceptos considerados fundamentales para el logro de los propósitos de este trabajo.

- patrimonio

El territorio y el ambiente, en nuestra conceptualización, son consideradas fuentes patrimoniales. El *patrimonio* es el conjunto de bienes heredados de generaciones pasadas (y prestados por generaciones futuras), sean naturales (bienes no creados por el hombre) o culturales (bienes creados por el hombre), y sean materiales (bienes tangibles) o inmateriales (bienes intangibles). En esta noción del patrimonio, su premisa "conjunto de bienes" alude a la idea de "objetos significativos", y por consiguiente incorpora el "valor" como concepto transversal para su definición.

En un artículo referido a cuestiones patrimoniales, Verónica Hlace reflexiona acerca de su significado:

> ¿Qué pasaría si un día nos levantáramos y todas nuestras pertenencias hubieran desaparecido? Todas: el dinero, las joyas, los muebles, las cartas, las fotografías, la casa. Todo. Seguramente diríamos que, por ejemplo, el dinero puede recuperarse, pero ¿que pasaría con aquellas cosas verdaderamente nuestras, cargadas de vivencias personales? Aquel anillo regalo de mi abuela, aquellas cartas que ya no podrán volver a ser escritas, aquellas fotografías que ya no podrán volverse a tomar, la casa donde transcurrieron aquellos momentos de nuestra vida… La pérdida de estos elementos es irrecuperable (Hlace, 2005).

Este relato sumamente ilustrativo, por una parte carga la noción de patrimonio con el sentido de vivencias afectivamente próximas; por otra, y especialmente, pone en evidencia la dimensión significativa de los bienes patrimoniales, a través del juego dialéctico entre su existencia y su desaparición.

Esta concepción novedosa del patrimonio refuerza la presencia de la valoración como condición *sine qua non* para su definición.

Cabe agregar, sin embargo, que esta valoración es siempre una apreciación relativa y diversa. Por una parte, la relatividad del valor está puesta en función del sujeto, el espacio y el tiempo. En función del "sujeto", ya que podemos plantear la existencia de objetos significativos para las personas, las familias y las comunidades (patrimonio personal, familiar y comunitario, respectivamente). En función del "espacio", objetos significativos para escalas diferentes (patrimonio local, provincial, regional, nacional y mundial). En función del "tiempo", bienes valorados ayer, hoy y mañana (es decir, patrimonio pasado, presente y futuro).

Por otra parte, la diversidad del valor está dada por la multiplicidad de significados diferentes asignados a un mismo objeto, tales como significados políticos, económicos, históricos, ecológicos, estéticos, espirituales, simbólicos u otros valores posibles.

- recursos

En nuestra acepción, los "recursos" son una parte del conjunto amplio de bienes considerados patrimoniales. "Recurso" (del latín *recursus*), de acuerdo a su origen etimológico, significa "vuelta de una cosa al lugar de donde salió". Sin embargo, esta acepción original ha ido transformando su sentido a través de la historia.

En la antigüedad, el derecho romano usó este vocablo para aludir a "una acción concedida a una persona para impugnar una resolución judicial, con el fin de su revisión". Posteriormente, apropiada por la economía, la expresión "*recursos*" (en plural) aludió a "aquellos elementos a los que puede echar mano una colectividad para acudir a una necesidad".

Reboratti reflexiona acerca de la cantidad y complejidad de los recursos naturales y sus diferencias para conocerlos, valorarlos y aprovecharlos, y plantea la exigencia de su clasificación:

• *recursos naturales perpetuos (básicos o permanentes)*

Los recursos naturales perpetuos son aquellos que existen en una cantidad suficientemente grande y con una capacidad de autorenovación constante: la luz solar, el aire, el agua en sus distintos estados. Estos recursos indispensables para la vida han sido percibidos históricamente como inagotables e inmuta-

31

bles. Sin embargo, a modo ilustrativo, si bien el hombre no ha logrado interrumpir el ciclo del agua en cuanto a la cantidad global existente, sí ha podido interferir en su calidad y en su cantidad en alguna de las fases de su flujo; con consecuencias tales como la contaminación de los ríos y la acidificación de las lluvias. En la concepción económica dominante, estos recursos naturales usados como insumos básicos para una serie de actividades económicas no son medibles en términos monetarios, y por lo tanto están excluidos del sistema de precios, siendo considerados recursos abundantes no susceptibles de apropiación privada y, en consecuencia, sin valor de mercado.

- *recursos naturales no renovables (o de existencia fija)*

Los recursos naturales no renovables son aquellos originados en procesos geológicos y su formación ha sido realizada en tiempos "no aceptables" para la sociedad. Por lo tanto, su existencia es considerada fija y su reserva, inmutable. Los recursos no renovables por antonomasia son aquellos situados en el reino mineral, en todas sus formas y para todos los fines. Iniciada su extracción, el manejo de su aprovechamiento es dependiente de la interrelación entre el precio a pagar por dicho recurso, la cantidad técnicamente disponible, el costo de su extracción y la posibilidad de su reemplazo por otro recurso. Como primer ejemplo de esta clase particular de recurso natural, podemos citar los yacimientos de agua subterráneos enclaustrados por circunstancias geológicas, sin recepción de reposición alguna y excluidos del ciclo normal del flujo del agua. Como segundo ejemplo, el suelo es, en parte, un recurso natural no renovable por la presencia de elementos de origen no biológico.

- *recursos naturales renovables (o de flujo)*

Los recursos naturales renovables son aquellos de origen biológico capaces de reproducirse en un tiempo socialmente aceptable. Son llamados igualmente "recursos de flujo" por su capacidad de renovación constante, sean o no sean usados por el hombre; si bien es necesario señalar que el tiempo de renovación natural de estos recursos es mayor sin la intervención del hombre (quien acelera intencionalmente este proceso natural). Su uso ha acompañado y acompaña la historia humana como fuente principal para su alimentación y de materias primas para la industria. Como ejemplo, una gran cantidad de vegetales y animales son considerados recursos naturales renovables, y aquellos no considerados como tales son parte constitutiva de sus ecosistemas de renovación. Cabe mencionar, además, la importancia del modo de aprovechamiento de los recursos naturales renovables. Un recurso renovable será efectivamente renovable si es "explotado" por debajo de su velocidad de renovación. Sin embargo, la tensión existente entre el tiempo necesario para su regeneración, el conocimiento de las características de cada recurso y la búsqueda de lucro es nítida. La experiencia muestra como resultado de la tensión mencionada la degradación de esta clase de recursos y, con frecuencia, su eliminación por los avances técnicos aplicados a la producción y el crecimiento numérico constante de los consumidores. La pesca indiscriminada de grandes cardúmenes, la explotación de los bosques en busca de madera para diferentes usos y la caza de animales salvajes para extraer su piel son sólo algunos ejemplos de estas tendencias.

• *recursos naturales potenciales*

Los recursos naturales potenciales son aquellos actualmente no aprovechados, pero que, como consecuencia del desarrollo de nuevas tecnologías y de la evolución de las necesidades económicas, serán considerados recursos efectivos en el futuro. A modo ilustrativo, el petróleo y el uranio han sido recursos naturales potenciales hacia inicios del siglo XX, para transformarse posteriormente en recursos naturales no renovables a partir de su aprovechamiento (Reboratti, 1999: 53 - 77).

- paisaje

Para concluir, en esta perspectiva conceptual el "paisaje" puede ser visto como recurso en tanto medio satisfactor de necesidades. En una definición general, el vocablo *paisaje* es entendido como "la imagen de un territorio determinada por factores naturales y humanos". Sin embargo, el descubrimiento occidental de una noción compleja acerca del paisaje no ocurrirá hasta las reflexiones aportadas por Alexander von Humboldt (1769 - 1859).

El autor, en el segundo volumen de su obra "Cosmos", señalará: "Hemos expuesto en forma de amplio 'cuadro de la naturaleza' lo que la ciencia, desprovista de falsas apariencias y fundada en observaciones rigurosas, nos ha enseñado acerca de los fenómenos del universo. Pero este espectáculo de la naturaleza no sería completo si no consideráramos cómo se refleja en el pensamiento y en la imaginación dispuesta a las impresiones poéticas" (cit. en Domínguez de Nakayama, 1993: 27).

En otro aporte conceptual significativo, Juan F. Ojeda Rivera (2005) afirma que "toda aproximación rigurosa a los paisajes, sea únicamente analítica o pretenda su conservación, su gestión, su transformación, debe tener en cuenta no sólo sus componentes y relaciones objetivas, sino simultánea e ineludiblemente el conjunto de percepciones existentes".

El surgimiento del paradigma romántico –exaltador de los sentimientos y las subjetividades– y la obra de los pioneros de la geografía moderna, atraídos por el orientalismo, las identidades y el valor de los discursos, connoctarán la definición de paisaje con referencias a su carácter como "hecho estético" y "compromiso ético".

Para la modernidad occidental europea –inmersa en un contexto colonialista, de descubrimiento, explotación y organización de nuevas tierras y nuevos recursos– adquiere una concepción del paisaje sesgadamente objetiva, material, medible y valorable, que pictóricamente queda recogida en la invención y el desarrollo de la perspectiva lineal. El paisaje es el sumatorio de objetos visibles que pueden convertirse en recursos medibles y valorables. Tal consideración objetiva, mecánica y lineal del paisaje, es consagrada por el paradigma cartesiano-newtoniano que –con su distinción entre *res extensa* y *res cogitans*– consigue desvirtuar cualquier categoría que pudiese caminar por la frontera de lo objetivo/subjetivo, como es el caso del paisaje.

Por otra parte, el autor arriba indicado, puesto a reflexionar sobre la diversidad de las percepciones paisajísticas, ha establecido la categorización mencionada a continuación:

- *percepciones identitarias*: construidas por quienes viven en el propio paisaje y producen imágenes simbólicas referidas a los paisajes de la vida, de los sueños, de la identidad;

- *percepciones creativas*: construidas por artistas a través de sus expresiones literarias, pictóricas, fotográficas, cinematográficas, etc.;
- *percepciones científicas*: construidas por investigadores sobre la base de la constatación de sus componentes y flujos para la elaboración de diagnósticos;
- *percepciones institucionales (catalogadoras)*: construidas por aquellos organismos dedicados a la administración del territorio y el ambiente y la gestión de lacultura y el turismo;
- *percepciones modales*: construidas por la publicidad como respuesta a tópicos nítidamente definidos, para la fijación de precios de mercado a los valores del paisaje.

Para concluir, hoy la naturaleza convertida en *paisaje medio* –según esta categoría propuesta por Tuan Yi Fu, reconocido geógrafo de la actualidad– tiende a su consideración como una "mercancía (producto) cultural sumamente preciada":

Entre los dos extremos opuestos de la ciudad artificial y la naturaleza salvaje, el hombre ha creado paisajes medios que, en diferentes épocas y en distintas partes del mundo, han sido aclamados como el hábitat humano modelo. Es evidente que son obras culturales, pero no son conspicuas ni arrogantes. Ilustran cómo el hombre es capaz de esquivar una naturaleza inhóspita sin llegar al extremo de renegar de sus raíces en el mundo orgánico. El paisaje medio también suscita elogios porque aparenta ser más real –más cercano a cómo es o debería ser la vida– que sus polos opuestos: la naturaleza y la ciudad, que por razones contradictorias de insustancialidad e imperfección pueden llegar a parecer irreales (Yi-Fu, T., 2003: 49).

El origen y la institucionalización de la figura de "parque nacional"

Si bien numerosos trabajos referidos a la creación de los primeros parques nacionales en el mundo han enfatizado su aporte como "**innovación ecológica**", exámenes críticos desarrollados durante las últimas cuatro décadas acentúan principalmente su carácter de "**invención social**" (Nelson et al, 1978: 9).

En 1872, el gobierno federal de los Estados Unidos de América –país precursor en el establecimiento de áreas naturales protegidas– creó el Parque Nacional Yellowstone. Los líderes del movimiento promotor de la conformación de este parque nacional en el entonces Territorio de Montana habían argumentado que "sus tesoros naturales", demasiado valiosos para caer en manos de empresas privadas, debían ser "propiedad de la nación norteamericana para garantizar la conservación de sus recursos biológicos y el acceso del pueblo a su disfrute". Junto a los propósitos mencionados, el interés de una empresa ferroviaria contribuiría a generar una corriente de opinión favorable para su creación. La intención era convertir Yellowstone en una meca vacacional nacional para los norteamericanos. Sin embargo, el debate parlamentario que precedió a su creación no estuvo focalizado en las cuestiones mencionadas. La necesidad de proteger los recursos biológicos de los reclamos privados, su valorización como área silvestre para uso recreativo y la oportunidad de negocios de una empresa ferroviaria estuvieron ausentes como argumentaciones centrales acerca de los beneficios de su conservación. La estrategia principal fue justificar su creación por la negación de atributos para la ganadería y la agricultura ("**una tierra demasiado alta y demasiado fría** ..."). Yellowstone, en opinión de los parlamentarios, era un área inútil para los usos económicos tradicionales y, en consecuencia, propicia para ser declarada parque nacional.

A partir de esta primera instancia de conservación deliberada de la naturaleza en el marco del interés nacional estatal, y habiéndose conquistado el Oeste, el concepto de "parque nacional" obtendría un nuevo significado. Hacia fines del siglo XIX y principios del siglo XX, como producto de los aportes del romanticismo, las obras de Emerson y Thoreau (escritores enrolados en la corriente filosófica trascendentalista) y las influyentes teorías desarrolladas por Turner acerca del papel del *wilderness* en la conformación del carácter nacional, la creación de áreas protegidas sería instrumentada como una estrategia adecuada para el mantenimiento de "una frontera permanente".

En el período comprendido entre el establecimiento del Parque Nacional Yellowstone y la creación del National Parks Service (1916), otras diez porciones territoriales localizadas en el "oeste" del país fueron declaradas parques nacionales. El establecimiento de estas nuevas áreas protegidas estuvo fundado en el propósito de conservación del *wilderness*, ambiente asumido colectivamente como el escenario geográfico e histórico donde se había forjado el carácter nacional norteamericano, representado en las cualidades arquetípicas del *pioneer*. Si la conquista del oeste había significado la desaparición de la frontera, la creación de parques nacionales, en tanto fuente de inspiración para las generaciones futuras de norteamericanos, contribuiría a mantener vivas las circunstancias fundantes de la nación (Nash, 1967).

Trasladado el concepto de parque nacional a nuestro país, en su carta del 6 de noviembre de 1903 dirigida a Wenceslao Escalante –ministro de Agricultura del Gobierno nacional– y refiriéndose a los motivos de donación de las tierras que luego constituirían el núcleo primitivo del Parque Nacional Nahuel Huapi, Francisco Pascasio Moreno manifestaba la conveniencia de que la nación conservara la propiedad de determinados sitios de gran belleza escénica "para provecho de las generaciones venideras, siguiendo el ejemplo de Estados Unidos y otros países", que para entonces ya poseían parques nacionales. En su opinión, tales emprendimientos llegarían a ser "centros de grandes actividades intelectuales y sociales", y por lo tanto "excelentes instrumentos para el progreso humano". A las apreciaciones mencionadas, Moreno agregaba su deseo de que "la fisonomía del sitio no fuese alterada" y que no se hiciesen más obras que "aquellas que facilitaran la presencia siempre beneficiosa de visitantes a regiones incorporadas definitivamente a la soberanía de nuestro país y cuyo rápido y mediato aprovechamiento debía contribuir a la orientación de los destinos de la nacionalidad argentina" (cit. en Moreno, E., 1942: 281 - 283).

Junto a la intervención de Moreno, otro proyecto conservacionista había sido ya esbozado en la zona de frontera argentino-brasileña. Charles Thays –arquitecto y paisajista de nacionalidad francesa–, comisionado por el Ministerio del Interior de la Nación y el gobernador del Territorio Nacional de Misiones, había emprendido una serie de estudios para la protección y el aprovechamiento turístico de las Cataratas del Iguazú y para el establecimiento de una colonia agrícola y otra militar. La propuesta de Thays recogía anteriores iniciativas del gobierno brasileño, puestas en marcha parcialmente durante la última década del siglo XIX.

Fundados los proyectos conservacionistas Nahuel Huapi e Iguazú sobre los antecedentes arriba comentados, las tres décadas siguientes estuvieron caracterizadas por el paulatino posicionamiento del turismo como actividad económica principal de San Carlos de Bariloche y Puerto Iguazú, poblaciones recientemente establecidas. Paralelamente, fueron elaboradas otras propuestas conservacionistas. A las nuevas intervenciones de Moreno y Thays se agregó el proyecto de Bailey Willis, geólogo e ingeniero norteamericano contratado por el Ministerio de Obras Públicas de la Nación en el marco de la Ley de Fomento de los Territorios Nacionales.

En 1934 fue creada la Dirección de Parques Nacionales mediante la sanción de la Ley Nacional N° 12.103. En el mensaje que acompañó al proyecto legislativo de la mencionada norma, el Poder Ejecutivo nacional hacía referencia a los "**valores estéticos, espirituales y sociales**" de las áreas protegidas para fundamentar la necesidad de creación de una organismo oficial *ad hoc* que, situado en el ámbito del Ministerio de Agricultura de la Nación, debería abocarse al cumplimiento de tres propósitos centrales:

> Proteger a los parques nacionales de todo cuanto pudiese alterar la continuidad de sus condiciones naturales o disminuir su eficiencia como expresión de belleza, manteniendo a su flora y su fauna primitivas; atraer hacia ellos la atención del país para su apreciación y estimular su frecuentación a través del desarrollo del turismo, actividad capaz de generar crecientes recursos económicos, según la experiencia recogida en otros países, principalmente Estados Unidos de América y Canadá; promover su uso con fines de recreación, educación popular e investigación científica (cit. en Ygobone, 1953: 445).

Exequiel Bustillo, primer presidente de la Dirección de Parques Nacionales, concebiría al organismo gubernamental como "**un verdadero instrumento de colonización para la conquista definitiva del desierto**".

Entre 1937 y 1940 fueron establecidos cinco parques nacionales: Los Alerces, Perito Moreno, Los Glaciares, Lanín y Laguna Blanca. La creación de estas nuevas áreas protegidas confirmaba en la práctica su idea de conformar un "**Estado-Parque**" situado en el sector patagónico de la frontera argentino-chilena, emprendimiento ***cívico-militar*** extendido entre los lagos Aluminé y Argentino, con sus aldeas y ciudades, caminos, granjas y centros productivos.

Ante la existencia del Estado nacional, la delimitación de nuevos ámbitos operativos que ningún otro sector de la sociedad estaba en condiciones de atender —sea por la naturaleza de la actividad o por la magnitud de los recursos involucrados— exigía replantear los arreglos institucionales preexistentes, desplazando el marco de referencia de la actividad social desde un ámbito local-privado a un ámbito nacional-público. Aunque al mismo tiempo implicaba una concentración de recursos materiales y de poder para resolver, mediante novedosas formas de intervención, algunos de los desafíos planteados por el proceso incipiente de desarrollo capitalista. La mayor complejidad de las relaciones sociales y el rápido adelanto tecnológico fueron creando nuevas necesidades regulatorias y nuevos servicios que el Gobierno nacional comenzó a promover y tomar a su cargo (Oszlak, 1997: 98 - 102).

El origen de los parques nacionales argentinos y el proceso que condujo a su institucionalización coexistirían coherentemente con otras acciones encaminadas a la construcción y la consolidación del Estado-Nación:

> *- dominar efectivamente vastas extensiones territoriales en posesión de pueblos originarios;*
> *- solucionar diferendos limítrofes suscitados por las pretensiones territoriales de nuestro país y otros países vecinos;*
> *- montar un andamiaje jurídico para el ejercicio del control territorial;*
> *- construir un dominio social para la nación mediante el ejercicio de funciones anteriormente asumidas por particulares, instituciones sociales u otras jurisdicciones político-administrativas;*
> *- configurar una identidad colectiva nacional como forma de cohesión social;*
> *- integrar las economías locales a una economía nacional e insertarlas en el sistema capitalista bajo el esquema productivo de la división internacional del trabajo.*

En tanto que las nociones de "territorio" y "territorialidad" (expresiones geográficas de estrecha vinculación conceptual con la idea de Estado-Nación) atravesarían la etapa fundacional de los parques nacionales argentinos, la conservación de la naturaleza habría sido una preocupación desplazada a un plano estrictamente secundario.

En el contexto del desenvolvimiento mencionado, el establecimiento de parques nacionales será una intervención paralela y complementaria a otros procedimientos dirigidos a la apropiación del territorio, tales como campañas militares, distribución de las tierras vacantes, fomento de la inmigración, programas de colonización y realización de obras estratégicas de infraestructura. La creación de estos "distritos especiales" habría sido concebida como instrumento funcionalmente apto para contribuir al afianzamiento de la soberanía en zonas de frontera, el desarrollo de regiones recientemente incorporadas al dominio nacional y la construcción de una identidad de base territorial.[4]

Tres planos diferentes de comprobación serán presentados para otorgar validez a estas afirmaciones: las ideas subyacentes a los proyectos de sus promotores principales, las políticas públicas vinculadas directa e indirectamente a tales emprendimientos y las prácticas puestas efectivamente en marcha[5].

---

[4] A causa de su uso frecuente en nuestra exposición, hemos considerado necesario explicitar el significado asignado a un conjunto de términos. *País* como "ámbito geográfico delimitado e identificado". *Nación* como "referente étnico de origen comunitario", utilizando el término étnico de la manera más amplia posible; es decir, en un sentido de segmentación ligado a vínculos grupales (afectivos, culturales, locales, etc.), pero sin especificar el referente de la identificación étnica. Nacionalismo como "pertenencia a una nación". *Carácter nacional* como "atributo para la explicación del poder de una nación". *Patria* como "ámbito geográfico apropiado por una identidad comunitaria dada". *Representación patriótica* "como el sentimiento de identificación grupal de una comunidad nacional estatalizada con una serie de símbolos abstractos e históricos, y como el sentimiento de identificación grupal de un pueblo con su ámbito territorial (naturalizado) de pertenencia legítima" (Escolar, 1994).

[5] Cabe aclarar tres cuestiones de carácter estrictamente formal: para evitar reiteraciones innecesarias, palabras, frases y párrafos destacados en las citas son siempre nuestros. A efectos de otorgar mayor realismo a nuestro relato, aquellos textos considerados centrales para esta investigación serán indicados con el año de su publicación original, siendo mencionada la edición efectivamente disponible en la Sección "Bibliografía y otras fuentes citadas y consultadas". Finalmente, agregamos en la Sección "Documentos" la transcripción completa de una serie de epístolas, proyectos de leyes y leyes efectivamente sancionadas, informes oficiales, memorias personales e institucionales y artículos periodísticos, a nuestro entender, de sumo interés para el lector.

Parte I

La invención de la figura de "parque nacional" (Estados Unidos de América, 1872 - 1916)

"La marcha de la civilización ha cruzado un continente haciendo del viejo desierto una rosa".

Samuel H. Hammond

En 1872, Estados Unidos de América creó en la región del río Yellowstone el primer parque nacional del mundo. A partir de la difusión del concepto elaborado por los norteamericanos, otros países establecieron sus primeros parques nacionales durante la segunda mitad del siglo XIX y la primera mitad del siglo XX. En 1885, Canadá creó la Reserva de Banff, posteriormente declarada parque nacional. Nueva Zelanda creó en 1887 el Parque Nacional Tongariro. El Congo Belga creó en 1925 el Parque Nacional Virunga. Sudáfrica creó en 1926 el Parque Nacional Kruger, originalmente concebido como una reserva de caza. Argentina, país precursor de América Latina en la creación de áreas naturales protegidas, establecería definitivamente a Nahuel Huapi e Iguazú como sus primeros parques nacionales en 1934, bajo una marcada influencia del modelo conservacionista norteamericano.

1. Yellowstone y otros parques nacionales "tempranos"[1]

"Este gran bosque no nos pertenece, sino que pertenece a América; nunca debe ser cambiado, obligándonos a mantenerlo siempre sagrado, como se lo ve ahora, a fin de que los americanos puedan saber cómo fue de espléndida esta América primitivamente, qué hermosa y maravillosa".

Cornelius Hedges

Abiertas las rutas entre el Este y el Oeste, y ante el miedo a los ataques de los pueblos nativos, unos pocos *hombres blancos* habían visitado la región del río Yellowstone durante las primeras seis décadas del siglo XIX. Tales incursiones estaban motivadas, principalmente, por la búsqueda de pieles.[2]

En 1860, bajo el liderazgo del capitán William Raynolds, la expedición de la *Corps of Topographic Engineers* fracasó en su intento de penetrar una región que hasta la década del setenta permanecía prácticamente como *terra incógnita* para los norteamericanos. Sin embargo, a pesar del escaso número de exploradores, la cuantiosa información difundida acerca del Yellowstone iría generando un interés creciente para los residentes del entonces Territorio de Montana.

Una nueva expedición partiría de Helena durante el verano de 1869, encabezada por David E. Folsom, Charles W. Cook y William Peterson. Sus posteriores informes harían referencia a la serie de cascadas y cañones del río Yellowstone y a las espectaculares erupciones de los géiseres del área, estimulando la planificación de una expedición de mayor envergadura para el verano siguiente. Cornelius Hedges y Nathaniel P. Langford participarían de la empresa llevada a cabo en 1870. Ambos, si bien eran originarios del Este, habían frecuentado Montana desde inicios de la década anterior. Al regreso de su ex-

---

[1] Los límites temporales de nuestro análisis del caso norteamericano coinciden con la periodización efectuada por John Ise. El lapso comprendido entre el establecimiento del Parque Nacional Yellowstone y 1916, año de creación del *National Parks Service*, es denominado por el autor como época de los "parques nacionales tempranos" (Ise, 1961).

[2] Meriwether Lewis y William Clarke, en sus viajes de exploración realizados entre 1804 y 1806, habían abierto la ruta entre el Este y el Oeste a través de las montañas Rocallosas, cartografiaron la región Y de los ríos Misuri y Columbia y describieron su ambiente físico y humano. Las exploraciones realizadas posteriormente por Stephen Long (1820), Jedediah Smith (1826-1829) y John Frémont (1833-1844) contribuirían al avance de los norteamericanos sobre el entonces Lejano Oeste (Swerdlow, 1998: 2 - 5).

pedición, luego de haber permanecido alrededor de un mes en la región, liderarían el movimiento promotor de su conservación, enunciando los principios que posteriormente darían forma al concepto de "parque nacional".[3]

Durante una animada discusión acerca del valor de los recursos naturales, Hedges manifestaba en referencia al área del Yellowstone recientemente visitada:

"Me parece que Dios hizo esta región para que todo el pueblo y todo el mundo vea y se regocije para siempre. **Es imposible que alguna persona llegara a pensar que podría adueñarse de algo de esta tierra como de su propiedad y de su provecho. Este gran bosque no nos pertenece, sino que pertenece a América; nunca debe ser cambiado, obligándonos a mantenerlo siempre sagrado, como se lo ve ahora, a fin de que los americanos puedan saber cómo fue de espléndida esta América primitivamente, qué hermosa y maravillosa"** (cit. en Servicio de Parques Nacionales, 1974).

Hedges, anticipando su futura demanda turística y a modo de evitar la especulación privada, enfatizaba la necesidad del mantenimiento de la propiedad pública federal del área.

Además, desde la perspectiva de Hedges estaban indisolublemente unidas las ideas de conservación de la naturaleza y mantenimiento de una referencia identificatoria colectiva de base fundamentalmente territorial, expresada como "americanidad".[4]

---

[3] Cabe destacar que los únicos antecedentes de conservación de la naturaleza existentes para la época eran la creación de la *Reserva Nacional de Hot Springs* (1832) y del *Parque Estatal de Yosemite Valley* (1864). En el primer caso, el gobierno federal había visualizado el valor de sus aguas termales para el tratamiento de ciertas enfermedades. En lo que respecta al segundo caso, basado en la apreciación de sus valores estéticos, su creación por parte de las autoridades californianas no había implicado cesión de territorio estatal al Gobierno federal. Puestas a la luz del concepto propuesto por Hedges, Hot Springs y Yosemite Valley, si bien estas experiencias no significaron el establecimiento de parques nacionales, algunos pretenden esta distinción para las áreas mencionadas, especialmente para Yosemite Valley (*Sierra Club Bolletin,* Marzo, 1948; *National Parks Magazine,* 2 de Mayo y 16 de Agosto, 1959; ambas fuentes citadas en Ise, 1961: 13).

[4] "'Referencia', como cualquier hecho al que se aluda con una proposición determinada, independientemente del carácter empírico o no de la misma, tanto como de las condiciones epistemológicas de su enunciación; 'identificatoria', ya que por medio de la referencia puede asociarse a un conjunto de objetos o sujetos como si fueran una identidad. Referencia identificatoria, entonces, como aquello que otorga identidad a un conjunto de entidades discretas" (Escolar, 1993: 1).

Langford, por su parte, intentaría persuadir a los congresales respecto de la necesidad de su conservación, mediante la difusión de las singulares atracciones del sitio.

Aunque enfatizaban aspectos diferentes, Hedges y Langford coincidían en la concepción del futuro parque nacional como unos pocos acres alrededor de los géiseres y a lo largo del cañón del río, de manera tal de ponerlos a resguardo de su degradación o destrucción y garantizar la posibilidad de contemplar sus paisajes.

Luego de un nuevo viaje realizado durante el invierno del año siguiente y abocado a generar una opinión pública favorable en el este acerca de la necesidad de creación del parque, Langford escribió una serie de artículos periodísticos. Si bien sus lectores demostraron un marcado interés en el asunto, sus palabras resultaban difíciles de creer.[5] La mera descripción escrita y las ilustraciones alusivas a las maravillas del Yellowstone no aseguraban su existencia. Ferdinand Vandiveer Hayden, director de la *Geological and Geographical Survey of Territories* a cargo de sus expediciones científicas anuales, estaba en posición de testear y convalidar –o no– los dichos de Langford. Una vez incluida la zona del Yellowstone para el viaje de 1871, Hayden persuadió a Thomas Moran –artista del paisaje– y a William Henry Jackson –pionero de la fotografía de escenas exteriores– para que lo acompañaran en su experiencia y aportaran imágenes como pruebas irrefutables de lo observado por los expedicionarios.

En su editorial de la edición del 18 de septiembre de 1871, *The New York Times* se refirió vagamente a las cualidades de "desierto" del Yellowstone sin darle demasiada importancia. En tanto que otro periódico, el *New Wonder Land*, dijo que el lugar estaba caracterizado por "atracciones limitadas a inusuales fenómenos naturales como los géiseres. No mucho más".

Más allá de las opiniones de la prensa, un nuevo actor evidenciaría un marcado interés en la región del Yellowstone: la *Jay Cooke and Company*, socio financiero de la *Northern Pacific Railroad*. En el mes de octubre, un representante de Cooke escribió a Hayden para convencerlo de la necesidad de su liderazgo en una campaña destinada a promover la creación de la reserva

---

[5] *Daily Morning Chronicle*, Washington D.C., 20 de enero de 1871; *New York Times*, New York, 22 de enero de 1871 y *Scribner's Monthly*, en este último caso con ilustraciones del cañón del río Yellowstone y los géiseres característicos del área (cit. en Nash, 1967: 110).

The Great Geyser Basin como parque público "para siempre". Convertido Yellowstone en una meca vacacional nacional, la empresa ferroviaria sería la única línea de transporte para acceder al área, y la explotación de un servicio monopólico redundaría en grandes beneficios para la compañía. En otras palabras, la oportunidad del transporte masivo de sus futuros visitantes explicaba su apoyo al establecimiento del parque nacional.

El 18 de diciembre de 1871, el Congreso dio inicio a las deliberaciones acerca de la conveniencia de la creación del parque. El debate estuvo centrado en la necesidad de proteger "curiosidades marcadas y bellezas raras" de los reclamos privados. "*Tesoros demasiado valiosos* debían ser propiedad de la Nación para disfrute y bienestar de todo el pueblo y para la protección de sus recursos biológicos" (cit. en Gobierno de los Estados Unidos, 1949). Los valores estéticos, espirituales y culturales del *wilderness* apreciados por Hedges y Langford, estuvieron llamativamente ausentes. La estrategia principal no era demostrar su significación mediante la afirmación de los valores del futuro parque como área silvestre, sino justificar su creación por la negación de atributos para la ganadería y la agricultura. Su descripción como "una tierra demasiado alta y demasiado fría" situó la argumentación en su inutilidad para la "civilización". En 1872, el Oeste era visto por la mayoría de los norteamericanos como algo a ser explorado, domesticado y colonizado, aprovechado para la extracción de minerales, la explotación forestal, el establecimiento de haciendas y granjas. Por lo tanto, para la mayoría de aquella época el vasto "desierto" era valorado por las riquezas materiales que podría producir. Carecía de todo sentido proteger la región del Yellowstone si ésta fuera potencialmente apta para su aprovechamiento económico.

El 1 de marzo de 1872, durante la presidencia de Ulises Grant, fue creado el Parque Nacional Yellowstone[6] sobre un área de dos millones de acres situada cerca de las nacientes del río homónimo.[7] Este *pleasuring ground* quedó bajo exclusivo control de la Secretaría del Interior, repartición pública federal que debía disponer las reglamentaciones correspondientes para la conservación de sus condiciones naturales. Asimismo, la norma establecía que tales reglas debían: "Evitar el deterioro de sus bellezas escénicas y la depredación

---

[6] El nombre adoptado para el parque deriva de "*mi tsi a da zi*", expresión de la tribu Minnetaree para referirse al río como "roca amarilla" –*yellowrock*– que luego derivaría en *yellowstone*, "piedra amarilla".
[7] Un acre es igual a 40, 47 áreas, siendo ésta un cuadrado de 10 m de lado.

de su flora y fauna, como así también determinar y poner en marcha aquellas obras necesarias para el acceso y la permanencia de sus visitantes" (Acta del 42° Congreso de los Estados Unidos, Sección II, Capítulos 21, 22, 23 y 24).[8]

Cabe destacar que el establecimiento del Parque Nacional Yellowstone implicaría la expulsión de sus tierras del pueblo *shoshone*, habitante ancestral de la región. Este desplazamiento humano (llamativa y convenientemente ignorado en la historia oficial) suscitaría enfrentamientos con un saldo de centenares de muertos; a inicios de los años ochenta del siglo XIX, la administración del parque quedaría bajo la tutela del ejército norteamericano. Si bien nunca explicitado, además añadía la ausencia de habitantes (en términos de poblaciones consideradas "intrusas") como otro rasgo distintivo del concepto fundacional de parque nacional (Llano, 2007).

A partir de esta primera instancia de conservación deliberada de la naturaleza en el marco del interés estatal, hacia fines del siglo XIX y principios del siglo XX –habiéndose conquistado el Oeste–, el proceso de creación de parques nacionales cobraría un nuevo significado. La conservación de ciertas porciones del territorio contribuiría a la construcción de una identidad nacional, que la sociedad norteamericana iría asumiendo paulatina y masivamente (Nash, 1967).

En el período comprendido entre el establecimiento del Parque Nacional Yellowstone y 1910, otras diez áreas localizadas en el "oeste" del país fueron declaradas parques nacionales:

---

[8] El mismo año de creación del Parque Nacional Yellowstone, Estados Unidos promulgaba la Ley General de Minas. "El gobierno federal estaba resuelto a construir el Oeste. Después del descubrimiento de oro en California en enero de 1848, decenas de miles de personas se precipitaron a ese estado y de ahí a todos los rincones y grietas del interior del Oeste. Capital para el desarrollo, llegó en abundancia desde San Francisco, Chicago, Nueva York y Londres, y con el dinero arribaron escandalosos molinos, apestosas fundidoras, ramales ferroviarios y hordas de trabajadores de todo el mundo. Los antiguos campos yermos se convirtieron en humeantes poblados industriales rodeados de pilas de escombros. Había poco que detuviera a los mineros y no había una ley general que los guiara (...). Se trataba de hacer mucho dinero con tierras públicas. Así, a instancias de la industria minera y de los legisladores del Oeste, el Congreso complementó los estatutos anteriores con la promulgación de la Ley General de Minas el 10 de mayo de 1872" (Watkins, 2000: 76-95).

Denominación	Año de Creación	Estados Actuales de Localización
Yosemite	1890	California
Sequoia	1890	California
Kings Canyon	1890	California
Mount Rainier	1895	Washington
Crater Lake	1902	Oregon
Wind Cave	1903	Dakota del Sur
Sullys Hill	1904	Dakota del Norte
Platt	1906	Oklahoma
Mesa Verde	1906	Colorado
Glacier	1910	Montana

El 2 de febrero de 1912, William Howard Taft —entonces presidente norteamericano— enviaba un mensaje al parlamento urgiendo el establecimiento de un *bureau of National Parks*. Transcurridos cuatro años de aquella iniciativa, el 25 de agosto de 1916 era creado definitivamente el National Parks Service, durante el mandato presidencial de Thomas Woodrow Wilson.[9]

---

[9] Entre 1916 y 1917, al frente de esta repartición federal estuvo Robert B. Marshall. Su sucesor, Stephen T. Mather, ejercería el cargo entre 1917 y 1928. Véase, *sobre su gestión al frente del National Parks Service*, (Ise, 1961: 183 - 323).

2. *Wilderness*, frontera y nación

*"La grandeza físico-continental de los Estados Unidos no es una
construcción natural como insinúa la imagen ofrecida por los mapas
escolares. Es realización humana. Geografía construida como
'destino manifiesto', como ideario de extender la 'comunidad americana'
hasta el Pacífico. Esoterismo cargado de principios expansionistas
y convertido en pragmatismo, a través de adquisiciones y anexiones
territoriales realizadas por la Unión al oeste de los montes Apalaches (...).
La exhuberancia de la 'Naturaleza' en América hacía despertar,
desde las profundidades del 'imaginario colectivo', el mito del wilderness".*

Jorge Luiz Barbosa

En los mitos griegos, romanos y medievales, el desierto había presentado
dos imágenes antitéticas. Una, la de la felicidad de la isla bienaventurada, del
paraíso; el lugar y el tiempo antes del pecado, libres de maldad. Otra, la del
infierno, de la oscuridad, de la muerte; el lugar y el tiempo vacíos de hombres, de la soledad, de las tinieblas.

Ambas imágenes del desierto, paraíso e infierno –con sus respectivas car-
gas morales– estuvieron presentes en distintos momentos y, alternativamente,
en los mitos fundadores de la América "blanca, anglosajona y protestante".
Bajo el nombre de *wilderness*, estas representaciones sociales fueron ade-
cuándose a cada fase particular de su historia y nutriendo el imaginario nacional del pueblo norteamericano.[10]

2.1. Mitos fundadores y metáforas espaciales

El estudio de las representaciones sociales es una contribución decisiva
para comprender las relaciones de los actores con su mundo circundante y
discernir las vías por las cuales llegaron a convencerse de que aquellas y no
otras debían ser sus formas de reacción. En tanto sistemas de interpretación

---

[10] *Véase sobre los mitos fundadores del nacionalismo norteamericano*, Marienstras, 1988.

49

que regulan nuestra relación con el mundo y con los otros, las representaciones sociales orientan y organizan las conductas y la comunicación social, interviniendo en procesos tan distintos como la difusión y asimilación de conocimientos, el desarrollo individual y colectivo, la definición de las identidades personales y sociales, la expresión de los grupos y sus transformaciones (Saltalamacchia, 1992: 78 y 79).

Frederick W. Turner, en su obra "*Beyond Geographie. The western spirit against the wilderness*", define el mito como la más elemental de las expresiones humanas, reveladora de los misteriosos orígenes de la historia y de la cultura de la humanidad. "**La base del mito es el miedo y la sumisión al aún oscuro misterio de la 'Vida'. (...) Debe ser mirado como una respuesta para la adaptación del hombre a su ambiente, quien acomoda sus fuerzas a fuerzas mayores**" (Turner, F. W., 1980: 9 y 10).

Turner, de acuerdo con la perspectiva psicoanalítica de Carl Jung, manifiesta que el hombre moderno lleva consigo el antiguo pasado mítico como una fuente de sabiduría. Vehículo no consciente de significaciones ligadas al sentido de la vida humana y a la naturaleza interna del universo, el mito, en tanto alegoría de fuerte contenido moral, es revelador de un mundo particular y dictador de conductas a seguir, encerrando un delicado equilibrio entre las fuerzas del bien y del mal, imponiendo creencias y revelando certidumbres en las incertidumbres. El mito, forma de pensamiento colectivo por excelencia, no es una cuestión de creencia ni de conocimiento, sino un acuerdo con las imágenes primordiales del inconsciente (Turner, F. W., 1980: 18).[11]

Los mitos llamados "fundadores" actúan como punto de referencia común para enunciados que afectan el estatuto y la condición de millones de hombres, dando lugar a un devenir identificable como historia. Las tierras, las costumbres y los hábitos de los pueblos están diferenciados: el mundo revelado no es uno, sino el mundo propio y otros mundos ajenos, expresando, de manera aproximada, la mentalidad colectiva de una época y permitiendo la aceptación intelectual y social de aquello que de otra manera sería experimentado como incoherente.

---

[11] Carl Gustav Jung (1875-1961), psiquiatra suizo, sostiene que la psique humana está integrada por tres esferas interactuantes: la conciencia, el inconsciente individual y el inconsciente colectivo. Para esta última, superando el nivel puramente orgánico de la psicología freudiana, Jung añade un componente cultural.

Legibles y vivientes en los discursos y prácticas de un grupo social particular, las visiones míticas fundadoras, al corporizar sus más profundas inclinaciones, son proveedoras de creencias acerca de un destino compartido y generadoras de un compromiso personal para su cumplimiento, imponiendo patrones de comportamiento para los miembros de una comunidad.

El vínculo entre las visiones míticas y el lenguaje está constituido por las metáforas. En su artículo "Grounding metaphor: towards a spacialiced politics", N. Smith y C. Katz manifiestan que las metáforas, invocando un sistema de significados, intentan explicar otro. "En tanto que el primero (*source domain* o dominio fuente) es concreto y evoca lo familiar, el segundo (*target domain* o dominio objetivo) es intangible. **A través de las metáforas, eventos, experiencias y relaciones no familiares, son transformados en familiares, otorgando transparencia a la opacidad**".

Para el caso particular de las metáforas espaciales, sin intención de discutir su validez como recurso del lenguaje ni de trazar una separación entre espacio material y espacio metafórico en un dualismo irreal, los autores mencionados han observado que su uso está estrechamente vinculado a concepciones específicas y desafiantes del espacio, que conllevan tanto consecuencias políticas propuestas como, a menudo, no propuestas.

Tres núcleos conceptuales han sido profusamente usados en el discurso social, político y cultural como metáforas: por una parte, *localización*, *posición* y *localidad*; por otra, *mapeo* o *mapear*; finalmente, *colonización y descolonización*.

En referencia al primer núcleo conceptual, la localización indica un punto en el mapa definido por su latitud y su longitud, al darles a los diferentes sujetos sociales un lugar para estar, interpretándolos en sus diferencias más mínimas. La posición implica una localización vis *a* vis, incorporando un sentido de perspectiva respecto de otros lugares. En tanto posición del sujeto, lleva la cuestión a la relatividad de la locación social como un lugar de "verse y actuar": actores sociales diferentes, por la virtud de sus distintas identidades, están ubicados particularmente vis *a* vis con otros actores, y por lo tanto disfrutan una perspectiva distinta desde la cual construyen las diferentes significaciones sociales. La localidad sugiere dos (o más) lugares dimensionales, un área dentro de la cual ocurren múltiples y diversos eventos y procesos sociales y naturales, que lleva implícita una experiencia multidimensional más que individual, es decir, un compromiso colectivo de identidades mutuamente implicadas.

51

Con respecto al segundo núcleo conceptual, en cartografía "el espacio es usado para representar el espacio". El mapeo asume un espacio particular como dado, es decir, una correspondencia *uno a uno* entre representación y representado, de forma que la representación es considerada adecuada para propósitos específicos. Por lo tanto, el mapeo es una metáfora útil para definir un área o dar nueva forma a un problema particular o conjunto de problemas: teorías, proyectos, conceptos y diferencias son mapeados. Opuesta a la referencia a espacios específicos del primer núcleo conceptual tratado (localización, posición y localidad), el mapeo es un proceso activo en el que los elementos internos de un espacio dado son organizados en otros. Asimismo, "mapear" implica un traslado sustantivo desde aquello mapeado al mapa, y el valor de tales representaciones es medido tradicionalmente en términos de su correspondencia con una realidad ingenuamente asumida. Además de involucrar exploración, selección, definición, generalización y traslación de datos, un mapa es un instrumento relacionado con el poder de conquista y control social.

Finalmente, en lo que respecta al tercer núcleo conceptual, las metáforas de colonización y descolonización son organizadas para trasladar las dinámicas de la dominación social a la vida, los pensamientos y las prácticas cotidianas de los grupos sociales. En términos histórico-geográficos, la colonización involucra la conquista, posesión y control de un territorio por un poder externo: es la apropiación deliberada del espacio físico, cultural y simbólico. La colonización violenta del mundo no europeo verificada a través de los últimos cinco siglos facilitó el ascenso de la hegemonía occidental y el alcance global del capitalismo. Las metáforas de colonización reinscriben esta incursión territorial como una invasión y una insidiosa habitación del espacio social y físico de los grupos oprimidos, en tanto que la descolonización es una metáfora para el proceso de reconocer como impuestas externamente y desalojar ideas dominantes, asunciones e ideologías, haciendo literalmente un lugar cultural y físico de uno mismo (Smith y Katz, 1993).

En el proceso de apropiación territorial, sujetos e instituciones relacionados de maneras distintas con los intereses estatales –en el caso norteamericano, aquellos vinculados particularmente a la conquista del *far west*– recurrieron a la conceptualización de vastas extensiones pretendidas como ámbito de dominación a través de la metáfora del "desierto". El anclaje de esta imagen estaba basado en una transferencia tácita de ciertas características de su significado literal y original, que estableciendo una relación de sinonimia no fundamentada entre "territorios en manos de pueblos originarios" y "desierto" (en su lenguaje, *wilderness*), ponderaba de este último el rasgo de "espacio vacío y deshabitado", y en una operación no explícita lo hacía extensible a "vacío de civilización".

Aunque resulte llamativo denominar "desierto" a un área caracterizada por una presencia de indígenas constantemente reconocida, puede suponerse que la existencia de formas de organización social, económica y política incongruentes con los parámetros de aquellas formas de organización del mundo capitalista occidental habilitaba a generalizar la acepción figurativa.

Asimismo, cabe recordar que, según los cánones del positivismo decimonónico, la ausencia de civilización era entendida como un vacío. El criterio de apropiación –y de legitimación de la apropiación– suponía que "**la estatalidad se imponía sobre la nada**". Significativamente, esto ponía fuera de la discusión a la cuestión indígena y situaba al desierto como escenario óptimo para la civilización. En otras palabras, el desierto constituía el desafío de un vacío que debía ser llenado (Lois, 1999).

El empleo de la noción de civilización, si bien suponía una asociación con otras ideas afines, entrañaba el descubrimiento de su reverso, de su lado opuesto; aquel estado del cual ella provenía y al que había superado: la barbarie. En efecto, las dos acepciones del término "civilización", es decir, entendida como movimiento de la humanidad hacia un ideal o como un estado de la sociedad, implicaban automáticamente la existencia de una barbarie original. El término "bárbaro", acuñado por los griegos, era usado para designar al extranjero, aquel que no pertenecía a la *polis*, definición que si bien tuvo primeramente alcances políticos, luego adquiriría connotaciones culturales. Durante la Antigüedad tardía, "bárbaros" fueron las tribus invasoras que devastaron el Imperio Romano. Hacia el siglo XVIII, el contra-concepto fue utilizado tanto para indicar la existencia de un estado anterior, en el cual permanecían otras culturas contrapuestas al estado actual de las sociedades europeas, como para designar la alteridad.

> Bárbaro es así un vocablo a través del cual no se define sino que se califica al otro, estigmatizado por aquel que se sitúa desde una civilización comprendida como valor legitimante. Cargada de un poder movilizador, y prontamente fuente de legitimación de toda suerte de poder, resultaba normal que las distintas escuelas o tendencias ideológicas se disputaran su monopolio, pues la civilización se transformó en criterio por excelencia de todo juicio (Svampa, 1994: 19-21).

En "Les Temps de la Reflexión", Starobinski escribe respecto de las nociones de civilización y barbarie:

Un término cargado de sacralidad demoniza su antónimo. La palabra civilización, si ya no designa más un hecho sometido a un juicio, sino más bien a un valor incontestable, entra en el arsenal verbal de la alabanza o de la acusación. Ella deviene un criterio por excelencia: se juzgará en nombre de la civilización. Se debe tomar partido, adoptar su causa. Ella se transforma así en motivo de exaltación para todos aquellos que responden a su llamado. O, inversamente, ella funda una condena: todo lo que no es civilización, todo lo que se le resiste, todo lo que la amenaza, toma la figura de monstruo y de mal absoluto. En el calor de la elocuencia es posible reclamar el sacrificio supremo en nombre de la civilización. Lo que quiere decir que el servicio o la defensa de la civilización podrán, en el caso de un fracaso, legitimar el recurso a la violencia. El anticivilizado, el bárbaro, debe ser neutralizado en su nocividad, si no puede ser educado o convertido (Starobinski, 1983, cit. en Svampa, 1994: 20).

En efecto, la civilización es legitimada por la estigmatización de su contrario. Portadora de un "valor incontestable", a fines del siglo XIX la filosofía del progreso y de la civilización sustentó la ideología de la colonización y abrió las puertas del mundo bárbaro a diferentes países autoinvestidos de una "misión civilizadora" sobre los pueblos juzgados menos evolucionados.

Las imágenes sobre el Oeste estuvieron ligadas al tipo de sociedad que las producía. La sociedad agrícola produjo la idea de jardín; la sociedad industrial veía al Oeste como lugar salvaje. Pero era frente a este lugar salvaje que la civilización se afirmaba. Era como si la civilización precisase de lo salvaje contra lo cual ella se distinguiría. Al definir al indio como salvaje ya estaría decretando su destino. Era el estadio atrasado que debía ser superado por el americano blanco. Era el avance inevitable de lo más bajo hacia lo más alto, de lo más simple hacia lo más complejo (Lippi Oliveira, 1994: 18).

Hacia finales del siglo XIX, en el contexto mitológico-ideológico mencionado y en su realidad política, económica y social, la sociedad norteamericana hizo propia la convicción de que el Oeste, desde los Montes Apalaches hasta el Océano Pacífico, constituía la mayor riqueza jamás distribuida antes al hombre civilizado (Slotkin, 1986).

2.2. Frederick Jackson Turner

Nacido en Portage, una ciudad de frontera del actual Estado de Wiscosin, Frederick Jackson Turner (1861-1932) sistematizó la estrecha relación existente, según su perspectiva, entre el *wilderness* y la formación del carácter nacional. Fuertemente influenciado por Comte y las ideas neolamarckianas y admirador de los estudios antropogeográficos de Ratzel (Bassin, 1993:479 y 480), en su obra "The frontier in american history" (publicada originalmente en 1893) Turner desarrolló dos tesis complementarias para explicar la condición fundacional de la conquista del Oeste para la nación norteamericana: una referida a la frontera y otra, a la excepcionalidad de su pueblo. Establecida una íntima conexión entre la vida en el desierto y el desarrollo de condiciones "deseables" referidas al carácter nacional, Turner haría un llamamiento dramático a la sociedad norteamericana ante la paulatina desaparición del *wilderness*. Además de ello, estaba proponiendo una forma de interpretar la conquista del Oeste y una manera de separar a los norteamericanos de sus orígenes europeos, para reforzar la idea del surgimiento de una nueva nación. En la perspectiva turneriana, la interacción con el medio geográfico, la estrecha relación entre la historia local y regional con la historia nacional y la presentación del llamado "hombre común" como centro de la escena social norteamericana, concurrirían a la conformación de un carácter propio para la nación.

2.2.1. Tesis de la frontera[12]

El uso del término "frontera" está referido a dos procesos históricamente simultáneos: la fijación de los límites de carácter interestatal o internacional y los avances de ocupación sobre territorios sometidos a lógicas de organización política, económica y cultural preexistentes al Estado-Nación, en la que estos ámbitos geográficos son presentados como "vacíos, despoblados, desiertos".

---

[12] G. Kearns en su artículo "Closed space and political practice: Frederick Jackson Turner and Halford Mackinder", basado en una argumentación elaborada por Malin en 1944, sostiene que la tesis de la frontera elaborada por Turner es, junto a la tesis del *heartland* de Mackinder, el mejor ejemplo del pensamiento referido a "espacios cerrados". Las argumentaciones mencionadas –corrientes a finales del siglo XIX y principios del siglo XX, cuando el debate social estaba penetrado por la biología– implicaban tomas de posiciones políticas determinadas (Kearns, 1983).

Centrado en esta última acepción, la presencia del *wilderness* y el avance civilizatorio llevado a cabo a través de la conquista y colonización del Oeste son elementos claves para explicar el desarrollo norteamericano. La existencia de "territorios abiertos a la expansión y a la conquista" como tierras de oportunidades habían permitido su ocupación por grupos sociales diferenciados, tanto desde el punto de vista étnico como en sus formas de organización política, económica y social.

> La frontera es la línea de más rápida y efectiva americanización. (...) El desierto ha apelado a los hombres como a una página en blanco sobre la cual ha escrito un nuevo capítulo en su lucha para lograr una sociedad mejor. (...) El pionero transforma al desierto, pero el resultado no es la vieja Europa, sino un producto nuevo, un producto americano. (...) El ambiente natural dominó al conquistador, se hizo su dueño, y en las difíciles condiciones de vida impuestas, el hombre de la frontera fue capaz de desarrollar el vigor necesario para su supervivencia. En su movimiento siempre hacia el Oeste, los norteamericanos podrán escapar de la decadencia y, simultáneamente, renovar su virtud (Turner, 1893).

Esta tesis turneriana concibe implícitamente a la frontera como "línea imaginaria" y como "lugar".

En su primera acepción, la frontera conceptualizada como "línea imaginaria" es materializada a través de la cartografía, y asumida como representación del proyecto territorial de avance sobre los ámbitos geográficos pretendidos de dominación y como fuerza capaz de imponerse sobre los actores involucrados.[13] Al mostrar la separación entre el mundo civilizado y aquel otro no incorporado a la civilización, refuerza el carácter "progresista" del proyecto de apropiación territorial.

En su segunda acepción, la frontera conceptualizada como "lugar"[14] es asumida, con una serie de particularidades específicas, como continente de un conjunto de sujetos, instituciones, prácticas y modos de vida que se dan allí y no en otro lugar.[15]

---

[13] La cartografía, vista como reflejo exacto de los objetos o procesos que tienen lugar en el terreno, crea la ilusión de su materialización.

[14] "Lugar", en la acepción asignada por Agnew, quien hizo una revisión de las aproximaciones realizadas al concepto de lugar desde diferentes saberes disciplinarios. En primer término, economistas y geógrafos económicos han otorgado a dicho término la connotación de localización, un espacio *sui generis* donde impera el estudio de la distribución espacial y económica de las activida-

Para Turner, la frontera había sido ámbito del enfrentamiento entre la civilización y la barbarie, y escenario de constitución de la fuerza social y el contenido ideológico fundantes de la nación norteamericana.

En palabras de Hofstadter: "La dimensión básica de la imaginación americana es espacial. La pasión por el espacio y el movimiento, motor invocado en términos populares para el desarrollo de Estados Unidos, es mérito de Turner".

Esta concisa apreciación es clave para la comprensión del espacio como fuente creadora de mitos y sus íconos de mayor fuerza, y causa de la profusión de metáforas espaciales en el marco de discursos de carácter eminentemente político y de sus prácticas derivadas. La sucesión de imágenes atadas a la argumentación expuesta es casi automática. "Entre una dimensión histórica (tiempo) y una dimensión geográfica (espacio), la elección es irremediablemente obvia" (Hofstadter, 1970: 5 y 6). En la misma perspectiva, Dorothy Ross afirmará que "ellos podrían desarrollarse más en el espacio que en el tiempo" (Ross, 1984).

---

des, resultado de una relación entre el factor costo del lugar y los diferenciales del precio del mercado. En segundo término, microsociólogos y geógrafos humanistas se han interesado en lo *locale*: las agrupaciones de interacción social de la rutina de la vida diaria provistas por el lugar. En tercer término, antropólogos y geógrafos culturales han mostrado interés en el sentido del lugar o en la identificación con el lugar generado por la vivencia en él. Si bien raramente los tres aspectos han sido vistos como dimensiones complementarias, ellos están relacionados. Si lo *locale* es desde el punto de vista sociológico el elemento central del lugar, el mismo debe ser situado geográficamente en el terreno. Los mundos sociales locales (*locale*) no pueden ser completamente entendidos sin tener en cuenta el orden macro de la localización y la identidad territorial asociada al sentido del lugar (Agnew, 1987).

[15] En otra perspectiva, el "lugar" de la frontera es caracterizado por algunos autores como "reducto de la multietnicidad" y "receptáculo privilegiado de la hibridez". La noción de hibridez es útil para pensar el lugar de la frontera como la yuxtaposición de distintas prácticas provenientes de sujetos e instituciones situados en contextos espaciales distintos desde donde ésta es imaginada, representada, planeada y materializada. Al trasladar la concepción de hibridación de Bahtkin del campo filológico al campo espacial, los procesos de hibridación *intencional* emanados de las políticas coloniales enmascaran los procesos *no intencionales*, provocados por la dinámica propia de la frontera. En términos de Bhabha, las prácticas coloniales pierden las especificidades que las hacían prácticas de dominación, para tornarse prácticas híbridas de las que hacen uso también los indígenas en el proceso de avance y defensa de sus territorios y formas de vida (cit. en Barros y Zusman, 2000).

2.2.2. Tesis de la excepcionalidad del pueblo norteamericano

En auxilio de la tesis de la frontera, Turner elaboró la tesis de la excepcionalidad norteamericana. En una suerte de determinismo geográfico sobre la política y la economía, la cantidad y la cualidad de las tierras libres incorporadas mediante la conquista del Oeste habrían de preservar el carácter democrático de la estructura agraria y de las instituciones republicanas. Las vastas extensiones territoriales, libres y listas para ser colonizadas, habían provisto las condiciones necesarias para la movilidad social y constituían una invitación a la construcción de un futuro promisorio para la sociedad norteamericana, que no podía ser ofrecido por Europa.

Para Turner, la historia del país era concebida linealmente como la progresiva realización de la voluntad de Dios y de las virtudes originales: el individualismo, la democracia y el autogobierno. El proceso de avance de la frontera norteamericana había cumplido fundamentalmente funciones políticas e identitarias que la diferenciaban de la Vieja Europa. Al crear un nuevo tipo de república democrática, América estaría libre de las dolencias del viejo continente. En una interpretación retrospectiva de base evolucionista, fundada en la existencia de una relación casi directa entre territorio y conformación de la nación norteamericana, Turner identificó a la democracia como mediación. A través de una base epistemológica biologicista, el autor legitima científicamente su propuesta de determinismo ambiental como explicación causal tanto del desarrollo histórico como de la formación de la nacionalidad americana (Bassin, 1993: 476).

Desde su perspectiva es posible distinguir diferentes protagonistas en el avance de la frontera. Los primeros actores intervinientes estarían ligados a la "barbarie", representada por el indio y el cazador. Su conformación finalizaría con la entrada del mercader a la escena para dar lugar a la "civilización", la que sería continuada por el desarrollo de las actividades pastoriles, por el aprovechamiento extensivo del suelo con el cultivo de maíz y trigo sin rotación, por el cultivo intensivo en colonias agrícolas más pobladas y luego por la organización industrial. Estas clases de actores vinculados a actividades económicas específicas son proveedoras de una tipología de frontera en la que cada uno de ellos actúa como el "motor fundamental de la expansión en los distintos movimientos de avance territorial" (Vitar Mudski, 1991: 203).

La sucesión de diferentes agentes en la formación y consolidación del avance de la ocupación del Oeste es completada con la hipótesis de la "recapitulación", uno de los elementos centrales para la definición de la peculiar relación entre frontera y la nueva sociedad americana. Sobre la base de esta idea formalizada por Haeckel y llevada a las ciencias sociales por Spencer, Turner sostenía que la historia de cada sociedad debería ser vista como una serie de recapitulaciones del proceso universal de evolución social. En el caso de la sociedad norteamericana, el avance de la colonización hacia el Oeste significaba el establecimiento de una nueva frontera y, con ella, la constitución de un nuevo sujeto nacional. El proceso se iniciaría una y otra vez. En un continuo resurgimiento, su renovación era asegurada y se evitaba el envejecimiento característico de las sociedades europeas (Bassin, 1993: 506 y 507).[16]

Las tesis turnerianas tendrían una repercusión diferencial en la historiografía norteamericana. Herbert Eugene Bolton, uno de los más conspicuos seguidores de Turner, trató de aplicar sus teorías al avance de la frontera española. Sin embargo, a partir de estudios empíricos Bolton rompe con la visión determinística de la relación "frontera-instituciones políticas" (Weber, 1991). La crítica a Turner es profundizada por trabajos como los de J. Bannon, donde además de destacar el incumplimiento del principio frontera-democracia, resalta su simplismo narrativo. Este historiador norteamericano critica a Turner por no tener en cuenta los procesos de avance territorial en períodos coloniales y precoloniales, destacando que la complejidad del proceso de apropiación territorial que Turner describe fue mucho mayor de lo que su narrativa aparenta (Bannon, 1990).

Asimismo, cabe destacar que los estudios de frontera despertaron el interés de los geógrafos culturales por romper con el determinismo turneriano. Así, por ejemplo, en el artículo de Carl Sauer, "Historical Geography and the Western Frontier" (1929), la frontera pasa a ser un laboratorio de estudio del cambio del paisaje natural al cultural, poniendo cierto énfasis en los agentes que participan en dicho proceso. Sauer destaca que ni existe un único tipo de frontera ni existe una serie uniforme de estadios por los que debería pasar la frontera; ello varía según las características físicas del país, según la "civilización"

---

[16] Cabe destacar que Bassin sostiene que fue el propio Turner quien en sus trabajos "Problems in American History" (1906) y en "The Significance of Sections in American History" (1932) hizo un llamamiento a realizar estudios comparativos (Bassin, 1993: 473).

que se ha desarrollado en ella y según el momento histórico (Sauer, 1929: 49). Otro geógrafo, Owen Lattimore, sostiene que en su preocupación por estudiar qué es lo que la frontera ha provocado en la sociedad, Turner no toma en cuenta lo que esta sociedad produjo en la frontera (cit. en Mikesell, 1960: 64).

Finalmente, Lippi Oliveira considera tres grandes ausencias que subyacen a las interpretaciones históricas de Turner: la cuestión indígena y de los negros, quienes no encajaban en ninguno de los papeles honrosos de la trama; el papel del Gobierno federal en la ocupación y colonización de las nuevas tierras, y la fantástica expansión territorial que significó la conquista del Oeste (Lippi Oliveira, 1994).

3. Territorio, naturaleza y representación patriótica

Roderick Nash

Entre la Guerra Civil y el final del siglo XIX, los norteamericanos vivenciaron un período de profundas transformaciones: una sociedad esencialmente rural iría convirtiéndose rápidamente en una compleja sociedad urbana.

El desierto había sido abierto a la producción con apoyo del Gobierno federal. Las empresas agrícolas eran transformadas mediante su mecanización y la introducción de capital intensivo. El tendido del ferrocarril y de líneas telegráficas eran instrumentados como vehículos difusores de civilización.

Amenazada efectivamente la existencia del *wilderness* por la fuerza avasalladora de la industrialización, su paulatina pero inexorable desaparición precedió al surgimiento de una corriente llamada a promover su conservación. Si la "civilización del desierto" significaba la pérdida del ambiente geográfico e histórico donde se había forjado el carácter nacional norteamericano (representado en la cualidades arquetípicas del *pioneer*), la creación de parques nacionales contribuiría a mantener el escenario fundacional de la nación para ser apreciado por las generaciones futuras.

La antigua percepción del desierto como ambiente hostil había dado paso a otra como ambiente favorable. El lugar de la barbarie, antes militantemente enfrentado, ahora debía ser conservado. Como paradoja, si en el pasado la civilización había debido protegerse de la barbarie, para el futuro el país salvaje debía ser protegido de la civilización. Además, por una parte, sin la existencia del desierto no hubieran existido los pioneros: el arquetipo del héroe norteamericano era únicamente explicable en su relación con el *wilderness* y las condiciones de vida impuestas sobre el hombre de la frontera. Por otra parte, aquella oposición efectiva y efectista establecida entre héroe y villano nacional (pionero y aborigen, respectivamente) era reevaluada: el héroe era tan vital a la escena como el villano. Más aún, quizás su villanía no fuera tal, en vista de las "cualidades admirables" producidas por el contacto con el desierto.

En la primera década del siglo XX, el debate acerca de los valores de estas tierras salvajes trascendería los círculos políticos, artísticos e intelectuales hasta popularizarse. Convertida en una parte de la cultura de la nación norteamericana, la estima por los hombres de la frontera se extendería a gran parte de la sociedad hasta incluir su entorno natural. Por lo tanto, en última instancia las áreas declaradas "parques nacionales" representaron el pasaje del estado salvaje al estado civilizado para vastas extensiones territoriales incorporadas al dominio estatal efectivo. Como afirma Max Oelschlaeger, "**el wilderness iría transformándose paulatinamente en naturaleza**".

3.1. Contribuciones del romanticismo y del trascendentalismo

Durante el siglo XIX, el mundo occidental había asistido al surgimiento del Romanticismo, amplio movimiento artístico situado fundamentalmente alrededor de las manifestaciones literarias y musicales.

> El artista romántico no se limita a la percepción sensitiva y consciente, y por el contrario recurre, no como un elemento secundario, sino como la fuerza principal a la indagación de su propio subconsciente. Frente a la "mimesis" realista, la confrontación del romántico con su entorno se halla mimetizada por una confianza absoluta en la subjetividad y en las criaturas creadas por ésta. La exploración del inconsciente y el desarrollo de la imaginación son las dos armas románticas para destruir, ampliar y recrear el campo de lo real. Para los románticos, la imaginación es un intermediario mágico entre el pensamiento y el ser, la potencia capaz de producir mágicamente "imágenes", y por tanto "mundos imaginarios" (Argullol, 2006: 63).

Como una reacción en contra de las ideas mecanicistas y fuertemente antropocéntricas del Iluminismo y sus consecuencias prácticas, esta corriente era resultado directo de la urbanización y la industrialización. Si bien la utopía romántica no hizo la menor mella en la fuerzas económicas que durante toda aquella época apresuraron el proceso de dominación y expoliación de la naturaleza, crearía un imaginario social acerca de lo que en ella era deseable y por lo tanto digno de ser protegido. Una reivindicación romántica por excelencia era la "vuelta a la naturaleza", siendo considerada como fuente de virtudes tales como la belleza, la pureza y la inocencia, valores abandonados por una sociedad rendida al progreso material. Estas apreciaciones emanadas del Romanticismo constituirían uno de los principales antecedentes del conservacionismo (Reboratti, 1999: 145 y 146).

A modo de ejemplo, Estwick Evans, un artista de las letras representativo del Romanticismo norteamericano, escribía al respecto:

> "¡Cuán grandes son las ventajas de la soledad! ¡Cuán sublime es el silencio de las energías siempre activas de la naturaleza! Hay algo en el nombre verdadero del desierto que seduce el oído y calma y endulza el espíritu del hombre. Hay religión en esto" (cit. en Nash, 1967: 44).

Junto a esta corriente artística, otra importante contribución para la conformación de una nueva imagen del desierto fue efectuada por el "trascendentalismo", movimiento filosófico, religioso y político de inspiración kantiana surgido en Estados Unidos de América entre 1830 y 1836 como primera corriente ideológica propia de las ex colonias inglesas independizadas. Las ideas de Emerson y Thoreau[17], sus principales representantes, influirían decisivamente en la idealización del primitivismo, la revalorización de la vida en contacto con la naturaleza y la consideración de "lo salvaje" como fuente de valores despreciados por la civilización.[18]

---

[17] Ralph Waldo Emerson (1803-1882) es filósofo y poeta estadounidense. Entre sus principales obras citamos *Nature* (1836), *Essays* (1841-1844) y *The conduct of life* (1860). Henry David Thoreau (1817-1862), escritor estadounidense fuertemente influenciado por Emerson. A su única obra publicada en vida, *A week on the Concorde and Merrimack Rivers* (1849), agregamos sus obras póstumas: *Walden, or Life in the Woods* (1854) –considerado un clásico de la literatura norteamericana–, *Civil Disobedience* (1849) –ensayo donde exponía las razones para negarse a sufragar los gastos del gobierno a causa de la continuacion de la guerra mexicana, el maltrato a los indios y el establecimiento de la esclavitud como hechos consumados–, *Excursions* (1863), *The Maine Woods* (1864), *Cape Cod* (1865) y *A yankee in Canadá* (1866). Sus ideas han contribuido a la protesta de base cívica de algunos intelectuales en momentos críticos para su país.

[18] <<En la mayor parte de su historia, implícita o explícitamente, el hombre se sintió ajeno a la naturaleza, viéndola ya sea como un recurso a utilizar, como un enemigo o como un modelo de equilibrio. Por supuesto que durante la mayor parte del tiempo, la enorme mayoría de la población (y todavía es así) nunca se paró a reflexionar sobre el tema, y su llamado "sentido común" al respecto estuvo siempre formado por una confusa mezcla de actitudes religiosas, sentimientos socialmente compartidos, rasgos culturales adquiridos por su entorno y su propia historia, y más modernamente por la influencia de los medios masivos de comunicación (...). Sin embargo, ese "sentido

Encontré en mí un instinto que me llevaba hacia una vida más alta o espiritual, según suele decirse, como lo tiene la mayoría de los hombres, y otro instinto que me llevaba hacia un nivel más primitivo y salvaje. Guardo respeto por ambos (Thoreau, 1854).

Para Thoreau, frente a las tierras salvajes la especie humana está "en presencia de una fuerza que no está obligada a ser amable con el hombre".

¡Vaya misterios! (...) Pensar en nuestra vida dentro de la naturaleza, (...) entrar en contacto con ella, rocas, árboles, el viento en las mejillas (cit. en Mitchell, 1998: 12).

La ciudad y la pluma de sus pensadores y escritores, es decir, situaciones urbanas e intereses filosóficos y artísticos (y no, como podría suponerse, el desierto y el hacha de sus pioneros) fueron quienes promovieron una nueva imagen del *wilderness* y reemplazaron sus repulsividades por acercamiento.

En la marcha hacia el Oeste, el avance civilizatorio era proporcional a la desaparición del desierto de la escena social norteamericana y a la instalación de una fuerte sensación colectiva de tristeza por la pérdida del *wilderness*. Como indicador de un duelo de alcance nacional, numerosos escritores se habían volcado hacia el tema de la frontera, y la figura del indio era reivindicada como símbolo de las virtudes americanas. La transformación de las representaciones del desierto –de infierno a paraíso– y del indio –de villano a héroe– constituyeron el ingrediente principal de obras clásicas de la literatura norteamericana, tales como "Kentucke", de Filson y la figura de Daniel Boone, ejemplo de la novedosa relación de armonía establecida entre el hombre blanco y el indio en la inmensidad del Oeste.

Sin embargo, como refuerzo de esta nueva representación colectiva del *wilderness*, las cualidades hostiles anteriormente adscriptas al desierto fueron

---

común" siempre ha estado guiado en alguna medida por lo que algunos pensadores reflexionaban sobre el tema, después de un efecto de "infiltración" de esas ideas al conocimiento amplio. Este efecto a veces tardaba mucho en concretarse, y cuando lo hacía, se amalgamaba con otros efectos de pensadores anteriores o simultáneos. (...) Estos pensadores a veces eran figuras solitarias en un mundo que tenía valores diferentes, verdaderos pioneros en el cambio de verdades que se pensaban como reveladas o inmutables. Otras veces existía todo un entorno intelectual donde estas nuevas ideas se gestaban, aunque por lo general era siempre una figura la que aparecía como paradigmática de ese movimiento» (Reboratti, 1999: 133 y 134).

transferidas a las ciudades. El ambiente urbano fue caracterizado como oscuro, tenebroso, hostil, producto de una civilización decadente.

Los títulos de algunas obras literarias de la época son indicadores elocuentes de la transferencia mencionada. *The city wilderness*, de Robert A. Woods, publicada en 1898, aludía metafóricamente a Boston. *The jungle*, de Upton Sinclair, aparecida unos años después, hacía referencia a los horrores de Chicago. Los monstruos del desierto habían sido reemplazados por otras figuras temerarias, fuertemente vinculadas a la civilización urbana, tales como *Wall Street*, los *trusts* o el "gobierno invisible".

No obstante ello, dicho proceso de transformación de las representaciones colectivas referidas al *wilderness* no estuvo exento de contradicciones. Para el *pioneer* –arquetipo del hombre de frontera en la conquista del Oeste– la conservación del desierto era una idea absurda. La fuerza de la civilización reclamaba para sí las tierras salvajes, y más allá del valor de su conservación, sus promotores debían admitir la necesidad de introducir aquella inmensidad a la economía del capitalismo. En la perspectiva de los pioneros, esta ambivalencia no era materia de discusión. El dilema acerca de su aprovechamiento económico o conservación no constituía únicamente una cuestión filosófica, sino que alcanzaba un plano práctico con respecto a los proyectos para la ocupación de la tierra conquistada.

En la confrontación de estas apreciaciones, los norteamericanos comenzaron a profundizar su reflexión acerca del *wilderness*. Hacia finales del siglo XIX y principios del siglo XX, la discusión acerca del significado del desierto, situada alrededor de las posiciones utilitaristas y conservacionistas, iría transformándose en una cuestión de interés nacional (Nash, 1967: 97 y 98).

3.2. Theodore Roosevelt, la naturaleza y el interés nacional

Figura destacada del Partido Republicano, Theodore Roosevelt (1858-1919) fue el vigésimosexto presidente de Estados Unidos de América.

Durante su gestión entre 1901 y 1909, asignó un lugar preponderante a las políticas de conservación y explotación racional de los recursos naturales. Debido a su entusiasmo por el Oeste y por la historia de los pioneros, Roosevelt se sentía orgulloso porque Estados Unidos había sido el primer país del mundo en la conservación del desierto. En 1903, siendo ya presidente, hizo una gira por los Parques Nacionales Yellowstone y Yosemite. Volvió deleitado al apreciar que estos escenarios salvajes, testimonios de la vida en el desierto y la frontera, todavía eran conservados sin ser depredados, para beneficio de las generaciones futuras. En su opinión, América necesitaba del mantenimiento de estos remanentes del ambiente de los pioneros. Las reservas del desierto servirían a este propósito, proveyendo "una frontera perpetua" y manteniendo a los norteamericanos en contacto con las condiciones de vida primitivas. Durante su mandato, fueron creados cinco nuevos parques nacionales situados en los Estados de Oregon, Dakota del Sur, Dakota del Norte, Oklahoma y Colorado. Sin embargo, su fuerte inclinación por el progreso de las industrias norteamericanas daría cierto eclecticismo a sus ideas conservacionistas.

En 1901, en ocasión de su primer mensaje anual al Congreso norteamericano, Roosevelt sostenía:

La protección de la naturaleza no puede constituir un fin en sí mismo. (...) La conservación del *wilderness* debe ser un medio para aumentar y mantener los recursos del país y para proveer a las industrias que dependan de ellos. (...) [Tenemos] la esperanza de mantener reservas del desierto para las criaturas salvajes (Roosevelt, *First annual message* en Works, 17, 118 - 120, cit. en Nash, 1967: 163).

El sentido de la postura conservacionista de Roosevelt reaparecería dos años más tarde al referirse a la explotación de los bosques:

El objetivo de una política forestal no es preservar los bosques porque ellos sean hermosos –aunque esto fuese bueno en sí mismo– ni conservarlos por ser el refugio de los animales salvajes del desierto –aunque esto también fuese bueno en si mismo–. El objetivo primario de una política forestal es la construcción de casas prósperas. **La política forestal es parte de nuestra política de construcción del país** (Roosevelt, *The forest problem*, en Works, 18, 127, cit. en Nash, 1967: 163).

Hacia finales de su mandato presidencial, la conservación del *wilderness* sería puesta a prueba durante los sucesos de la llamada "controversia del valle de Hetch Hetchy". Para la ciudad de San Francisco, un problema vital era la falta de una fuente permanente de provisión de agua. La construcción de un embalse en el valle de Hetch Hetchy constituía una solución para la cuestión.

Además, podría aprovecharse para la generación de energía hidroeléctrica; pero el valle de Hetch Hetchy era parte del Parque Nacional Yosemite, creado en 1890. La cuestión condujo a una fuerte controversia. ¿Cuál era el propósito de la conservación del desierto? El grupo liderado por Gifford Pinchot sostenía la conveniencia de su uso como fuente para el abastecimiento de agua y energía hidroeléctrica. En la oposición, el grupo liderado por John Muir proponía buscar agua en otra parte.[19] En un principio, aunque dubitativamente, Roosevelt estuvo a favor de la conservación del desierto. El pedido para su uso, efectuado por James D. Phelan –*major* de San Francisco–, fue negado a través de la Secretaría del Interior, repartición a cargo de los Parques Nacionales. Sin embargo, el terremoto y posterior incendio sucedidos el 18 de abril de 1906 haría cambiar de postura al Gobierno federal. El Secretario del Interior James R. Gardfield aprobó la iniciativa el 11 de mayo de 1908. En última instancia, la concepción utilitarista de la naturaleza había triunfado. La ocasión fue aprovechada por Muir y sus seguidores. Frente a la autorización emanada del Gobierno federal, pusieron en marcha una campaña de protesta nacional para concientizar a la población acerca de la conveniencia de conservar el área en cuestión.

El caso del valle de Hetch Hetchy puso de manifiesto tres posturas referidas a la conservación del *wilderness*. La corriente utilitarista estaba situada en una percepción del desierto como fuente de recursos para satisfacer las necesidades materiales de la sociedad. La ortodoxia conservacionista, adscripta a una valoración simbólica, percibía el desierto como santuario, fuente de espiritualidad. Entre ambas posturas se situaba el eclecticismo de Roosevelt, para quien "la compuerta de la protección del desierto se abre o cierra según las circunstancias". Sin embargo, todas contribuyeron a promover la idea de una estrecha vinculación entre el desierto y el interés nacional. En síntesis, la discusión respecto del desierto estaba centrada en el uso de sus recursos naturales, y aquella representación colectiva como ambiente hostil y hábitat de la barbarie había sido masivamente reemplazada por una apreciación favorable, mas allá de las distintas posturas valorativas.

---

[19] John Muir (1838-1914), llamado "el publicista o divulgador del desierto", fue educado en un hogar calvinista tradicional (en palabras de su padre, "sólo los pecadores se acercan a la naturaleza sin hacha o arado"). Fuertemente influenciado por las ideas precursoras de Emerson y Thoreau, lideró el movimiento conservacionista norteamericano, sacralizó el desierto y, por extensión, arribó a la sacralización de la naturaleza. En su perspectiva, "la naturaleza es la sagrada escritura de Dios".

3.3. El desierto y la cultura nacional norteamericana

Trece años después de la decisión del gobierno federal norteamericano de crear el Parque Nacional Yellowstone, el estado de Nueva York declaraba como reserva forestal 715.000 acres en Adirondacks, área que debía permanecer para siempre como "tierra salvaje".

Nash, haciendo referencia a las razones fundamentales de creación de ambas áreas protegidas, explica:

> En ninguno de los casos, los valores del *wilderness* fueron tenidos en cuenta. Las advocaciones iniciales para preservar el Yellowstone no fueron concernientes al desierto. Ellos actuaron para prevenir la adquisición privada y la explotación de géiseres, aguas termales, cascadas y curiosidades similares. En Nueva York, el argumento decisivo fue la necesidad de mantener tierras forestadas para una adecuada provisión de agua. En ambos lugares, el desierto fue preservado sin intención. Sólo más tarde, unas pocas personas observaron que uno de los más significativos resultados del establecimiento de estos parques había sido la preservación del *wilderness*.

Si el gobierno federal había luchado por la incorporación del Oeste al patrimonio territorial del Estado-Nación y los colonos pioneros, habían sentado la soberanía norteamericana en el desierto, a pesar de los peligros, las clases medias contribuirían a promover "una ideología ética y estética para el *wilderness*".

Las connotaciones adscriptas al *wilderness,* referidas a la formación del carácter nacional norteamericano, impulsaron a la sociedad en la búsqueda de formas para retener la influencia del desierto en la civilización moderna y recrear las condiciones de vida de los pioneros.

La idea del *wilderness* había sido adaptada funcionalmente a las condiciones de un nuevo contexto histórico. **Ellos vieron en el desierto lo que quisieron ver.** Para una sociedad en pleno movimiento ascendente, los parques nacionales jugarían un papel clave en la conquista espiritual de aquella formidable extensión territorial incorporada al dominio del Estado-Nación norteamericano.

En concordancia con dicho imaginario social, un creciente número de norteamericanos realizaron inversiones inmobiliarias en el país salvaje para admirar y contemplar el escenario del desierto y promover un estilo de vida en contacto con la naturaleza. La soledad experimentada por conquistadores y colonos pioneros de aquella enorme extensión de tierras constituía ahora para sus nietos un sentimiento tan atractivo como un imán. El ciudadano norteamericano de clase media había llegado al *wilderness,* y con él, la perspectiva del vacacionista, la nueva figura de una tipología humana entendida en su relación con el territorio.

En pos del mantenimiento del "**frontier way of life**" y de la construcción de una cultura nacional del *wilderness,* el Parque Nacional Yellowstone y los parques posteriormente establecidos fueron apreciados como reservas alegóricas del desierto, de la vida de la frontera y de los pioneros de la nación norteamericana. Los antiguos parques y los nuevos por crearse constituirían una estrategia adecuada para conservar "**una frontera permanente**" como fuente de inspiración para las futuras generaciones. Junto a las áreas protegidas, otras manifestaciones, tales como la corriente interesada en la conservación de sitios de valor histórico[20], y el surgimiento de los movimientos juveniles orientados a la vida en contacto con la naturaleza, contribuirían a la conquista espiritual del territorio.[21]

El mito del *wilderness* permanecerá en el imaginario norteamericano durante gran parte del siglo XX y aún hoy puede ser descubierto en diversas manifestaciones políticas, sociales y culturales contemporáneas.[22]

---

[20] La corriente interesada en la conservación de sitios de valor histórico se había iniciado el 9 de mayo de 1882, cuando el senador Hoar, representante del Estado de Massachusetts, presentó una petición de la New England Historic Genealogical Society para que el Congreso intentase detener la destrucción de antiguas ruinas expuestas a continuos actos de vandalismo. En acuerdo con Hoar, el senador Plumb, representante del estado de Kansas, aunque advirtiendo el alto costo de establecer guardias en los sitios por proteger, propuso la colaboración de las asociaciones conservacionistas para expulsar a los saqueadores. En marzo de 1889, el Congreso destinó $2000 para la protección de *Casa Grande.* Situadas en el valle del río Gila, en el estado de Arizona, las ruinas habían sido descubiertas en 1694 por el padre español Kino, y en 1775, un año antes de la independencia norteamericana, el padre Escalante –franciscano y explorador– había reportado nuevamente sobre el valor cultural del sitio. Por orden del presidente Harrison, las ruinas de Casa Grande fueron reservadas el 22 de junio de 1892. Finalmente, el 8 de junio de 1906, durante la presidencia de Roosevelt, fue sancionada la Ley para la Preservación de las Antigüedades (*Act for the preservation of antiquities*), llamada "Ley Lacey", en honor a John F. Lacey, representante del estado de Iowa y figura promotora de la conservación de sitios de interés histórico (Ise, 1961: 143 - 162).
[21] En 1902, Ernest Thompson Seton ideó la organización Woodcraft Indians. En 1905, Daniel C. Beard creó el grupo Sons of Daniel Boone and the Boy Pioneers. Arribado a Estados Unidos el concepto de *boy scout,* los movimientos anteriormente establecidos fueron absorbidos por la nueva agrupación. En 1910, Seton establecería los principios, métodos y metas de los *Boy Scout of America* (Nash, 1967: 147 y 148).
[22] Como muestra de su pervivencia, Lyndon B. Johnson, presidente de Estados Unidos, firmaba el acta de creación del Sistema Nacional para la Preservación de las "Tierras Salvajes" en 1964. En la actualidad, aproximadamente 42.000.000 de ha –alrededor del 4.5 % del territorio estadounidense– conforman el citado servicio. Más de la mitad de la superficie afectada está situada en Alaska y la mayor parte de la restante, en los estados del Oeste (Mitchell, 1998: 12 y 13).

Conclusiones

El proceso que condujo a la conservación del Yellowstone estuvo caracterizado por la intervención de sujetos e instituciones vinculados principalmente a la exploración territorial, y por la configuración de una serie de principios inherentes al concepto de parque nacional: la propiedad pública federal de las tierras involucradas, la valoración estética de paisajes considerados singulares y la estrecha relación establecida entre el territorio puesto a resguardo y el ámbito geográfico e histórico de conformación de la identidad nacional de los norteamericanos (en detrimento de las identidades de los pueblos originarios, habitantes de la región desde tiempos ancestrales).

Cabe recordar que en anticipación a la futura demanda turística del área propuesta para su conservación, en tanto Hedges promovía la intervención del gobierno federal para evitar la especulación privada y Langford difundía los atractivos naturales del sitio, una empresa ferroviaria concurría en igual sentido a efectos de asegurar su propia oportunidad de negocios, mediante la conformación de una meca vacacional para los norteamericanos.

Más allá de esta paradoja, tales argumentos estarían ausentes del debate parlamentario que llevó a la oficialización de Yellowstone como primer parque nacional norteamericano. Para aquella época no parecía racional excluir del aprovechamiento económico a una vasta extensión territorial situada en el oeste del país. Dicho en otras palabras, cerrar la explotación de tierras recientemente abiertas a la producción resultaba una decisión incomprensible para una sociedad en plena revolución industrial. Si hasta la guerra civil el Oeste había aparecido en el imaginario social como un espacio de tierras vírgenes disponibles al pequeño propietario y garantía de una prosperidad futura permanente, la revolución tecnológica y la incorporación de capital intensivo cambiarían el carácter de las empresas agrícolas y su escala de producción. La caracterización del área del Yellowstone como "una tierra demasiado alta y demasiado fría para ser cultivada", por una parte, justificaba su declaración como área protegida, pero por otra, y como refuerzo de la argumentación oficial, al promover su aprovechamiento económico mediante una actividad no tradicional como el turismo, transformaba el área en un espacio igualmente productivo.

Creemos necesario recordar aquí, como acontecimiento generalmente ignorado pero particularmente significativo, la expulsión violenta del pueblo *shoshone* y la consecuencia directa de este desplazamiento humano: la liberación de "intrusos" del recorte territorial puesto a resguardo.

Creado el Parque Nacional Yellowstone y puesto bajo la administración de la Secretaría del Interior, el concepto de área protegida obtendría un nuevo significado hacia fines del siglo XIX y principios del siglo XX.

Producto de las aportaciones de Emerson y Thoreau, las obras de numerosos artistas enrolados en la corriente del Romanticismo y las teorías desarrolladas por Turner acerca del papel de la frontera en la conformación del carácter de los norteamericanos, los símbolos nacionales fueron reelaborados en el nuevo mito fundacional del *wilderness*. La íntima conexión establecida entre la vida en el desierto y el desarrollo de condiciones deseables del carácter nacional era una forma novedosa de interpretar el avance civilizatorio llevado a cabo a través de la conquista y colonización del Oeste. Además, reforzaba la idea del surgimiento de una nueva nación al separar a los norteamericanos de sus orígenes europeos.

En el contexto mitológico-ideológico mencionado, la creación de parques nacionales sería instrumentada como estrategia adecuada para el mantenimiento de una "frontera permanente". Si la conquista definitiva del Oeste había significado su desaparición, el establecimiento de áreas protegidas contribuiría a conservar el escenario de conformación del carácter nacional norteamericano para las generaciones futuras, representado en la cualidades arquetípicas de los pioneros.

Desde esta perspectiva, los parques nacionales pueden ser vistos como una invención social más que como una innovación ecológica. Esta interpretación es abonada por la creación de otras diez áreas protegidas localizadas en el oeste del país durante el período extendido entre 1872 y 1916, lapso temporal de nuestro análisis. En la misma dirección, la institucionalización del movimiento interesado en la conservación de sitios de interés histórico y el surgimiento de organizaciones juveniles vinculadas a recrear el *frontier way of life* concurren a sostener la argumentación arriba expuesta. Además, no parece ser casual la adjetivación usada por los norteamericanos. Los parques fueron llamados "nacionales" y no federales, por su ámbito de dependencia administrativa, ni salvajes o de una manera análoga, por el grado de intervención humana.

Finalmente, cabe destacar que la discusión situada alrededor del valle del Hetch Hetchy muestra la enunciación de tres corrientes conservacionistas.

En los extremos, se encuentra la ortodoxia de John Muir y el utilitarismo de Gifford Pinchot, para quienes la naturaleza es fuente de espiritualidad o de recursos económicos, respectivamente. Entre ambas, está el pensamiento ecléctico de Theodore Roosevelt, para quien "la compuerta de la conservación de la naturaleza debe ser abierta o cerrada según las circunstancias".

Sin embargo, para las tres posiciones existía una vinculación estrecha entre el desierto y el interés nacional de los norteamericanos.

Parte II

El origen de los parques nacionales argentinos (Argentina, 1897 - 1904)

"Un acendrado sentimiento patriótico animaba los impulsos de esa formidable máquina de acción; sentimiento que no encuentra símil sino en los preclaros héroes argentinos. (...) El culto de la patria era la obsesión de Pancho Moreno. (...) El patriotismo suyo, por ser tanto, era americanista y humanista al mismo tiempo que argentino. (...) La Argentina no olvidará nunca a su héroe civil, que tanto hizo por su acrecentamiento material y moral".

El Monitor de la Educación Común

Las propuestas conservacionistas fundacionales de nuestro país, enunciadas hacia finales del siglo XIX y principios del siglo XX, fueron protagonizadas por hombres que gozaban de marcado prestigio entre sus contemporáneos, quienes reconocían al modelo norteamericano como su principal fuente de inspiración. En tanto que la idea de creación del parque nacional Nahuel Huapi fue enunciada por Francisco Pascasio Moreno –naturalista y explorador en estrecha vinculación con ámbitos institucionales relacionados al dominio territorial–, el proyecto Iguazú estuvo originado en una iniciativa del Gobierno nacional, que con igual preocupación encomendó su diseño técnico a Charles Thays, arquitecto y paisajista de origen francés radicado en nuestro país y vinculado a obras de urbanización, parquización y saneamiento ambiental. Junto a estas similitudes, cabe señalar que por una parte las áreas propuestas para su conservación estaban localizadas en zonas de fronteras internacionales definidas por arbitrajes de terceros países. Por otra parte, y especialmente, la época de su enunciación será coincidente o inmediatamente posterior a una serie de hechos: la resolución de los diferendos limítrofes mencionados, la fundación de pueblos y la puesta en marcha de planes de colonización apoyados en el aprovechamiento forestal y el turismo como sus actividades económicas principales.

1. El proyecto conservacionista Nahuel Huapi

> *"Durante las excursiones que en aquellos años hice en el Sur (...)*
> *admiré lugares excepcionalmente hermosos y más de una vez enuncié*
> *la conveniencia de que la Nación conservara la propiedad de*
> *algunos para el mejor provecho de las generaciones presentes y las venideras,*
> *siguiendo el ejemplo de los Estados Unidos y otras naciones que poseen*
> *soberbios parques naturales. (...) Cada vez que he visitado esa región me he*
> *dicho que convertida en propiedad pública inalienable llegaría a ser pronto*
> *centro de grandes actividades intelectuales y sociales, y, por lo tanto,*
> *excelente instrumento del progreso humano".*

Francisco Pascasio Moreno

Entre los conceptos volcados en sus *Apuntes preliminares sobre una excursión al Neuquén, Río Negro, Chubut y Santa Cruz* –obra editada originalmente en 1897 por el diario *La Nación*–, Moreno esbozó públicamente y por vez primera la idea de crear áreas de conservación de dominio estatal en la zona de los lagos andinos de la región patagónica:

Los fatigados en la vida caleidoscópica de Buenos Aires han de buscar en estos paisajes maravillosos infalible calmante. Si nuestro gobierno se preocupara de conservar estas "reservas" para convertirlas en sanatorios naturales, disponiendo la colonización de estas tierras fiscales en forma tal que no se distribuyeran aquellos parajes tan hermosos ... (Moreno, F., 1897).

Su posterior acto de donación de tierras en la zona del lago Nahuel Huapi ha sido siempre referencia obligada acerca del origen oficial de los parques nacionales argentinos.

La información científica y las comprobaciones geográficas reunidas por Moreno en sus viajes de exploración por la región patagónica le habían valido el nombramiento como perito argentino en el conflicto limítrofe mantenido con Chile, solucionado pacíficamente en 1902. En mérito a su labor, con el afianzamiento de la soberanía de nuestro país sobre más de 40.000 km cuadrados de territorio, el Gobierno nacional le otorgó la posesión de tierras en la zona del lago Nahuel Huapi mediante la Ley Nacional N° 4192, sancionada el 11 de agosto de 1903.

Acuérdase al Sr. Francisco P. Moreno, ex perito en la delimitación de fronteras con la República de Chile, como recompensa extraordinaria a sus servicios y en mérito a que durante 22 años ellos han sido de carácter gratuito, la propiedad de 25 leguas cuadradas de campos fiscales situados en el territorio del Neuquén o al sur del río Negro, en los lugares que el Sr. Moreno pueda determinar sin perjuicios a terceros (cit. en Vallmitjana, 1993: 6).

De las 25 leguas cuadradas recibidas, Moreno donó 3 de ellas (una superficie equivalente a 7500 ha), con un detalle preciso de su ubicación para el establecimiento de un futuro parque nacional.[1] Estas tierras comprendían el "boquete" Pérez Rosales, singular paso cordillerano entre Argentina y Chile que no sufría obstrucciones por intensas que fueran las nevadas, y la laguna Félix Frías, bautizada por él mismo.[2]

En su carta del 6 de noviembre de 1903 dirigida a Wenceslao Escalante, ministro de Agricultura de la Nación, refiriéndose a los motivos de su donación, Moreno manifestaba:

> Durante las excursiones que en aquellos años hice en el Sur (...) admiré lugares excepcionalmente hermosos y más de una vez enuncié la conveniencia de que la Nación conservara la propiedad de algunos para el mejor provecho de las generaciones presentes y las venideras, siguiendo el ejemplo de los Estados Unidos y otras naciones que poseen soberbios parques naturales. Hoy la ley citada me permite hacerme dueño de paisajes que en días ya lejanos me hicieron entrever la grandeza futura de tierras entonces ignoradas que nos eran disputadas, pero que su conocimiento ha hecho argentinas para siempre y me es grato apresurarme a contribuir a la realización de ideales nacidos durante el desempeño de mis tareas en aquel medio y desarrollados con la enseñanza de su observación. Vengo por eso, por la presente, invocando los términos de la ley, a solicitar la ubicación de un área de tres leguas cuadradas (...) con el fin de que sea conservada como parque público natural. (...) **Cada vez que he visitado esa región me he dicho que convertida en propiedad pública inalienable llegaría a ser pronto centro de grandes actividades intelectuales y sociales, y, por lo tanto, excelente ins-**

---

[1] Las restantes 22 leguas cuadradas de tierra en poder de Moreno fueron vendidas en 1905 por un valor de 200.000 pesos con el propósito de mantener su obra filantrópica llamada "Escuelas Patrias", antecedente del sistema de comedores escolares argentinos y origen del futuro "Patronato de la Infancia".

[2] Para Moreno, este paso debía ser visto como medio para la integración de ambos países. "Les di la llave y no se dieron cuenta", señalaría años después con un dejo de tristeza (cit. en Luna, 1999: 114).

trumento del progreso humano. (...) Al hacer esta donación emito el deseo de
que la fisonomía actual del perímetro que abarca no sea alterada y que no se
hagan más obras que aquellas que faciliten las comodidades para la vida del visitante culto, cuya presencia en esos lugares será siempre beneficiosa a las regiones incorporadas definitivamente a nuestra soberanía y cuyo rápido y mediato
aprovechamiento debe contribuir tanto a la buena orientación de los destinos
de la nacionalidad argentina (cit. en Moreno, E., 1942: 281 - 283).[3]

El 1 de febrero de 1904, mediante un decreto suscripto por Julio Argentino Roca, era aceptada la donación efectuada por Moreno. Aquellas tierras
constituirían el núcleo primitivo del futuro Parque Nacional Nahuel Huapi.

Vista la presente oferta y considerando que aún cuando pueda tratarse de zonas
reservadas en que pudiera concederse ubicación, en el presente caso el Doctor
Moreno renuncia en realidad a tres leguas de las que le fueron concedidas para
que se destine a parque nacional, el Presidente de la República decreta: Artículo
1 - Acéptase dicha renuncia y resérvese como parque nacional la zona indicada,
sin que en ella pueda hacerse concesión alguna a particulares. Artículo 2 -
Dénse las gracias al Dr. Moreno y comuníquese. Julio Argentino Roca (cit. en
Moreno, E., 1942: 284).

El 18 de septiembre de aquel año, Moreno envió una carta al ministro chileno José Francisco Vergara, instando a su Gobierno a "reservar cierta extensión de tierra en los alrededores del Boquete Pérez Rosales" con el propósito
de establecer en el país vecino un espacio bajo conservación contiguo y de
iguales características al futuro parque nacional argentino.

Recordará Ud. que, charlando de lo que entendíamos ser buena política sudamericana, en un medio donde nada interrumpía el horizonte abierto y limpio
del lado del futuro y tratamos de aumentar los surcos donde sembrar lo que sabemos, le dije que podríamos abrir uno y fecundo desde ya, si Ud. hacía suya
la idea que me guió al hacer donación a mi país de cierta extensión de tierra para
Parque Nacional en los alrededores del Boquete Pérez Rosales, en el grandioso
e histórico Nahuel Huapi. Hoy le envío los documentos relacionados con esa
donación que le aclararán más el programa que le motiva, y con ellos a la vista y
su empeño, no dudo que Ud. obtendrá de su Gobierno que se reserve con el

---

[3] Véase, *acerca del texto completo de la carta de donación del núcleo primitivo del Parque Nacional
Nahuel Huapi efectuada por Moreno*, Sección Documentos.

77

mismo destino, la tierra situada al Oriente del Lago Todos los Santos hasta la cumbre del Tronador y la línea limítrofe. Nadie más indicado que Ud. cuya feliz intervención a favor de la reacción hacia el sentido común, casi olvidado, ha sido tan eficaz para obtener rápido éxito. **Así, allá y acá, cada uno, con su parte en aquella armonía iniciada en tiempos en que el ruido bélico del que tan amiga es la raza, impedía entenderla, se empeñará en que nuestro proyecto se realice. La solemnidad del día ha de permitir a Ud. convenir sobre la peregrinación al Parque Argentino-Chileno y espero que en la estación venidera nos encontremos al pie del imponente Tronador, los que hablamos de poner en práctica ideales comunes** (...). Ud. sabe por experiencia que la buena diplomacia es la que se hace al aire libre (cit. en Moreno, E., 1942: 285 y 286).

Moreno, al invitar al gobierno de Santiago a reservar tierras en la zona con iguales propósitos conservacionistas, parecía entender que argentinos y chilenos debían ser socios de este emprendimiento situado en la frontera patagónica, más allá de las diferencias por cuestiones de límites anteriormente suscitadas entre ambos países.

1.1. Exploración, conquista y ocupación del territorio

La zona del lago Nahuel Huapi durante los siglos XVII, XVIII y XIX —este último en su primera mitad— estuvo caracterizada por la presencia constante de exploradores, misioneros y conquistadores provenientes desde el Oeste. Sus habitantes eran conocidos como *vuriloches* —en lengua araucana, "gente de detrás de la montaña"—, parcialidad tehuelche sostenida mediante una economía primaria de subsistencia.

Las primeras aproximaciones de los españoles parecen haberse concretado hacia 1620, cuando el gobernador de Chile Lope de Ulloa y Lemos remitió al capitán Juan Fernández con 46 hombres "a descubrir las noticias de estas gentes de la parte de Chiloé y Valdivia". En su posterior testimonio, el enviado desde Chile a la zona del lago Nahuel Huapi relataba:

(...) topamos otra laguna que se llama Navalhuapi[4] [y que] los caciques principales de la zona eran Iloquile y Yaquilloy, cuyos indios habían servido en las ciudades de Osorno y Villa Rica (cit. en Deodat, 1959).

---

[4] "Isla del Tigre" en lengua aborigen.

Hacia mediados del siglo XVII se iniciaron los intentos de evangelización de los indígenas con las llamadas "entradas misionales", incursiones realizadas por el padre Diego Rosales. En 1670, proveniente del Colegio de Castro de Chiloé, llegaba el padre jesuita Nicolás Mascardi, quien fundaría en la península de Huemul una reducción de la Compañía de Jesús con el nombre de "Misión del Nahuel Huapi", primer asentamiento de la zona del cual hoy no quedan vestigios. Esta misión jesuítica, situada al norte de la actual ciudad de San Carlos de Bariloche, tendría una vida accidentada. En una de sus expediciones a Chile en busca de ayuda y acompañantes para impulsar la reducción, Mascardi era muerto por los indígenas en 1673. Sin desalentarse, los jesuitas, a comienzos del siglo XVIII, enviaron al padre Felipe Van der Meeren, quien entre 1702 y 1704 habría de predicar en aquellas tierras. Sin embargo, tres años después corría la misma suerte que Mascardi. Otros jesuitas, como Juan J. Guillelmo y López, abrirían posteriormente el antiguo "camino de los *vuriloches*", vía de comunicación entre Chiloé y la zona del lago Nahuel Huapi. Pero las muertes del padre Guillelmo (1716) y del padre Elguea (1717) determinaron el retiro de esta orden religiosa de la región y la cancelación de su ciclo misional.

Expulsados de América, los jesuitas fueron sucedidos por los franciscanos. Hacia fines del siglo XVIII, fray Francisco Menéndez redescubría el antiguo camino hacia la zona. Entre 1791 y 1794 realizaría cuatro viajes desde el Pacífico al lago Nahuel Huapi.

Tras una larga pausa a mediados del siglo XIX, da inicio una nueva etapa de viajes de reconocimiento. En 1855, el escritor chileno Vicente Pérez Rosales descubre un nuevo paso cordillerano, bautizado posteriormente con su nombre. Al año siguiente, desde Chile arribaban a la zona exploradores de la recientemente fundada colonia alemana del lago Llanquihue.

En 1863, Guillermo Cox, deseoso de abrir un camino interoceánico mediante el aprovechamiento de las vías fluviales y lacustres situadas entre los paralelos 40 y 42, se lanzó personalmente en busca de las pruebas necesarias para la realización de su empresa. Cruzó el paso Pérez Rosales, y después de un penoso viaje llegó el 28 de diciembre a orillas del lago Nahuel Huapi. Entre el 4 y el 7 de enero de 1864, Cox y sus acompañantes navegaron en la canoa *Aventura* por sus aguas y el río Limay.

Para las últimas décadas del siglo XIX, a las incursiones desde Chile se agregarían otras expediciones de hombres provenientes del Este con el propósito de penetrar la región.

En 1870, George Musters cruzó de norte a sur toda la región patagónica. Acompañado de distintos grupos tehuelches por la ruta longitudinal paralela a la cordillera (que hoy coincide gruesamente con la ruta nacional 40), el célebre viajero inglés se adentró en el sur del Neuquen y visitó la toldería de Sayhueque, cacique del llamado "Reino de las Manzanas", en el río Collón Curá.[5]

No obstante ello, aquellas comarcas eran prácticamente desconocidas por el Gobierno argentino.

> Los rioplatenses tenían conflictos permanentes con los pampas, motivo de preocupaciones por los incesantes malones. (...) **Por su parte, los mapuches, alertados del extranjero, celosos de su territorio, conscientes de la superioridad bélica de las repúblicas cercanas, temerosos del expansionismo blanco, resultaban difícilmente penetrables. (...) El País de las Manzanas era recinto clausurado. Cerrado al blanco**. Constituía un señorío indio que gobernaba Sayhueque, cuyo ascendiente se extendía y reconocía en todas las parcialidades mapuches del Nuequén, que gozaban de formas societarias y costumbres similares y una religión que los aglutinaba. (...) ¿Sabían o intuían el peligro? En los cenáculos porteños se afirmaban ciertas corrientes de opinión que pretendían ejercitar supuestos derechos argentinos sobre extensiones y seres que ni siquiera conocían (Curruhuinca y Roux, 1986: 52).

En 1872, el sargento mayor Mariano Bejarano, partiendo de El Carmen (hoy Carmen de Patagones), remontó los ríos Negro y Limay y se internó en el sur del Neuquén. Se acercó a la zona del Nahuel Huapi y también visitó a Sayhueque en el río Caleufú. En el mismo año se iniciaron otros intentos para alcanzar el lago por vía fluvial. En un vapor a ruedas, el teniente coronel Guerrico lograría ascender por el río Negro únicamente hasta poco más allá de la isla de Choele Choel.

Hacia finales de 1875, aparece en la escena la figura de Francisco Moreno. En calidad del "primer hombre blanco" que llegaba al lago desde el Atlántico, izó la bandera argentina en la ribera norte del lago Nahuel Huapi el 22 de enero de 1876.

Cabe destacar que para aquella época, la región era aún territorio dominado por los pueblos aborígenes.

---

[5] Al producirse la expedición de Julio Argentino Roca, Sayhueque fue el último de los grandes caciques en entregarse. Hecho prisionero del ejército nacional, sería liberado el 1 de enero de

> La llamada frontera interior con el desierto pasaba por el meridiano central de la Provincia de Buenos Aires, Río IV y Río Diamante en Mendoza. (...) Fácil es comprobar que la porción civilizada donde la nación hacía efectiva su soberanía era sólo un tercio de su territorio, porque en el resto dominaban, o se la disputaban palmo a palmo, tribus salvajes, con el agravante de que muchas de ellas no eran nativas de estas tierras, sino de la Araucania chilena (Walther, 1970).

Sin embargo, más allá de los numerosos viajes de reconocimiento mencionados, la ocupación fáctica de la región daría inicio recién después de las llamadas "campañas al desierto" a través de la fundación de pueblos, el trazado de caminos y la consolidación de actividades económicas centradas en grandes estancias de ganado lanar (García Enciso, 1973).[6]

En 1881, bajo las órdenes del coronel Rufino Ortega, la Primera Brigada de la Conquista del Desierto recorrió el área de norte a sur a lo largo del río Aluminé, en tanto que la Segunda Brigada arribó al lago Nahuel Huapi, al mando del coronel Lorenzo Vintter. Por su parte, a cargo del teniente Nicolás Palacios, la Tercera Brigada habiendo accedido a la zona por el valle del río Limay, proseguiría hacia el sur con el propósito de perseguir a Sayhueque y sus subordinados hasta alcanzarlos y librar un enfrentamiento en Apulé (Apeleg).

Para el mismo año, un moderno y potente vapor llamado *Río Neuquén* partía de Carmen de Patagones a las órdenes del teniente coronel de marina Erasmo Obligado. Luego de 29 días de navegación, alcanzó la confluencia de los ríos Limay y Neuquén. Puestos en rumbo hacia el lago Nahuel Huapi, la bajante de las aguas obligó al retorno de la expedición. En 1883, las tropas argentinas levantaron la cartografía del perímetro del lago Nahuel Huapi y fundaron el Fuerte Chacabuco cerca de la naciente del Limay, que no obstante su corta vida, marcó el final del dominio indígena de la comarca. Como complemento de las misiones militares, el general Rudecindo Roca recorrió a lo largo la cordillera de Neuquén con la División de los Andes,.

El 16 de octubre de 1884, vencidas militarmente y desplazadas las poblaciones indígenas, la gobernación de la Patagonia era transformada en un con-

---

1885, y tras una peregrinación de años, gracias a la intervención de Moreno, obtendría tierras en la zona del Alto Río Senguer en el sur de la actual Provincia de Chubut. Véase al respecto Curruhuinca y Roux, 1986.

[6] Para la misma época, el Ejército en Chile emprendía la llamada "Pacificación de la Araucanía" con iguales resultados.

junto de territorios nacionales que en el futuro conformarían las provincias actuales.[7] En 1885, como señal de triunfo de las tropas argentinas, la lancha *Modesta Victoria*, surcaba las aguas del lago Nahuel Huapi al mando del teniente Eduardo O´Connor. Sin embargo, hacia la última década del siglo XIX, a efectos de ser abierta definitivamente a la colonización, la región debería superar aquellos conflictos sobre cuestiones limítrofes suscitados entre los Gobiernos argentino y chileno.

1.2. Cuestiones de límites entre Argentina y Chile

La sustanciación del diferendo limítrofe entre Argentina y Chile duró más de medio siglo entre 1843, cuando el país vecino ocupó una parte del Estrecho de Magallanes, y 1902, año del laudo del Rey Eduardo III de Inglaterra.

En 1810, la Capitanía General de Chile poseía toda la región trasandina desde los lindes meridionales del Atacama hasta el golfo de Ancud, donde hoy se levanta Puerto Montt. El pacto celebrado entre Argentina y Chile en 1826 obligaba a cada parte a garantizar la integridad de los respectivos territorios y "a obrar contra todo poder extranjero que intentara mudar por violencia los límites de dichas repúblicas reconocidos antes de su emancipación o posteriormente en virtud de tratados especiales".

No obstante ello, sin mediar tratado especial alguno, el presidente Bulnes ocuparía la región del Estrecho de Magallanes, tomando posesión de Puerto de

---

[7] "El ´país´ o territorio heredado de la colonia luego de las luchas independentistas no coincidía con el espacio de la soberanía, fuera ésta nacional o provincial. Ni siquiera con el que quedara conformado luego de las secesiones del Paraguay, el Alto Perú y la Banda Oriental. Esa extensa geografía contenía una graduación de espacios diferenciados según ´la escala del progreso en la ocupación del suelo´. La provincia, reducida en su jurisdicción efectiva a la vida social organizada alrededor de sus escasas poblaciones, y el ´desierto´, inconmensurable, abierto y misterioso, como lo describiera el poema de Olegario Andrade, constituían en esencia dos países. Su frontera era objeto de constante lucha y negociación, y los límites provinciales se expandían o se estrechaban en función de los resultados de esa lucha. Entre la provincia y el ´desierto´ comenzaron a surgir, junto con su gradual poblamiento, estados intermedios que la Constitución Nacional denominó ´territorios´, y que por coincidir con espacios prácticamente inexplorados e inhabitados, no sujetos al dominio de gobierno local alguno, quedaron subordinados a la jurisdicción nacional. Esta particular conformación del espacio había tenido hasta entonces profundas repercusiones sobre la sociedad argentina. Afirmada por las distancias y el consiguiente aislamiento, había debilitado el desarrollo de vínculos nacionales, sentimientos de pertenencia y comunidad de destino" (Oszlak, 1997).

Hambre y luego de Punta Arenas. De esta manera Chile, intentaba controlar el paso de buques por el sur del continente, dominio significativo en una época en la que aún no existía el Canal de Panamá. Por otra parte, Argentina no estaba en condiciones de ejercer su soberanía en esa lejana latitud cuando todavía no dominaba definitivamente la mitad de su territorio. Además, algunos exiliados argentinos en Chile, como Sarmiento y Alberdi, dejando de lado los antecedentes coloniales habían reconocido como pauta válida para fijar la divisoria entre ambos países, las necesidades reales e inmediatas de las dos naciones en esta etapa de su historia. Si bien en 1847 la reclamación argentina invocó las antiguas instrucciones de la Corona española al gobernador de Buenos Aires y luego a los virreyes, de ejercer vigilancia en todo el territorio continental –incluyendo el Estrecho de Magallanes– el reclamo no fue atendido, ya que era un hecho consumado al que después convalidaría una nueva interpretación "geopolítica" que dejaba la costa del Pacífico a Chile y la del Atlántico, a la Argentina.

En 1855, ambos Gobiernos celebraron un "Tratado de Paz, Amistad, Comercio y Navegación". El artículo 39 de este acuerdo declaraba que las partes reconocían como límites de sus respectivos territorios "los que poseían como tales al tiempo de separarse de la dominación española el año 1810". Asimismo, convenían en aplazar las cuestiones sobre esta materia que hubieran podido o pudieran suscitarse, para discutirlas posteriormente de forma pacífica y amigablemente, "sin recurrir jamás a medidas violentas". En caso de la imposibilidad de acordar, someterían sus diferencias al arbitraje de una nación amiga. Como se advierte, el acuerdo mantenía abierta la discusión acerca de los límites territoriales entre ambos países.

En 1866, el ministro chileno Lastarria propuso la división del estrecho en la Bahía Gregoria y dos años después pretendió sostener los derechos de su país sobre la Patagonia meridional, al sur del paralelo 45. Dos años antes de la Conquista del Desierto, la Cancillería chilena rechazaba un proyecto de arbitraje para definir la divisoria por las más altas cumbres. En 1878, el "Tratado Fierro-Sarratea" no dejó bien aclarada la soberanía argentina en la Patagonia, negligencia que ocasionó el rechazo del Senado de la Nación. Igual rechazo sufriría con otro proyecto de *statu quo* de 1879.

La situación parecía no tener solución definitiva si ambas naciones no fijaban con precisión sus reales aspiraciones territoriales. Si bien la ocupación del Estrecho de Magallanes había constituido un intento de apertura chilena hacia la Patagonia, la formidable expansión argentina sobre la Pampa, el río

83

Colorado y toda la cuenca oriental de los Andes meridionales –realizada entre 1879 y 1884, mientras Chile luchaba contra Perú y Bolivia ocupando el desierto de Atacama hasta Arica– parecía deshacer para siempre los sueños trasandinos de alcanzar el océano Atlántico.

El "Tratado de Límites" firmado el 23 de julio de 1881 por los cancilleres Irigoyen de Argentina, y Echeverría de Chile, fijó el límite en los Andes uniendo los puntos establecidos por la más elevada divisoria de aguas. Los lugares de difícil verificación serían visitados por una comisión de expertos, uno por cada país, a quienes se uniría un perito designado por ambos Gobiernos para el caso de no arribar a un acuerdo. El artículo 2 estipulaba que en la parte austral del continente y al norte del Estrecho de Magallanes el límite entre los dos países estaría constituido por una línea que partiendo de Punta Dungeness se prolongase por tierra hasta Monte Dinero. "De aquí continuará hacia el Oeste, siguiendo las mayores elevaciones de la cadena de colinas que allí existen hasta tocar en la altura de Monte Aymond. De este punto se prolongará la línea hasta la intersección del meridiano 70 con el paralelo 52 y de aquí seguirá hacia el Oeste, coincidiendo con este último paralelo hacia el ´divortium aquarum´ de los Andes". El artículo 3 demarcaba la frontera en Tierra del Fuego con una línea recta que cruzaba la isla de sur a norte por el meridiano 68° 34' desde el Cabo Espíritu Santo al Canal de Beagle.

A través de este acuerdo, Chile renunciaba a sus pretensiones sobre la Patagonia y Argentina se comprometía a no reivindicar su soberanía sobre el Estrecho de Magallanes.

Sin embargo, el punto de apoyo válido para la fijación del límite internacional entre ambos países estaba dado por la supuesta coincidencia entre la línea de altas cumbres (línea orográfica) y la línea de la divisoria de aguas (línea hidrográfica que define las pendientes de los océanos Atlántico y Pacífico). Al constatar que en algunos sectores cordilleranos ambas líneas no coincidían (entre la línea orográfica –posición argentina– a occidente y la línea hidrográfica –posición chilena– a oriente existía una distancia de hasta 60 km), quedaron definidos tres sectores en litigio con una superficie de aproximadamente 90.000 km^2 (área equivalente al tamaño de la actual Provincia de Neuquén).

Cabe destacar que agregadas a estas diferencias, razones emergentes del contexto internacional pondrían a prueba la dudosa eficacia del Tratado de Límites celebrado en 1881 para cerrar definitivamente los conflictos de límites entre ambos países.

En plena era de expansión imperialista, los Gobiernos latinoamericanos –muchos de ellos inspirados en sinceras políticas de progreso– se vieron presionados por las potencias que buscaban repartirse el control mundial de las materias primas y asegurarse mercados para sus productos industriales en esta parte del mundo. La cláusula que establecía la neutralidad perpetua del estrecho interoceánico, la prohibición de fortificar sus costas tanto para Argentina como para Chile y la libertad de navegación para todas las banderas –incluidas las naves de guerra– constituía una velada imposición de esas potencias para reservarse jurídicamente una zona estratégica en desmedro de las soberanías nacionales. Del mismo modo, los veinte años de tirantez diplomática que siguieron al tratado respondían menos al propósito de ambos pueblos de hallar una solución definitiva al problema que a la presión ejercida por las empresas europeas fabricantes de armamentos, sobre ciertos sectores del Gobierno. La prédica belicista bullía en las Cancillerías, en los Congresos, en los ministerios y en el periodismo, y era cálidamente recogida por los dueños de astilleros, como los "Ansaldo" u "Orlando" de Italia, proveedores de naves de guerra a la Argentina, o la gigantesca "Krupp" alemana, rival en la fabricación de pertrechos de guerra de la británica "Vickers-Armstrong". En 1888 se suscribe la convención para la ejecución del Tratado y se designan los peritos para fijar los jalones fronterizos. Aunque en 1893 y 1895 se firmaron dos protocolos aclaratorios, la cuestión de límites fue subiendo de tono y poco antes de concluir el siglo se convirtió en una amenaza latente de guerra (Santamaría, 1977: 4).

Las divergencias fronterizas al sur del paralelo 26 se sometieron al arbitraje británico en 1895; el "Protocolo Quirno Costa-Errázuriz" (1893) había ratificado el Tratado de Límites de 1881 sobre las jurisdicciones oceánicas. El canciller Irigoyen explicó ante el Congreso de la Nación que la tesis sustentada por Argentina seguía el principio de las más altas cumbres, reconociendo que ellas eran a su vez divisorias de aguas. Por su parte, los chilenos aplicaban la tesis del *divortium aquarum* continental, que equivalía a incluir dentro de su soberanía ríos y lagos que desaguaban en el Pacífico, con lo cual Chile tendría el dominio de los lagos patagónicos, entre ellos el Buenos Aires y el San Martín (en Chile, lagos General Carreras y O' Higgins, respectivamente).

Ante la ausencia de acuerdo, la carrera armamentista se aceleró. Chile tenía preparada la armada triunfante en la Guerra del Pacífico y la aumentaba con compras en astilleros ingleses para evitar que la Argentina amenazante que aparecía en los periódicos de Santiago alterara su hegemonía marítima.

A pesar de las compras de Uriburu y Roca, la Armada Argentina seguía siendo más débil que la chilena. Sin embargo, el resultado concreto de las incesantes adquisiciones de pertrechos para la guerra fue un rápido agotamiento de las arcas públicas de ambas naciones. Para solucionar la cuestión financiera, en tanto Roca proyectaba unificar la deuda interna, Errázuriz hipotecaba las rentas de aduana de la región salitrera. En definitiva, eran los países imperialistas los que se aseguraban la consolidación de su reparto del mundo colonial valiéndose de los ejércitos nacionales y los grandes *trusts*, que embolsaban ganancias extras proveyéndolos de materiales bélicos.

La "Entrevista o Conferencia del Estrecho de Magallanes" entre los dos presidentes, celebrada en Punta Arenas el 15 de febrero de 1899, puso calma sobre el encrespado mar diplomático. Alarmados por la fuerte caída de valores de las Bolsas de Buenos Aires y Santiago, los grupos financieros Rothschild (en Chile) y Baring (en Argentina) influirían decisivamente para el amigable acuerdo. De pronto, el interés financiero internacional se revelaba partidario de la paz, en tanto que el arbitraje británico surgía como adecuada vía de entendimiento. Londres designó en 1901 al geógrafo Coronel Sir Thomas H. Holdich –incluido por Vicens Vives en la escuela de los *boundary makers*– para estudiar la zona en disputa, Roca designaba a Moreno como perito argentino. En 1902, el Rey Eduardo VII se expidió mediante un laudo que para algunos constituyó una solución de compromiso y para otros, una solución intermedia que contemplaba los intereses de ambos países. De los 90.000 km² en discusión, 42.000 quedaron para Argentina y el resto para Chile. Entre los Cerros Tronador y Fitz Roy, la frontera cortaría en dos los lagos principales. La tesis del *divortium aquarum* era aplicada en la región del Paso de San Francisco (26° 3' de latitud sur); de allí al 40° 2', la frontera permanecería fijada según el Tratado de 1881. El Lago Lácar quedaba en Argentina y la frontera seguía del Nahuel Huapi al sur por el río Palena, el río Encuentro hasta el pico Virgen y de allí a la cumbre La Galera; atravesaría luego los lagos Buenos Aires, Pueyrredón (Cochrane, en Chile) y San Martín, para alcanzar el Monte Fitz Roy. Hacia el Sur, el límite sería aquel establecido en 1881. Por los llamados *Pactos de Mayo* (1902), ambas naciones desistían de futuras reivindicaciones y se obligaban a someter al arbitraje las controversias futuras y a no renovar las cuestiones superadas por arreglos definitivos.[8]

____

[8] Este laudo no pondría fin a las controversias entre ambos países. Quedaba aún pendiente la frontera argentino-chilena al norte del paralelo 26. El arreglo de límites con Bolivia había re-

1.3. Francisco Moreno

Nacido en 1852 en la ciudad de Buenos Aires y bautizado como Francisco Josué Pascasio, era hijo de Francisco Facundo Moreno, quien tenía fuertes vínculos con Mitre, Sarmiento y otros hombres de la generación protagonista de la etapa de la organización nacional, y de Juana Thwaites, hija de un ex oficial británico hecho prisionero durante las invasiones inglesas, quien había adoptado la nacionalidad argentina. Su familia, profundamente antirosista, había vivido en el exilio en Montevideo hasta pocos meses antes de su nacimiento.

Hombre de personalidad multifacética, Moreno es siempre presentado como un "héroe civil de la Nación" por biografías marcadamente apologéticas. A modo de ejemplo, Fernando Márquez Miranda, arqueólogo e historiador argentino, sostiene respecto de su figura:

> Moreno pertenece a la generación que inicia los estudios de las ciencias del hombre en nuestro país; a la generación que, con Ameghino, se presenta a dar la contribución primera de la Argentina, a lo que hasta ese momento fuera cosa técnica, de absoluto dominio europeo (...). El fervor de su culto por los hacedores de la nacionalidad, por los "santos de la Patria", como más tarde los llamara, (...) fue uno de los rasgos más poderosos y permanentes de su vigorosa personalidad. (...) Paseó por la Patagonia, entonces tierra de indios, hasta convertirla en tierra argentina, indiscutible y perdurablemente argentina (Márquez Miranda, 1952: 484 - 488).

Ygobone, autor de una extensa obra sobre la vida de Moreno, lo coloca junto a Roca como un argentino fundamental en la conquista del desierto:

---

conocido la soberanía nacional argentina sobre la Puna de Atacama, que tras la Guerra del Pacífico Chile desconoció invocando el Tratado de Tregua con Bolivia (1884). Un nuevo acuerdo (1896) lleva la frontera entre los paralelos 23 y 26 al arbitraje del embajador norteamericano. Reunidos los delegados en Buenos Aires (1898-1899), el embajador Buchanan arbitró el límite trazando una línea desde la intersección del paralelo 23 con el meridiano 67 hasta el cerro del Rincón, de allí una recta al volcán Socompa, una tercera línea al cerro Lagunas Bravas y otra recta hasta sierra Nevada. El nuevo límite al norte del paralelo 23, suscripto en 1904, fue una recta que unía la intersección de ese paralelo con el meridiano 67 y el cerro Zapaleri.

> Roca y Moreno fueron, particularmente para la Patagonia, dos hombres providenciales, los cuales, si bien en diferentes disciplinas y desde distintos planos de actuación, se complementan en la magna obra de haberla conquistado a la civilización, llevándole el aliciente del progreso y descubriendo sus inmensas riquezas así como sus incomparables bellezas, que para admiración de las generaciones futuras, dirán del espíritu, de las virtudes y de las cualidades excepcionales que poseyeron los ínclitos varones que les dejaron en herencia esos inestimables tesoros (Ygobone, 1953: 420).

Como último ejemplo, *El Monitor de la Educación Común*, en un artículo de autor anónimo publicado en diciembre de 1919 a pocos días del fallecimiento de Moreno, expresaba:

> Un acendrado sentimiento patriótico animaba los impulsos de esa formidable máquina de acción; sentimiento que no encuentra símil sino en los preclaros héroes argentinos. (...) Tres grandes hechos comprendían la acción del ilustre patricio y son, ya, capítulos de historia argentina: la exploración –puede decirse, el descubrimiento, y con ello lo hemos dicho todo– de la Patagonia; el Museo de La Plata y la defensa de los intereses argentinos en el pleito de límites con Chile. (...) El culto de la patria era la obsesión de Pancho Moreno. (...) El patriotismo suyo, por ser tanto, era americanista y humanista al mismo tiempo que argentino. (...) La Argentina no olvidará nunca a su héroe civil, que tanto hizo por su acrecentamiento material y moral, y la ciencia registrará por todo lo que vale lo que hizo Moreno para el mejor conocimiento de la naturaleza, que es condición de vida, de progreso y de moralidad (cit. en Moreno, E., 1942: 9-12).

Las tres caracterizaciones expuestas coinciden en trazar una figura patriótica de Moreno, a poner énfasis fundamentalmente en su labor vinculada al conocimiento y a la incorporación al patrimonio del Estado-Nación argentino de vastas extensiones territoriales.

Una serie de aspectos de la vida de Moreno son fundamentales para entender su vinculación con la temática de los parques nacionales. Junto a su vocación científica y especial interés por la Patagonia, cabe agregar los viajes de exploración, su actuación como perito argentino en el conflicto limítrofe con Chile y su labor parlamentaria como diputado de la nación.

Apodado ilustrativamente por sus hermanos como "el fósil", la intensa vocación de Moreno por las ciencias y su inmenso interés por la Patagonia habían sido despertados por Germán Burmeister y Juan María Gutiérrez. Incursionó en el campo de la antropología, la paleontología, la geología, la botánica, la zoología, la glaceología y otras disciplinas. En 1872, Moreno fundó la Sociedad Científica Argentina en colaboración con un grupo de ingenieros. A los 22 años de edad, la publicación de los resultados de sus investigaciones sobre cráneos fósiles en la *Revista de Antropología* de Francia, dirigida por Paul Brocca, daría inicio a la difusión de sus obras y a una historia permanente de contactos con científicos europeos. En 1899, su participación como conferencista ante la *Royal Geographical Society* de Londres abriría las puertas de su reconocimiento internacional: el hijo de Charles Darwin, secretario honorario de la sociedad geográfica, lo presentaría como "el gran sabio de la Patagonia".

A principios de 1874, en una expedición financiada por la Sociedad Científica Argentina, Moreno alcanzó el río Negro. En agosto del mismo año, propuesto a seguir las huellas de Charles Darwin, arribó al río Santa Cruz. A fines de 1875 y principios de 1876, realizó una expedición a "Las Manzanas", tierra ocupada por los mapuches. Llegó al valle del río Negro hasta Confluencia y remontó los ríos Limay y Collón Curá. Luego de conferenciar con el cacique Sayhueque en su toldería, recorrió el volcán Lanín y el valle Encantado. El 22 de enero de 1876, Moreno llegó por primera vez a las costas del lago Nahuel Huapi. "Un libro del chileno Guillermo Cox que llegara a sus manos, quien había penetrado hasta el Nahuel Huapi por el lado de Chile, le sugirió la idea de llegar a él recorriendo el vasto territorio, totalmente dominado por los indios" (Márquez Miranda, 1952: 484 - 488).[9] Visitó la margen sur del lago y su vecino lago Gutiérrez, al que él mismo bautizó. Condenado a muerte por los indios del cacique Sayhueque, quienes estaban encolerizados por las actividades militares del Gobierno argentino, Moreno y sus compañeros lograron huir por el Collón Curá en una rudimentaria embarcación. El 19 de febrero de aquel año, luego de haber navegado durante seis días, arribaron en estado de inanición al Fortín Primera División, en la confluencia de los ríos Neuquén y Limay.

Durante los años 1876 y 1877, llevó a cabo su segunda expedición al río Santa Cruz alcanzando sus nacientes y reconociendo y navegando el lago Ar-

---

[9] *Viaje en las "rejiones" septentrionales de la Patagonia*, Imprenta Nacional, Santiago de Chile, Noviembre de 1863.

gentino, al que él mismo diera su nombre. Posteriormente, luego de visitar las colonias galesas del Chubut entre los años 1879 y 1880, recorrió la cuenca sur del Nahuel Huapi, zona a la que llamó "la Suiza argentina" (Grondona, 1970).

> He visitado Suiza y sus grandes lagos después de haber recorrido la Patagonia, y pienso que Suiza es una reducción habitada de la Patagonia andina; ninguno de sus lagos puede rivalizar con la majestad imponente, inmensa del lago Viedma; ninguno de sus ventisqueros, con el mar de hielo, semejante a un pedazo de costa groenlandesa, dominado por el volcán Fitz Roy. El lago argentino es más salvaje, más indómito que el de los Cuatro Cantones; tiene todo lo que éste tiene, salvo la obra del hombre, pero en escala mayor, como mayor es su tamaño. Sus montañas son más elevadas y más pintorescas; sus bosques son vírgenes, mientras que en Suiza se ve el paso del hacha y del serrucho; sus ventisqueros reemplazan con escuadras de témpanos colosales, mágicos, que desfilan delante de las selvas en flor las blancas embarcaciones o vapores que en Suiza conducen al turista. El lago San Martín, separado por los montes Lavalle de los canales andinos, no tiene parecido entre los que he visto más pequeños, como el de Brienz; los nevados de sus inmediaciones son tan imponentes como la Jungfrau. Nahuel Huapi tendría semejanza con el lago Leman, si a éste último se le agregara el de los Cuatro Cantones. El Monte Blanco tiene un hermano en el Tronador, gigante geológico siempre airado y siempre rugiente (Moreno, F, 1897).

Entre 1882 y 1884 recorrió las provincias de Córdoba, San Luis, Mendoza, San Juan y Catamarca. Todavía habría de volver al lago Nahuel Huapi en 1896, por su destacada labor en la zona, como perito argentino en el conflicto con Chile y a cargo de comisiones técnicas en cuestiones limítrofes.

El 12 de abril de 1902, en ocasión de un viaje por el Brazo Blest del lago Nahuel Huapi junto a un enviado del Gobierno británico, Moreno despacharía un telegrama al presidente de la República como si súbitamente se sintiera iluminado por una idea preconcebida:

> Me permito pedirle quiera suspender cualquier resolución sobre tierras y bosques en estos parajes. (...) Es perfectamente fácil hacer de esta región un importantísimo centro de riqueza antes de dos años (cit. en Ygobone, 1954: 434).

En 1912, Moreno efectuaría su última visita a la Patagonia para acompañar a Theodore Roosevelt, ex presidente de Estados Unidos de América, quien arribaba a la zona del Nahuel Huapi procedente de Chile.

Es así como Moreno vuelve por última vez a la región de sus correrías, para escuchar allí, sobre el terreno y de labios del gran ex presidente y amigo, **la gran importancia que tiene para una nación la política de parques nacionales**, ya que él, propulsor de éstos en Norteamérica, personalmente lo había palpado (Moreno, E., 1942: 273).

En la sección *"Ojeada retrospectiva"*, de su libro *"Apuntes preliminares sobre una excursión..."*, Moreno hacía referencia a su estado de ánimo al evocar sus viajes de exploración, y manifestaba sus aspiraciones para el futuro de la región patagónica:

¡Con qué entusiasmo, con qué gratas emociones ante la visión del porvenir de aquellas regiones, marché ese año hasta el pie de los Andes, frente a Valdivia, y viví de la vida del Señor de la Tierra, en las tolderías de los caciques Sayhueque y Ñancucheo, llegando luego al lago Nahuel Huapi, realizando así mi aspiración de niño. Gratos recuerdos me trae esta evocación! **¡Cómo se deslizaban las horas ante las perspectivas de aquellos paisajes, vírgenes entonces de civilización, y que cubría en mi entusiasmo con ganados, sembrados y ruidos de industrias y naves surcando ríos y lagos!** (Moreno, F., 1897: 27 y 28).

Luego, agregaba:

En 1879 visité de nuevo la Patagonia, siempre llevado allá por los mismos propósitos: conocer esos territorios hasta sus últimos rincones y convencer con pruebas irrecusables a los incrédulos y a los apáticos del gran factor que para nuestra grandeza, sería la Patagonia, apreciada en su justo valor. Mucho había adelantado el río Negro en el tiempo que mediaba entre mi primer viaje a sus nacientes y el nuevo que emprendía; la línea de fronteras entre la civilización y la barbarie había avanzado y los campamentos se encontraban ya en Choele Choel y en Chichinal y en puntos que visité, desiertos antes, se iniciaban ya pueblos laboriosos. (...) A fines de 1895 decidí volver al Sur (...). Consideraba necesario, debo decir indispensable, ese viaje para completar el reconocimiento preliminar de la región occidental de la República, y me era agradable dirigir en persona los trabajos que ejecutarían mis abnegados colaboradores, pues en esa excursión me proponía apreciar las modificaciones que el transcurso de veinte años había producido en las regiones del Sur. **En esos veinte años había desaparecido el indio indómito; ya no existían fuertes ni fortines que se opusieran a sus depredaciones, y donde se levantaba antes la toldería, donde había sufrido y soñado** para olvidar penurias, se alzaban pueblos; los alaridos de las juntas de guerra y de los parlamentos habían callado para siempre, y los ganados que pacían en esas praderas fértiles no eran ganados robados, sino que formaban núcleos de los rebaños prodigiosos del próximo porvenir; deseaba ver todo eso y darme cuenta de si lo obtenido era lo bastante; si el esfuerzo hecho correspondía a la conquista alcanzada sobre el salvaje; (...) apreciar si el progreso soñado existía en realidad o estaba retardado y por qué causas (Moreno, F., 1897: 29-31).

Respecto de su actuación en la cuestión de límites con Chile, Moreno elaboraría su alegato de defensa de los intereses territoriales argentinos basado en la tesis de la línea orográfica (o de las altas cumbres), frente a la tesis chilena de la línea hidrográfica (o del *divortium aquarum*).[10] En 1877, sobre la base del Museo de la Sociedad Científica Argentina, compuesto exclusivamente por su colección arqueológica, antropológica y paleontológica (consistente en más de 15.000 ejemplares de piezas óseas y objetos industriales e incluso 2000 libros de su biblioteca particular), el gobierno de la Provincia de Buenos Aires organizó el Museo Antropológico y Arqueológico –antecedente del Museo de La Plata que funcionaría a partir de 1884–, luego de la federalización de Buenos Aires. Nombrado director vitalicio desde el Museo de La Plata por haber provisto la totalidad de su material y por el reconocimiento general a su persona, Moreno y sus colaboradores emprendieron el estudio de las formaciones geológicas, el curso de los ríos, la orografía y las cuencas lacustres de la Cordillera de los Andes en su sector patagónico; hicieron el relevamiento topográfico para la realización de cartas geográficas precisas, y pormenorizadas investigaciones sobre la flora regional con el objeto de demostrar el verdadero concepto geográfico que debía informar el espíritu de los respectivos alegatos y guiar a chilenos y argentinos en el trazado de la línea fronteriza (Autran, 1907). Si bien en 1888 el Gobierno Nacional ofrece a Moreno el cargo de perito, este rechaza el nombramiento por no considerarse "con espectabilidad suficientemente

---

[10] "La magnífica obra en cinco tomos ´La evidencia argentina´ nutrida de mapas, planos, croquis y estupendas vistas panorámicas está ahí como trabajo preparativo y fundamental que no poco ha contribuido para que el augusto Árbitro haya podido con alta imparcialidad y justicia dar su fallo acatado con todo respeto y complacencia por ambas Repúblicas a las que convirtió en amigas después del accidentado debate, que enardeciendo los ánimos estuvo más de una vez al punto de hacer fracasar las miras serenas y pacíficas de sus hombres de gobierno" (Boletín del Instituto Geográfico Argentino, Tomo XXI: 249).

aproximada a la del personaje chileno" que debía ser su colega (cit. en Márquez Miranda, 1952: 536).

Aceptada la misión oficial en 1897, Moreno manifestaba al solicitar instrucciones a su Gobierno: "Había positivo interés en evitar que de una u otra parte pudiera decirse que se habían hecho concesiones o transacciones, que de uno u otro lado se había llegado al resultado final haciendo sacrificios" (cit. en Márquez Miranda, 1952: 537).

Cuando la cuestión de límites llegara a un momento realmente crucial, Moreno influiría decisivamente para evitar el enfrentamiento armado y derivar el problema hacia el arbitraje.

En esta etapa final del gran pleito, debe consignarse la actitud del presidente Errázuriz, literalmente conquistado por los argumentos incontrovertibles del perito Moreno. Así nos lo prueba la diatriba de Joaquín Walker Martínez, escritor chileno autor de Las Invasiones del Valle Lácar, panfleto vigoroso publicado en Santiago de Chile en 1901, en el cual se acusa al mandatario de Chile de que "arrógase personalmente las atribuciones del perito Barros Arana, aleja al consultor técnico Bertrand, prescinde de su ministro de Relaciones Exteriores, se oculta de los demás secretarios de Estado, desoye las informaciones y corre las extraviadas calles de Santiago para darse citas nocturnas con el perito argentino que le envuelve, que le sugestiona, que explora su ignorancia, que fomenta sus odios de neurótico contra sus naturales colaboradores y que le arranca la concesión humillante y criminal de la Puna de Atacama" (Márquez Miranda, 1952: 537).

La pasión de Moreno puesta en la defensa de los intereses argentinos estaba estrechamente vinculada con su íntima convicción acerca de las riquezas que encerraba la región patagónica.[11] A efectos de ejemplificar su posición, el 2 de junio de 1899, después del acuerdo celebrado entre los presidentes de Argentina y Chile, y hallándose en Londres exponiendo sobre la región patagónica ante la Royal Geographical Society, Moreno escribía a Julio Argentino Roca en estos términos:

---

[11] "La esterilidad se extiende como una maldición sobre todo este país y la misma agua que corre sobre un lecho de guijarros participa de esta maldición ...", había dicho Charles Darwin al recorrer las regiones australes a las que llamara "tierra maldita".

Tengo tanta confianza en el valor económico de nuestra patria, convicción arraigada con el conocimiento personal de su suelo, que quiero que se aprecie por todos ese valor y que se reconozca bien alto. Lo que algunos creen empresas irrealizables, serán probablemente obras de fácil ejecución y productivas. En cuanto a los territorios patagónicos, allí pueden hacerse maravillas. (…) Las condiciones físicas de su suelo la colocan entre las privilegiadas de la tierra y si sabemos conocerlo y aprovecharlo pronto, formando al mismo tiempo la raza fuerte que le corresponde sustentar, los colaboradores de esta tarea que alcancen con vida hasta esa fecha tendrán grandioso espectáculo y no menos satisfacción al convencerse de que han aprovechado bien la vida. Ud. tiene la visión de ese porvenir. Tropiezos no faltarán, dada la composición de nuestro medio actual, dura tarea tendrá para corregir defectos arraigados, para hacer comprender el valor de las intenciones, la practicabilidad de reformas sociales y políticas, para agrupar hombres que tengan igualdad de propósitos e ideales. Lo acompañan en el gobierno algunas activas energías con plan hecho, lo que es escasísimo entre nosotros, y creo que el porvenir le es risueño, por más que muchas veces, necesidades de oposición acentúen el pesimismo enfermizo de que padecen muchos compatriotas. (…) Nos faltan elementos de comparación y no los buscamos. Hablamos de aridez, de desiertos, de dificultades para las comunicaciones, etc., y no averiguamos si países que tenían regiones de peores condiciones las han modificado radicalmente, engrandeciéndose con ello. Creo no ser visionario al profetizar una población nutrida para las provincias del interior, pobres hoy de agua, el día que aprovechemos las torrenciales lluvias de estación y obtengamos que se exploten sus minas riquísimas. Creo que tenemos carbón en la República en buenas condiciones, pero nos faltan estudios adecuados y alientos de hombres de ciencia desinteresados para emprenderlos (cit. en Ygobone, 1954: 366 y 367).

En cuanto a la eficacia de la acción de Moreno en el conflicto limítrofe, las opiniones de Sir Thomas H. Holdich, perito en representación del Rey de Inglaterra, son elocuentes:

Muchas veces he dicho que todo lo que el pie argentino gane hacia el oeste de la división continental de las aguas se deberá exclusivamente a Moreno. (…) Enteramente argentino en sus convicciones e implacablemente activo en su defensa del lado argentino de la cuestión, Moreno fue, sin embargo, primero hombre de ciencia y nunca perdió tiempo en controvertir o poner en duda conclusiones que pudieran ser medianamente demostradas como exactas o aun equitativas (cit. en Márquez Miranda, 1952: 538).

Finalmente, respecto de su labor parlamentaria, Moreno es electo diputado nacional en 1910 por la circunscripción segunda de la Capital Federal, como candidato propuesto por un club del barrio porteño de San Cristóbal. Designado presidente de la Comisión de Territorios Nacionales, sobre un total de siete proyectos legislativos, dos de ellos están referidos a parques nacionales.

En orden cronológico de presentación, elaboró las siguientes propuestas: construcción de líneas férreas en los territorios de la Patagonia, 1910; adquisición de la biblioteca, el archivo y las colecciones paleontológicas y antropológicas de Florentino Ameghino, 1911; creación del Servicio Científico Nacional, para la ejecución del relevamiento topográfico, hidrográfico, geológico y biológico del territorio nacional y el conocimiento de sus recursos naturales, 1912; establecimiento de una colonia agrícola en la frontera entre Argentina y Paraguay, 1912; creación del Parque Nacional del Sur, 1912; establecimiento de estaciones agrícolas experimentales en cada uno de los territorios nacionales, 1912; establecimiento de Parques y Jardines Nacionales, 1912 (Senado de la Nación Argentina, 1995).

Cabe agregar que más allá de los aspectos de su vida mencionados, Moreno ocupó el cargo de vicepresidente del Consejo Nacional de Educación y fue miembro fundador del movimiento *Boy Scout* argentino.[12]

Asimismo, los numerosos textos y artículos escritos por Moreno están dedicados principalmente a sus viajes de exploración, sus alegatos sobre cuestiones limítrofes y a temas de interés geográfico, antropológico y paleontológico. Ninguno de ellos está dedicado exclusiva y específicamente a la temática "parques nacionales".[13]

---

[12] El movimiento *Boy Scout* había sido fundado en Inglaterra durante 1907 por Sir Robert S. S. Baden-Powell, héroe de la guerra de los boers, a quien Moreno conoció al año siguiente cuando éste realizara un viaje a Chile. Bajo el lema "la patria arriba de todo", Moreno estableció como propósito principal de la institución "poner en práctica los preceptos de la Constitución Argentina". A tales efectos, los "muchachos exploradores" debían recibir "instrucción sobre moral, estudios de la naturaleza, heroísmo, caballerosidad, patriotismo, y por vía práctica, enseñanza de primeros auxilios, salvamento de vida, natación, arte de rastrear, práctica de campamento, de llano, bosque y montaña, comunicaciones por medio de señales, tiro al blanco, construcción de puentes, levantamiento e interpretación de mapas, práctica de cocina, higiene y nociones fundamentales de los principales oficios" (cit. en Ygobone, 1953: 620).
[13] Una enumeración exhaustiva de sus trabajos realizada por Félix Outes y Roberto Lehmann Nitsche puede encontrarse en *Revista Museo de La Plata*, Volumen XXVI, 1922.

Al fallecer el 22 de noviembre de 1919, Moreno llevaba en su pecho un relicario con la forma de la bandera del Ejército de los Andes. Sepultado junto a su hermano, Eduardo, en una bóveda del cementerio de Recoleta, sus restos fueron trasladados veinticinco años después a la Isla Centinela del lago Nahuel Huapi; allí descansan desde el 22 de enero de 1944.

1.4. Fundación de San Carlos de Bariloche

Superada en 1902 la última fase de los problemas limítrofes entre Argentina y Chile con el laudo arbitral del Rey Eduardo VII, el proceso de ocupación de la Patagonia ingresó en una nueva etapa.

El asentamiento en Tequel Malal del *cowboy* tejano Jarred Jones había dado inicio al poblamiento de las tierras situadas hacia el desagüe del Nahuel Huapi en el río Limay. La inmigración centroeuropea iniciada en Chile desde hacía décadas comenzaría a expandirse rápidamente hacia la zona del lago Nahuel Huapi.

En 1892, colonos de origen alemán provenientes de Chile fundaron Tauschek en la orilla sur del lago. En 1895, Carlos Wiederholdt, otro inmigrante alemán, en su caso procedente de Puerto Montt, construyó su casa en el paraje donde se habría de formar posteriormente el poblado de San Carlos de Bariloche. Fundador de la Compañía Chile-Argentina, Wiederholdt crearía una red comercial entre ambos países, la cual constituiría la principal vía de comunicación de la región. En tesonero trabajo, la empresa desarrolló la industria forestal y la exportación de lanas y cueros que se embarcaban hacia Hamburgo desde el muelle de Puerto Montt. La importancia de la firma fue tal que en 1900 se botó en Puerto Blest un barco de 70 toneladas, *El Cóndor*, construido en Valdivia, y que se transportó desarmado al muelle de su empresa.

A principios del siglo XX, *Hube & Achelis*, empresa creada sobre la red comercial de Wiederholdt con su nuevo socio Fritz Hube, se transformó en la Sociedad Ganadera y Comercial Chile-Argentina, firma dedicada a la exportación de cueros y lanas hacia Europa y a la importación de maquinarias, alimentos y otros productos manufacturados desde los países del viejo continente. La empresa estableció sucursales en Chile a lo largo del cruce de los Andes y en la zona del lago Nahuel Huapi. Asimismo, contaba con una flota de vapores en los lagos Todos los Santos y Nahuel Huapi, gran cantidad de animales de tiro y carretas, red telefónica propia y extensas tierras cedidas por el Gobierno argentino. Los trabajadores contratados eran mayoritariamente chilenos, dirigidos por inmigrantes alemanes. La empresa de Wiederholdt y Hube influiría en el crecimiento y desarrollo futuros de San Carlos de Bariloche.

El 9 de abril de 1902, atendiendo a la legislación de 1884 que facultaba al Gobierno Nacional a donar tierras de cultivo y reservar zonas para la conformación de pueblos, Julio Argentino Roca decretó la creación de la Colonia agrícola-pastoril de Nahuel Huapi, la cual abarcaba casi todo el perímetro del lago. Iniciada la mensura y adjudicación de lotes, el 3 de mayo de 1902 se decretaba la fundación de San Carlos de Bariloche en el Territorio Nacional del Río Negro, reservando 400 ha para el establecimiento del futuro pueblo. Se especificaban para tal fin: los lotes 11 y 95 del paraje Puerto Moreno y los lotes 114 y 115 en la zona de San Carlos. El pueblo se desarrollaría alrededor de las instalaciones de la Compañía Chile-Argentina, cuyas construcciones eran de madera de ciprés o alerce, con techos de tejuelas a dos aguas. El agrupamiento de residencias y locales definido por la expansión del comercio entre Argentina y Chile había determinado la vigencia de un poblado aún no consolidado en San Carlos (Escardó, 1952).

El núcleo fue delimitado parcialmente en su calle principal por el ingeniero Eliseo I. Schieroni, residente en Viedma. La traza evidenciaría más respeto por las rigideces geométricas que por las realidades topográficas del asentamiento. Dentro de las 80 manzanas previstas para el conjunto y concentrados en 30 de ellas, los edificios más relevantes eran la comisaría, el correo, la escuela, la iglesia, la oficina de bosques, la casa de la Compañía Chile-Argentina y de la firma *Lausen y Compañía* y dos hoteles para turistas (Niel, 1979).

2. El proyecto conservacionista Iguazú

> *"Partí el 6 de abril para Misiones (...) para trazar un plano general de la catarata Iguazú y de las obras que deben ejecutarse facilitando el acceso a los saltos y asegurando, en condiciones relativamente confortables, la permanencia de los turistas en aquellos hermosísimos parajes".*
>
> Charles Thays

En 1902, el Ministerio del Interior de la Nación y el Gobierno del Territorio Nacional de Misiones comisionaron a Charles Thays, destacado arquitecto y paisajista residente en nuestro país, para la realización de un estudio orientado al aprovechamiento turístico de las Cataratas del río Iguazú y sus alrededores, área situada en la frontera internacional argentino-brasileña definida recientemente mediante el arbitraje del Gobierno norteamericano.

Thays, un hombre con sólidos antecedentes profesionales vinculados a obras de urbanización, parquización y saneamiento ambiental fundamentalmente públicas, comentaría respecto del propósito de su misión oficial:

Partí para Misiones (...) para trazar un plano general de la catarata Iguazú y de las obras que deben ejecutarse facilitando el acceso a los saltos y asegurando, en condiciones relativamente confortables, la permanencia de los turistas en aquellos hermosísimos parajes (Caras y Caretas, 6 de abril de 1902, cit. en Berjman y Gutiérrez, 1985: 80).

Recalando en Puerto Aguirre, incipiente núcleo poblacional unido a las cataratas por una picada de 22 km de longitud, Thays hizo un prolijo relevamiento de la zona y definió el sitio adecuado para la construcción de un "chalet-hotel" y aquellos puntos propicios para la contemplación de los saltos de agua.

Junto a su proyecto de parque tres veces mayor en superficie al establecido en Yellowstone, Thays proponía la instalación de una colonia agrícola y una colonia militar. Cabe destacar que esta conjunción de emprendimientos (colonia agrícola, colonia militar y parque) recogía como antecedente una serie de iniciativas que, puestas parcialmente en marcha por las autoridades brasileñas, estaban cohesionadas alrededor del propósito de ocupación del territorio.[14]

A partir de 1881, debido a la federalización del Territorio de Misiones que hasta ese entonces estaba bajo jurisdicción de la Provincia de Corrientes, miembros de las expediciones técnicas encargadas de las mensuras topográficas necesarias para la demarcación de límites promovieron la idea de crear un asentamiento urbano próximo a las Cataratas del Iguazú. En aquel año, Alejo Peyret, quien arribara a los saltos luego de una fatigosa travesía, escribía:

> El rincón del Iguazú sería un terreno muy conveniente para formar una población, una ciudad que vendría a ser de gran importancia indudablemente. **Háseme asegurado que los brasileños piensan poner una en la parte que les corresponde. Creo que los argentinos deberían concebir y verificar el mismo pensamiento** (...). No hemos encontrado, no encontraremos hombre alguno en nuestra excursión (Peyret, 1881, cit. en Berjman y Gutiérrez, 1985: 78).

En opinión de Ramón Lista, quien manifestara igual preocupación colonizadora, los nuevos poblados debían ser localizados sobre los antiguos asentamientos de las misiones jesuíticas (Lista, 1883, cit. en Berjman y Gutiérrez, 1985: 78). Sin embargo, será el gobierno federal brasileño quien inicie la ocupación efectiva de la región. Para la última década del siglo XIX, instalará una colonia militar en la frontera con nuestro país, abriendo una picada de 20 km de extensión para facilitar el acceso a los saltos. Establecido el asentamiento, su población alcanzará rápidamente el número de 500 habitantes, siendo una décima parte militares brasileños, y el resto, colonos paraguayos y argentinos. Juan B. Ambrosetti, al recorrer la zona en 1892, manifestaba al respecto:

> **La costa paraguaya sigue salvaje, impenetrable, mientras que en la brasileña se notan rozados, plantaciones y ranchos. (...) Nuestro Gobierno, por mil razones, debiera establecer allí mismo una colonia militar, que un día llegara a ser un núcleo importante de población** (Ambrosetti, 1892 y 1894, cit. en Berjman y Gutiérrez, 1985: 78).

---

[14] Véase, *sobre el plano del proyecto de núcleo urbano para el área Iguazú elaborado por Charles Thays*, Vapñarsky, 1983.

Carlos Burmeister insistiría sobre la misma idea a fines de siglo cuando llegando a las Cataratas del Iguazú desde el lado brasileño, halló, no sin sorpresa, un letrero ubicado a 4 km de distancia de los saltos, con la llamativa inscripción "Parque Nacional. Marzo 1897. Edmundo Barros". Un capitán del ejército brasileño (llamado Edmundo Barros, obviamente) proyectaba "la reserva de una zona de terrenos en los alrededores del salto para parque nacional como en los Estados Unidos de Norteamérica" (Burmeister, 1899, cit. en Berjman y Gutiérrez, 1985: 78).

En base a los antecedentes mencionados y a los estudios realizados *in situ*, Thays elevó un informe general de su propuesta a Joaquín V. González, ministro del Interior que serviría como cabeza de expediente para solicitar al Congreso Nacional la expropiación de 75.000 ha en la zona de las Cataratas del Iguazú, entonces en manos privadas.

Cabe remarcar que junto al goce paisajístico, Thays pondría de manifiesto su preocupación por una serie de aspectos novedosos para la época:

> (...) el saqueo sistemático de la forestación, la depredación desprejuiciada y el espíritu de especulación que se abriría al poner al alcance de muchos las riquezas forestales de la zona (cit. en Autran, 1907).

Desde su perspectiva, además, la propiedad privada de las tierras involucradas y la futura distribución de aquellas de dominio fiscal eran problemas centrales por resolver para que el Gobierno nacional pudiera ejecutar el proyecto de la forma más conveniente a sus propósitos.

A pesar de la favorable acogida en los círculos gubernamentales y de la gran repercusión periodística, el proyecto de Thays no sería puesto inmediatamente en marcha, probablemente debido a la carencia de un organismo de aplicación ejecutiva.

2.1. Exploración, conquista y ocupación del territorio

Los guaraníes, habitantes primitivos de la región antes de la conquista española, basaban su economía fundamentalmente en la agricultura. Cultivaban mandioca, batata, maíz, poroto, maní, zapallo, algodón y tabaco, para lo cual talaban y quemaban previamente el bosque. También eran cazadores, pescadores y recolectores. Tenían preferencia por la cuenca de los grandes ríos debido a la fertilidad del suelo y a la ausencia de dificultades para su cultivo.

En 1542, la primera expedición española que avistó las Cataratas del Iguazú[15] fue la del adelantado Alvar Nuñez Cabeza de Vaca, quien las denominó "Saltos de Santa María". Alvar Nuñez había desembarcado en el actual estado de Santa Catarina (Brasil) con el propósito de explorar una ruta terrestre-fluvial que lo comunicara con Asunción (Paraguay), ciudad recientemente fundada.

> Sobre la línea fluvial del Paraná, el dominio colonial hispánico deberá enfrentar al mismo tiempo una aguda tensión en su frontera debilitada, vulnerable ante la dinámica expansiva de los portugueses del Brasil (...). Por entonces, las únicas fundaciones estables de la región eran Asunción del Paraguay, sobre la confluencia del río homónimo con el Pilcomayo (1573), Ciudad Real, levantada en 1554 a orillas del Iguazú (trasladada dos años después al Pequirí) y Villarrica del Espíritu Santo, fundada en 1570 sobre el río Ivaí y trasladada en 1576 a su confluencia con el Pequirí (Santamaría, 1976: 386).

Bajo jurisdicción de la Gobernación del Guayrá, creada en 1617, el ámbito geográfico de desarrollo de las misiones jesuíticas –que diera denominación y una fisonomía particular a este sector de América– ocupó una extensa zona que abarcaba tierras actualmente paraguayas (al sur del río Paraná, Tebicuary, y al este del río Paraguay, Itatín), brasileñas (actuales estados de Paraná, Guayrá, y Río Grande do Sul Tapé) y argentinas (actuales provincias de Corrientes y Misiones). Los jesuitas misionaron sistemáticamente en la región desde comienzos del siglo XVII. La reducción constituyó un experimento novedoso dentro de la organización sociopolítica indiana como respuesta a la tergiversación de la encomienda, transformada –a despecho de la legislación vigente– en un velado sistema de esclavitud.

> A partir de 1619 comienza la fundación de reducciones guaraníes en los actuales territorios de Misiones y Corrientes. Seguir el hilo histórico que va de una fundación a otra es una tarea ardua; durante el siglo XVII la mayoría de los emplazamientos son experimentales y sólo se afianzarán al siglo siguiente, al fortalecerse la Compañía de Jesús y hegemonizar un vasto territorio. A menudo una reducción se traslada conservando su nombre, otras veces lo altera al mudarse; hay reducciones destruidas que se reúnen en una sola y también que cambian tres y cuatro veces de asentamiento (Santamaría, 1976: 388 - 390).

---

[15] "Agua Grande" en lengua aborigen.

De las 33 fundaciones que llegan al siglo XVIII, 15 dejaron sus vestigios en el territorio argentino; entre ellas, 11 corresponden a la actual Provincia de Misiones: Candelaria, Santa María, Apóstoles, San José, Concepción, San Javier, Mártires, Santa Ana, Loreto, San Ignacio y Corpus.

El proceso de abandono y destrucción de estas reducciones comenzó en 1767 con la expulsión de los jesuitas. Sobre la base de las antiguas misiones, el gobernador Paula Bucarelli y Ursúa da las órdenes para organizar la provincia de Misiones, aprobada mediante Cédula Real en 1771, e incorporándose en su carácter de Gobernación al Virreinato del Río de la Plata a partir de 1776. Su territorio es dividido en cinco departamentos, y Candelaria –anteriormente capital del conjunto de las misiones jesuíticas– es elegida capital y asiento de sus autoridades. A través del denominado Laudo Avilés celebrado en 1800, las diferencias limítrofes entre Corrientes y Misiones son resueltas a favor de ésta última, asignándosele la zona de Curuzú Cuatiá. No obstante haber sido reorganizada por Cédulas Reales de 1778 y 1803, durante el período histórico comprendido entre la expulsión de los jesuitas y el derrumbe del edificio colonial español, los asentamientos gestados por la Compañía de Jesús reducen su población a la mitad o tercera parte, iniciándose el proceso de su desorganización definitiva y la dispersión de sus habitantes hacia ciudades, estancias o pequeños nuevos poblados (Santamaría, 1976: 402).

Misiones adhirió a la Revolución de Mayo el 18 de junio de 1810. El 30 de diciembre, el general Manuel Belgrano dicta el Reglamento Provisional de Misiones, considerado como el primer ensayo constitucional argentino. En 1814, por orden de Gervasio Posadas –Director Supremo de las Provincias Unidas del Río de la Plata–, el territorio misionero es incorporado a la Provincia de Corrientes, permaneciendo bajo su jurisdicción hasta 1881. Concluida la guerra con el Paraguay, la Legislatura de la Provincia de Corrientes da carácter de ciudad a Trinchera de San José, designándola con el nombre de Posadas en 1879. El 20 de Diciembre de 1881, por la Ley Nacional de Federalización del Territorio de Misiones, éste es separado de la jurisdicción de la Provincia de Corrientes. La fijación de sus límites implicó, por una parte, la asignación de los pueblos meridionales (entre ellos Santo Tomé, La Cruz y Yapeyú) a la Provincia de Corrientes, y por otra, la cesión de la ciudad de Posadas al Estado Nacional para su declaración como capital del nuevo territorio. Mediante un Decreto Nacional del 16 de marzo de 1882, Misiones es dividido en cinco departamentos. A excepción de Posadas (ciudad que alcanzaría 6000 habitantes en 1895), el crecimiento demográfico del resto de Misiones sería lento. Recién a principios del siglo XX, la implementación de políticas de fomento migratorio posibilitará el repoblamiento sistemático del territorio misionero, dando origen a la fisonomía urbana futura del territorio misionero y abriendo la puerta a una nueva instancia histórica. A partir de 1900, la llegada de inmigrantes suecos, rusos, italianos y polacos, en su gran mayoría agricultores, propiciará el establecimiento de colonias fundadas sobre los caseríos residuales del siglo XVIII, tales como San Ignacio Miní, Candelaria, Apóstoles, Santa Ana, Cerro Corá y San Javier. La actividad económica de estos nuevos asentamientos estará centrada en el cultivo de maíz, tabaco, arroz, caña de azúcar y yerba mate (Santamaría, 1976: 402 - 405).

En este contexto histórico, las primeras expediciones turísticas a las Cataratas del Iguazú dieron inicio hacia fines del siglo XIX, aun antes de formarse el pequeño pueblo de Puerto Aguirre. Las pinturas de Methfessel y Ballerini, las litografías de Lista y las fotografías de Ambrosetti y Burmeister contribuirían a despertar curiosidad por sus "bellezas naturales".

La zona en cuestión era de dominio privado. El 25 de Junio de 1881, Severo Fernández y Ernesto Amadey habían comprado 50 leguas cuadradas de tierra (equivalentes a 135.000 ha) sobre los ríos Paraná, Iguazú y Uruguay, de acuerdo con la Ley de Tierras de la Provincia de Corrientes, cuya jurisdicción comprendía en aquella época la actual provincia de Misiones. El 12 de octubre del mismo año, el derecho de propiedad es transferido a Rafael Gallino, quien poco después los cederá a favor de Gregorio Lezama.

En su carácter de nuevo propietario de la tierras del Iguazú, Lezama realiza una excursión con destino a las cataratas en 1883. A bordo de "El Vigilante", aviso de la Armada Nacional a cargo del comandante Francisco Cruz, esta expedición era costeada por Lezama y dirigida por el experto explorador Carlos Bosetti, obrajero y yerbatero que posteriormente contribuiría al desarrollo turístico de Misiones.[16] Junto a ellos, una comisión de científicos alemanes viajaba en busca de tierras para dedicarlas a la colonización con inmigrantes de la mencionada nacionalidad. Además, eran parte de la comitiva: el naturalista Gustavo Niederlein, comisionado por el Gobierno argentino para elegir productos argentinos y presentarlos en la Exposición Universal de

---

[16] Cabe señalar que, en la actualidad, uno de los saltos principales de las cataratas lleva su nombre.

París en 1889, y Jordán Hummell, quién más tarde sería un célebre y popular capitán de vapores del Alto Paraná.

La expedición arribó exitosamente al puerto situado en la desembocadura del río Iguazú en el Paraná, donde había un pequeño caserío, y de allí sus integrantes se trasladaron en pequeñas embarcaciones hasta una isla cercana a los saltos de agua (probablemente, la isla San Martín).

El 8 de Julio de 1888, las tierras del área Iguazú eran transferidas por Gregorio Lezama a la firma *Martín Errecaborde y Compañía* (Administración de Parques Nacionales, 1988).

2.2. Cuestiones de límites entre Argentina y Brasil

Misiones y –más específicamente el área de nuestro interés– las Cataratas del río Iguazú estaban situadas en los confines de los imperios español y portugués. Como herencia vinculada a esta cuestión, Argentina y Brasil habían sostenido discusiones sobre límites a causa de diferentes interpretaciones respecto de la ejecución sobre el terreno de lo convenido en el "Tratado de San Ildefonso", celebrado el 1 de Octubre de 1777, sobre cuyo punto no habían podido entenderse los comisarios reales enviados por los Gobiernos de España y Portugal. Sin embargo, para mediados del siglo XIX el diferendo estaba reducido a la disputa de un pequeño sector de la antigua Gobernación de Misiones.

El 13 de diciembre de 1857, Buenos Aires y Río de Janeiro firmaron un acuerdo que establecía como límite internacional la misma frontera fluvial adoptada en los Tratados de Madrid y de San Ildefonso. Sin embargo, la Ley Nacional –de 1858– de aprobación de este acuerdo incluiría una aclaración técnica imprudente, al sostener que los ríos limítrofes mencionados en los antecedentes se situaban al oriente de la zona litigiosa.

El territorio cuestionado era limitado por los ríos Iguazú al norte, Uruguay al sur, Pepirí y San Antonio al oeste y Pepirí-Guazú (Chapecó) y San Antonio Guazú (Jangada) al este. La atribución exacta de estos nombres a los ríos de la región se dificultaba por la confusión existente y por el sentido territorial que encerraba: cada país los nombraba según sus intereses.

Dictada el 20 de diciembre de 1881 la Ley de Federalización de Misiones como Territorio Nacional, el denominado "Tratado Quirno Costa-Alençar"

(1889) y el "Tratado de Montevideo" (1890) distribuyeron equitativamente el área en conflicto. No obstante ello, la modificaciones introducidas por el Congreso Nacional argentino para su ratificación implicaron la desaprobación del Gobierno de Brasil. Después de diferentes tentativas para solucionar el diferendo limítrofe, ambos Gobiernos acordaron un "Tratado de Exploración" (1885) ejecutado por una comisión mixta presidida por los señores Garmendia y Capanema en carácter de comisarios, por Argentina y Brasil respectivamente. Las exploraciones efectuadas posibilitarían a los Gobiernos discutir sus respectivos derechos con antecedentes más perfectos que los aproximaran al arreglo definitivo de la frontera, ya fuese por transacción directa o mediante el fallo de un juez árbitro designado de común acuerdo. Optando por esta última alternativa, en 1889 la cuestión es sometida al arbitraje, siendo designado en ese carácter el Presidente de los Estados Unidos de América, ante quien se presentaron todos los antecedentes de la discusión por medio de los delegados de cada Gobierno, acreditados en Washington con ese objeto. En 1895, el fallo del presidente norteamericano Grover Cleveland otorgó a Brasil la soberanía del territorio disputado, estimada en 30.000 km² de superficie.

Durante el mismo año fue firmado el "Protocolo de Ejecución del Laudo Arbitral" para demarcar la frontera. El tratado celebrado en 1898 fijó el límite internacional por el río Uruguay, desde el río Cuareim hasta el río Pepirí Guazú; subiendo por este río hasta el terreno más alto, la línea alcanzaba la cabecera del río San Antonio y de allí llegaba al río Paraná por el río Iguazú.

Entre 1898 y 1927, las últimas cuestiones pendientes fueron resueltas satisfactoriamente por tratados complementarios: la división de las Cataratas del Iguazú, dada por el salto Unión; la repartición de las islas ubicadas en los ríos limítrofes, mediante el principio del thalweg, y la convención para señalar la divisoria de la desembocadura del río Cuareim.

Finalmente, Argentina y Brasil procedieron al canje de las ratificaciones definitivas en 1941, cuando el límite entre ambos países quedaba establecido por los ríos Pepirí-Guazú y San Antonio; entre sus nacientes se encuentra la denominada "frontera seca", de aproximadamente 30 km de extensión (Boletín del Instituto Geográfico Argentino, Tomo XXI: 215 y 216).

2.3. Charles Thays

En el transcurso de sus viajes por Europa y Estados Unidos de América, Domingo Faustino Sarmiento había admirado la cantidad y la calidad de los espacios verdes que otorgaban a las ciudades una fisonomía propia, al tiempo que servían de atractivos ornamentales naturales y de sitios frescos y tranquilos para sus habitantes. El impulso del sanjuanino en este aspecto se cristalizó, por ejemplo, en el Parque Tres de Febrero, inaugurado en 1875 en San Benito de Palermo, enclave creado con el propósito de cumplir funciones de oxigenación y esparcimiento similares a las desempeñadas por el *Bois de Boulogne* parisiense, el *Hyde Park* londinense y el *Central Park* neoyorquino.

A partir de 1880, con la capitalización de la ciudad de Buenos Aires, el diseño urbano, el paisajismo, la arquitectura, las bellas artes y la decoración interior se transformarían en patrimonio casi exclusivo de la influencia francesa. La instalación en nuestro país, ya desde las últimas décadas del siglo XIX, de numerosos profesionales franceses portadores de una sólida formación académica, y la contratación de estos especialistas para la ejecución de grandes obras públicas, explican este fenómeno cultural único en América Latina, que alcanzaría su apogeo hacia principios del siglo XX.

Uno de los principales referentes del fenómeno mencionado es Charles Thays.[17] Nacido en París el 20 de agosto de 1849, hijo de Simón Thays y de Ernestina París, arribó a Argentina en 1891, contratado por el cordobés Miguel Crisol, quien deseaba formar en la capital de su provincia un gran parque de 100 ha de extensión. La eficiencia y el prestigio de Thays venían avalados por sus estudios con Edouard André, con quien colaboró profesionalmente en obras paisajísticas distribuidas por distintos países europeos.

El trabajo realizado en Córdoba convalidó sus méritos. En esta ciudad, Thays participó del desarrollo del Parque Sarmiento, obra pública destinada a fines recreativos, como parte del proyecto de urbanización del Barrio Nueva Córdoba. Este emprendimiento estructurado sobre la base de grandes avenidas y rotondas es muestra cabal de la visión arquitectónica decimonónica sustentada por la "Generación del Ochenta", materializada en diversas ciudades argentinas.

---

[17] Junto a Thays, otro referente de prestigio es Norbert Maillart, residente en Argentina entre 1888 y 1908 y autor de los edificios del Palacio de Tribunales, el Colegio Nacional de Buenos Aires y el Correo Central.

Concluida la tarea mencionada, Thays no regresaría a Francia. Para entonces, durante el mandato del intendente Francisco A. Bollini, la Municipalidad de la Ciudad de Buenos Aires abrió un concurso para cubrir el puesto de Director de Parques y Paseos, cargo que le fue adjudicado al francés por unanimidad, tras la decisión de un jurado integrado, entre otros, por el ingeniero Buschiazzo y el naturalista Holmberg.

En el ejercicio de la función pública hasta 1913, Thays fue el responsable de más de 80 obras paisajísticas en la Capital Federal. Hizo plantar 150.000 árboles en las avenidas y calles porteñas, contribuyó al trazado definitivo de los Bosques de Palermo y del Jardín Botánico, integrados al proyecto del Parque 3 de Febrero, y a la ornamentación del parque palermitano y de las plazas de Mayo, del Congreso y San Martín.

Su inquietud por el estudio de las ciencias naturales y la experimentación movieron a Thays a gestionar ante el gobierno municipal de la ciudad de Buenos Aires la creación de un jardín botánico "con el objeto de facilitar los estudios universitarios y para realizar la clasificación definitiva de las nomenclaturas botánicas y hortícolas".[18]

La solicitud de Thays fue tomada en cuenta, y Carlos Pellegrini –a la sazón, presidente de la Nación– cedió las casi 8 ha que conforman actualmente el Jardín Botánico –ocupado hasta ese momento por el Departamento Nacional de Agricultura– por su proximidad con el Jardín Zoológico de Palermo y en virtud de que en esos terrenos ya existían árboles bastante desarrollados. Años antes, en ese predio había estado edificada la casona de Juan Manuel de Rosas. Thays soñaba con un gran *jardin des plantes*, que incluyera jardines formales, tanto geométricos como en perspectiva, y un bosque natural de tipo silvestre.

El terreno fue dividido de acuerdo con distintas regiones del mundo, en las que se intentó evocar su paisaje. La mayor extensión se reservó para la flora argentina, con representación de todas las provincias. En septiembre de 1898 fue inaugurado el Jardín Botánico.

---

[18] Muchos años antes de que este proyecto se convirtiera en realidad, Amado Bonpland había propuesto crear un jardín de plantas en la ciudad. Este naturalista francés, llegado al país en 1817 a pedido de Rivadavia y Sarratea, tenía también la esperanza de crear un museo de ciencias naturales, pero los vaivenes de la política nacional frustraron sus planes. La idea de Bonpland fue reflotada por Torcuato de Alvear, primer intendente porteño, pero tampoco pudo concretarla.

Su quehacer no se limitó a la ciudad de Buenos Aires, sino que se desarrolló de manera igualmente intensa en otras localidades del país y de países vecinos. A la mencionada contratación para el desarrollo de una iniciativa gubernamental en el área de las Cataratas del Iguazú, propuesta que conjugaba la conservación, el aprovechamiento turístico y la consolidación demográfica de la frontera argentino-brasileña, agregamos su participación en la elaboración de grandes obras de urbanización, parquización y saneamiento ambiental de espacios públicos, así como en obras arquitectónicas y paisajísticas para residencias urbanas y establecimientos rurales privados.

En la Ciudad de Mendoza, Thays diseñó el proyecto del Parque General San Martín, creado en 1897 en el marco de políticas públicas de saneamiento de ambientes urbanos. Concebido como "pulmón verde" de la ciudad, generador de oxígeno y modificador climático, su superficie es de 420 ha y cuenta con 50.000 ejemplares de árboles de 750 especies diferentes. A partir de la recomendación de médicos higienistas, el parque había sido pensado con el propósito de contrarrestar la falta de humedad del ambiente de la ciudad, causa de múltiples enfermedades respiratorias. Además de las razones sanitarias mencionadas, los bosques del parque atenuarían el efecto destructor de los aluviones serranos y contribuirían a la recreación de la población. El suelo pedregoso, el clima árido, las heladas tardías y, sobre todo, la escasez de agua dificultaron enormemente su concreción, para la cual debió implementarse un sistema de riego artificial con red de tuberías y canales que captan y conducen el agua desde las vertientes serranas.

En la ciudad de Tucumán, Thays intervino en el trazado del Parque 9 de Julio, establecido en 1916, obra de parquización con una extensión de 190 ha de superficie.

Asimismo, Thays participó del embellecimiento del Parque Independencia de Rosario y de las plazas de Córdoba, San Luis, Mercedes y Luján.

Sin embargo, Mar del Plata —que en la etapa finisecular avanzaba a pasos agigantados— se encuentra entre las ciudades que más se beneficiaron con la labor arquitectónica y paisajística de Thays. Iniciados los estudios en 1899, la concreción definitiva de su plan para el balneario llegó recién hacia 1914. La nueva rambla de material y el Paseo General Paz (emplazado donde hoy se alzan el Casino y el Hotel Provincial), un dilatado prado de césped en el que se diseminaban senderos, glorietas, juegos infantiles y canchas para practicar deportes, con un lago artificial y en su centro un islote con una confitería.[19]

Para concluir, Thays intervino en el diseño del Balneario Carrasco, obra con fines recreativos y turísticos de la República del Uruguay. Por otra parte, fueron numerosas las observaciones científicas de Thays en el campo de la biología. Gracias a una de ellas, pudo plantarse en Misiones la yerba mate por primera vez. Existía hasta ese momento un problema de aclimatación de la semilla para el que Thays encontró una solución. De este modo, dio origen a una importante y tradicional industria nacional.

Su actuación comprendió numerosas instituciones en nuestro país: vicepresidente de la Société Philantropique du Río de la Plata, presidente del Club Francais, presidente del Comité des Sociétés Francaises, vicepresidente del Comité del Centenario, presidente del Comité Patriótico, miembro honorario de la Sociedad Rural Argentina, Sociedad Central de Arquitectos y Sociedad de Horticultura y miembro fundador de la Sociedad Forestal. Francia, su país natal, otorgó al ilutre compatriota una serie de condecoraciones debido al valor de su obra.

Thays murió en 1934. Una verdadera multitud acompañó sus restos hasta el Cementerio de Chacarita. Visto como creador de nuestro paisaje urbano y "poderoso factor de civilización y de cultura", será apodado el "creador de la sombra de Buenos Aires". A partir de su desaparición, diversas entidades, tales como "Amigos del Arte", "Amigos de la Ciudad" y "Amigos del Árbol", solicitaron la perpetuación de su memoria a través de la designación de algún sitio de la ciudad de Buenos Aires con su nombre. En 1937, el Jardín Botánico, una de sus obras y lugar de su residencia familiar y estudio profesional, recibió la denominación "Carlos Thays". En los años noventa, la reconquista de otro espacio verde urbano como parque público volvería a homenajearlo (Berjman, 1998).

2.4. Fundación de Puerto Iguazú

En 1896, el director de la Colonia Militar de Foz do Iguaçú abrió una picada de aproximadamente 12 km de extensión destinada a los obrajes de la

---

[19] Sólo pervive la explanada del Torreón del Monje ante los sucesivos cambios urbanísticos de la ciudad.

zona. Este camino se extendía desde los alrededores de la desembocadura del arroyo San Juan hasta los saltos brasileños. El mismo funcionario invitó a Jordan Hummell a conocer las cataratas por tierra, quien por un período de dos a tres años repitió las excursiones con la tripulación que lo acompañaba en sus viajes.

Posteriormente, Núñez y Gibaja –dos hombres originarios de la ciudad de Posadas–, en conocimiento de las expediciones de Hummell, organizaron una excursión en compañía de varios amigos. Quedaron tan maravillados que a su regreso informaron y entusiasmaron a Juan J. Lanusse, entonces gobernador del territorio, para realizar un viaje de reconocimiento.

En 1898, Lanusse organizó en el mes de agosto otra excursión con familiares y amigos, llegando con muchas dificultades y penurias hasta las cataratas. La vía fluvial era el único acceso a la región. La navegación desde Posadas hasta la desembocadura del Iguazú se prolongó durante cuatro días y llevó catorce horas trasponer en canoas la distancia de 22 km hasta el obraje Poujade, propiedad de un inmigrante vasco situado en la costa brasileña. Desde el campamento allí instalado, las excursiones tardaron seis horas más para llegar al salto Floriano, tras recorrer las picadas que iban abriendo los peones. A partir de esta expedición, el gobernador se propone impulsar el turismo en las cataratas y el desarrollo de obras en la región.

Manuel Bernárdez, quien visitara la zona en 1900, relata como todos acudían al obraje Poujade para que los ayudara a llegar a las cataratas:

Ya no pasaba semana sin que alguna expedición llegase por allá buscando mulas. Poujade, hasta entonces, se había complacido en prestar animales con monturas y todo, y hasta él se incluía de baqueano de las expediciones (...). Finalmente, tuvo que apurar la mudanza antes que se acabasen de poner de moda las cataratas (Bernardez, 1901, cit. en Berjman y Gutiérrez, 1985: 77).

En 1901, resuelto a cumplir con su proyecto de desarrollo turístico del área, Lanusse se entrevistó en Buenos Aires con el renombrado armador Nicolás Mihanovich –propietario de la Compañía Argentina de Navegación Limitada– para convencerlo acerca de las potencialidades turísticas del sitio. Asimismo, en coincidencia con el inicio de las operaciones de los obrajes forestales y la explotación de productos de la región, es habilitado el puerto situado en la confluencia del río Iguazú con el Paraná, denominado inicialmente "Puerto Iguazú".

Mihanovich, por su parte, armó especialmente un vapor bautizado *Alto Paraná* para transporte de la primer excursión turística a las Cataratas del Iguazú. Victoria Aguirre, mujer de la alta sociedad porteña, era invitada especialmente a participar del evento. Tres integrantes de la comitiva únicamente lograron contemplar los saltos de agua después de numerosos contratiempos y trasbordos en canoas. Fuertemente impresionada por el relato de estos afortunados excursionistas, Victoria Aguirre donó la suma de 3000 pesos en moneda nacional para la construcción de un camino que permitiera acceder con mayores facilidades a las Cataratas del Iguazú. En los planes de Lanusse, la accesibilidad al sitio desde el territorio argentino constituía una condición necesaria para el establecimiento de hoteles y la consolidación de la incipiente afluencia turística al área. Lanusse gestionó su realización ante el Ministerio de Guerra de la Nación, a cargo del general Ricchieri. La obra es iniciada con soldados del Regimiento 12 de Infantería, con asiento en la ciudad de Posadas. Núñez y Gibaja, emulando la iniciativa de Victoria Aguirre, donaron la suma de 15.000 pesos en moneda nacional para posibilitar su finalización.

En homenaje a la donación de Victoria Aguirre, el puerto sobre el río Iguazú pasó a denominarse Puerto Aguirre, y la picada que permitía el acceso a los saltos llevó también su nombre.

El futuro crecimiento del área estaría atado a la puesta en marcha de planes de colonización, la explotación forestal y el desarrollo del turismo que, aunque incipiente y marcadamente elitista, aparecía potenciado por el espectáculo de las Cataratas del Iguazú y su entorno selvático, paisajes considerados recursos de importancia por su alto valor estético.

Conclusiones

En primera instancia, mediante un análisis comparativo de las propuestas fundacionales de los parques nacionales argentinos, podemos establecer una serie de aspectos comunes a ambas iniciativas.

Como hemos señalado anteriormente, los proyectos Nahuel Huapi e Iguazú fueron enunciados y promovidos por hombres e instituciones relacionados con las problemáticas sobre dominio y colonización de territorios. Tanto Moreno como Thays –figuras protagonistas principales– gozaban de prestigio entre sus contemporáneos y estaban avalados por sólidas trayectorias personales reconocidas a nivel nacional e internacional, ya sea por sus antecedentes profesionales como por sus actuaciones en la función pública.

Junto a estas similitudes, cabe destacar que las áreas propuestas para su conservación estaban localizadas en sitios –por aquellos años– accesibles con mayor facilidad desde los países vecinos y en zonas de fronteras internacionales conflictivas y definidas por arbitrajes de terceros países: en el caso del litigio limítrofe argentino-brasileño, con la intervención del Gobierno norteamericano hacia 1898, y en el caso del diferendo entre argentinos y chilenos, con la mediación de la corona británica hacia 1902.

No pareciera ser un dato menor que la época de enunciación de estos proyectos "conservacionistas" es coincidente o inmediatamente posterior a la resolución de las cuestiones de límites arriba mencionadas, la fundación de ciudades y la puesta en marcha de planes de colonización apoyados en el aprovechamiento forestal y el turismo como sus actividades económicas principales. Asimismo, es oportuno consignar que en las consideraciones generales de las propuestas Nahuel Huapi e Iguazú, la propiedad de las tierras involucradas subyace como cuestión problemática, siendo explícitas y recurrentes las recomendaciones referidas a la expropiación de aquellos terrenos en manos privadas y a la disposición futura de aquellos de dominio fiscal en consonancia con el "interés nacional".

Cabe recordar que Moreno, al enunciar su propósito conservacionista para la zona de los lagos andinos de la región patagónica, manifestaba en sus *"Apuntes preliminares sobre una excursión..."* su preocupación por la distribución de aquellos "parajes hermosos" entre propietarios privados. Desde su perspectiva, el Gobierno Nacional debía conservar aquellas "reservas" para su posterior colonización. Corría para entonces el año 1897. Por su parte, Thays cinco años después recomendaba la expropiación de tierras para poner en marcha su proyecto en el área Iguazú.

En segunda instancia, si observamos aquellas características particulares de los proyectos fundacionales de los parques nacionales argentinos, la correspondencia mantenida por Moreno con Julio Argentino Roca y su carta de donación al Estado argentino de las tierras que constituirían el núcleo primitivo del futuro Parque Nacional Nahuel Huapi, revelan una serie de ideas asociadas a su propuesta conservacionista: para Moreno, aquella región era destinataria de un "grandioso provenir"; el conocimiento del territorio estaba vinculado directamente con el ejercicio efectivo de la soberanía y con la consolidación del sentimiento de patria; el valor de la naturaleza era simultáneamente económico y estético; el aprovechamiento forestal, energético y turístico eran vistos como sus usos potenciales principales.

Junto a estas apreciaciones, Moreno entendía que argentinos y chilenos debían ser socios del emprendimiento conservacionista, idea reforzada por su posterior invitación al gobierno de Santiago a reservar tierras en la zona con iguales propósitos. Esta sociedad habría sido concebida como un medio para asegurar el desarrollo socioeconómico de un área fuertemente dependiente de Chile en aquella época. Las tierras donadas por Moreno comprendían el paso Pérez Rosales, considerado "llave" para su progreso. Además, para quien había sido partícipe directo del diferendo limítrofe entre ambas naciones, podría haber constituido una estrategia de pacificación para países con una extensa frontera compartida y antecedentes recientes de inclinación por el conflicto armado.

En vista de estas consideraciones, podemos afirmar que la conservación de la naturaleza no es una propuesta independiente de su "proyecto civilizador", sino que por el contrario lo refuerza. En plena coincidencia con la mentalidad de su época, el establecimiento de un parque nacional sería una forma funcionalmente adecuada (entre otras igualmente válidas) para la apropiación conceptual y material de vastas extensiones territoriales conceptualizadas como "vacías". Sin embargo, a diferencia del caso norteamericano, para Moreno el desierto pareciera representar, más que el pasado fundante de una nación, las potencialidades de su promisorio futuro.

Thays, por su parte, era un hombre contratado por el Gobierno Nacional para contribuir técnicamente a la realización de un proyecto público en el área Iguazú. Iniciada su labor en 1902, recogía una serie de iniciativas puestas en marcha parcialmente por las autoridades gubernamentales brasileñas y oportunamente informadas por Alejo Peyret, Ramón Lista y Juan B. Ambrosetti, miembros de las expediciones técnicas encargadas de las necesarias mensuras topográficas destinadas a la demarcación de límites entre la Provincia de Corrientes y el recientemente federalizado Territorio de Misiones.

Asimismo, resulta pertinente puntualizar que, para aquella época, hombres de gobierno y representantes del sector privado (especialmente, los propietarios de las tierras de la zona y el renombrado armador de una empresa naviera) estaban abocados a la puesta en marcha de las obras necesarias para el aprovechamiento turístico de las Cataratas del Iguazú.

En tanto que los recursos financieros eran provistos por donaciones de particulares, el Ministerio de Guerra de la Nación aportaba soldados como mano de obra para la construcción del camino entre Puerto Iguazú y los saltos.

Finalmente, cabe señalar que Thays integra su proyecto de parque nacional a un emprendimiento de alcances mayores, complementado por una colonia agrícola y una colonia militar. Sin embargo, una nota distintiva caracteriza su intervención. Junto a las cuestiones referidas a ocupación y colonización del territorio, al advertir acerca del peligro que entrañaban para la riqueza forestal de la zona "el saqueo, la depredación y la especulación privada", Thays pondría de manifiesto una serie de preocupaciones nítidamente vinculadas a la conservación de la naturaleza.

PARTE III

El proceso de institucionalización de los parques nacionales (Argentina, 1904 - 1934)

"Argentina debe tener el Parque Nacional del Norte
alrededor de las cascadas del Iguazú y el Parque Nacional del Sud
sobre el lago Nahuel Huapi y el Tronador".

Bailey Willis

Las tres décadas posteriores a la enunciación de los proyectos conservacionistas Nahuel Huapi e Iguazú estarán caracterizadas por el paulatino posicionamiento del turismo como actividad económica principal de San Carlos de Bariloche y Puerto Aguirre, y por la elaboración de otras propuestas situadas alrededor de la temática "parques nacionales". Junto a las nuevas iniciativas elaboradas por Moreno y Thays, la intervención del geólogo e ingeniero norteamericano Bailey Willis será clave en la definición del perfil de las futuras áreas naturales protegidas de nuestro país.

1. Formación del Parque Nacional Nahuel Huapi

> *"Se hace, pues, necesario, indispensable que la Nación posea tierras en el sur,*
> *norte y oriente de este lago y de los inmediatos. (...) En esa región, llamada con*
> *propiedad la Suiza argentina, debe levantarse una ciudad industriosa en*
> *la Boca del Limay, como la de Ginebra, en la Suiza europea, en la Boca del Ródano*
> *y para ello es indispensable la expropiación de tierras particulares para que*
> *en las inmediaciones de esa nueva Ginebra crezcan también otros pueblos,*
> *se muevan industrias, y desde ese centro privilegiado por la naturaleza,*
> *irradie el progreso nacional, extendiéndose al norte hasta el corazón del Neuquén*
> *y al sur hasta las colonias florecientes de Valle Nuevo, Cholila y 16 de Octubre.*
> *Explotando conservativamente sus riquezas naturales y aumentándolas*
> *con el aprovechamiento de la enorme fuerza hidráulica disponible,*
> *se radicará allí una población provechosa para la colectividad".*

Francisco Moreno

En 1902, sobre la base de la colonia agrícola-pastoril de Nahuel Huapi, había sido fundada San Carlos de Bariloche. Un año después, Moreno donaba tres leguas cuadradas de tierra para la conformación de un futuro parque nacional, extensión aceptada por parte del Estado nacional. En 1907, mediante un decreto suscripto por el entonces presidente José Figueroa Alcorta, muchos lotes vacantes fueron incorporados a la reserva debido al estancamiento que sufriera la colonización de esta zona, ampliando su superficie de 7500 a 43.000 ha.

Aquellos años mostraron una lenta expansión de San Carlos de Bariloche apoyada económicamente en el comercio con Chile, país al que se exportaban lanas, maderas y vacunos en pie, y del que se importaban vinos, conservas y artículos manufacturados (Vapñarsky, 1982).[1] Un turismo incipiente y marcadamente elitista, tanto de origen nacional como internacional, contri-

---

[1] La influyente *Compañía Chile-Argentina*, para esta época bajo la dirección de Primo Capraro (inmigrante de origen italiano arribado en 1903 a la región y convertido en su nuevo propietario), ampliaba sus actividades incorporándose al mercado inmobiliario y de la construcción. Muchas viviendas del pueblo y numerosos cascos de estancias y hoteles de turismo fueron edificados por esta empresa. Por aquellos años, como indicador elocuente de la escala de sus negocios, buena parte de los habitantes de Bariloche trabajaban en relación de dependencia de la compañía.

buiría a su crecimiento e iría perfilándose hacia el futuro como su actividad económica principal (Rey y Vidal, 1975).[2] Roosevelt arribaba a San Carlos de Bariloche proveniente del sur de Chile. En 1916, Ada M. Elflein, viajera y aventurera, visitaba los lagos con el auspicio del diario *La Prensa* y publicaba un libro con el relato de sus experiencias en la zona. Finalmente, en 1930 lo haría el Príncipe de Gales.

1.1. Ley Nacional N° 5559[3]

A partir de 1908, incluida la región patagónica en la Ley de Fomento de los Territorios Nacionales, las nuevas iniciativas conservacionistas estarán atravesadas por el propósito de desarrollo de una zona de interés creciente para las autoridades nacionales.

La llamada "Ley de Fomento de los Territorios Nacionales", sancionada el 28 de agosto de 1908, autorizaba al Poder Ejecutivo nacional a construir y explotar una serie de ferrocarriles en distintas regiones del país. Para la Patagonia, la mencionada norma preveía en su artículo 1 los trayectos ferroviarios siguientes:

---

[2] Algunas excursiones son ilustrativas del rumbo turístico de la región. En orden cronológico, podemos citar en primer lugar a aquella realizada por Aarón Anchorena, Esteban Llavallol y Carlos Lamarca, quienes arribaron a San Carlos de Bariloche procedentes del Territorio Nacional del Chubut. Esta experiencia, difundida posteriormente por un libro de viaje, incidiría positivamente sobre las familias aristocráticas en el interés por conocer la zona del Nahuel Huapi y elegirla como destino turístico para sus viajes. En segundo lugar, la visita realizada en 1903 a San Carlos de Bariloche y Puerto Montt por un grupo de turistas franceses procedentes de Buenos Aires daría inicio al tráfico turístico entre Argentina y Chile. Cabe señalar que Ricardo Roth Schutz, fascinado con el paisaje, adquiriría tierras en la zona del cruce lacustre entre Argentina y Chile. Diez años después creaba su empresa de viajes (*Andina del Sud*). Para el cruce internacional de los lagos, la firma contaría con barcos en los lagos Nahuel Huapi, Frías y de Todos los Santos, en tanto que para el alojamiento de sus pasajeros, construiría hoteles en Puerto Blest y en la zona del lago Frías –en Argentina–, y en Peulla y Ensenada, en Chile. En el futuro, radicándose en Peulla, Roth Schutz contribuiría a dinamizar el intercambio comercial y el turismo de la región. En tercer y último lugar, la visita de una serie de "personalidades" iría otorgando paulatinamente mayor prestigio a la zona.

[3] Véase, *acerca del texto completo de la Ley Nacional N° 5559*, sección "Documentos".

- desde puerto San Antonio al lago Nahuel Huapi;
- desde Puerto Deseado hasta empalmar con la línea arriba mencionada, pasando por la colonia San Martín, con tres ramales: uno a Comodoro Rivadavia, pasando por Colonia Sarmiento, otro al lago Buenos Aires y otro a la Colonia 16 de Octubre;
- otros trayectos que las autoridades nacionales considerasen convenientes.

La construcción y explotación de los ferrocarriles mencionados estaría a cargo del Ministerio de Obras Públicas, con la intervención que correspondiera a la cartera de Agricultura. Las construcciones podrían "licitarse, adjudicarse directamente o ejecutarse por administración" (artículos 5 y 20). En los puertos podrían construir muelles, depósitos y demás instalaciones "que fuesen necesarias para la carga, descarga y acomodo de todo lo que constituye el tráfico del ferrocarril" (artículo 6). Asimismo, el Poder Ejecutivo tendría derecho: "[A] adquirir o expropiar el agua necesaria para la construcción y explotación de las líneas, de los ríos, arroyos, lagos y manantiales que se encontrasen en las inmediaciones de los trayectos ferroviarios, así como para conducirlas por medio de canales, acequias o cañerías desde el punto de la toma hasta el ferrocarril, declarándose de utilidad pública el derecho a la servidumbre de paso de éstas por las propiedades que debiesen cruzarse" (artículo 7). Los materiales importados destinados a la construcción y explotación de estas líneas se introducirán libres de derechos. Las líneas y sus dependencias no podrían ser gravadas con impuestos nacionales, provinciales ni municipales (artículo 8). Los primeros gastos serían atendidos con recursos de la Dirección de Tierras y Colonias (artículo 19). El Poder Ejecutivo quedaba facultado para "obtener créditos internos o externos hasta la suma de 25 millones de pesos oro" (artículo 11). Asimismo, se autorizaba al Poder Ejecutivo a invertir hasta la suma de 3.850.000 pesos oro en una serie de estudios y obras, entre las que se destaca la regularización del régimen de aguas del río Negro "por los medios más conducentes a evitar las inundaciones del valle del mismo, y a mejorar sus condiciones de navegabilidad pudiendo invertir en ello la suma de 2 millones de pesos oro" (artículo 10).

Cabe destacar que la región patagónica aparecía como la más beneficiada por una mayor cantidad de recursos asignados respecto de otras regiones del país.

Por último, el Gobierno nacional quedaba autorizado a "expropiar las tierras de propiedad particular cuya ocupación resultase necesaria para la ejecución de las obras mencionadas" (artículo 21).

1.2. Willis y su proyecto conservacionista

En 1911, el proyecto de establecimiento de un área protegida en la zona del lago Nahuel Huapi volvía a tomar fuerza.

En aquel año, Bailey Willis[4], geólogo e ingeniero de nacionalidad norteamericana, era contratado por el ministerio de Obras Públicas en el marco de la Ley de Fomento de los Territorios Nacionales. [5]

> Cuando el ilustre geólogo americano llega a Buenos Aires, este plan llevaba ya 3 años de desarrollo; pero en su parte ferroviaria sufría serios tropiezos. La línea, por ejemplo, de San Antonio Oeste al lago Nahuel Huapi se encontraba paralizada a la espera del agua que el ingeniero Jacobacci, encargado de su construcción, no acababa de descubrir con sus perforaciones. Igual ocurría con el estudio de su trazado, detenido también en Maquinchao por las primeras estribaciones de la precordillera. Los túneles, técnica ni financieramente, constituían una solución. Es en esta coyuntura cuando aparece B. Willis (...). Su embajador lo pone en contacto con el ministro Ramos Mejía, ambos cambian ideas sobre estos intrincados problemas de la línea y se concierta entonces un convenio en virtud del cual se le encomiendan los estudios geológicos necesarios para encontrar el agua que mantenía paralizada la construcción en Valcheta (Bustillo, 1968: 388).

Arribado a nuestro país en 1910 con motivo del centenario de la Revolución de Mayo y en representación del Gobierno de Estados Unidos, Willis venía precedido de un gran prestigio científico por sus estudios geológicos en el Oeste norteamericano, Europa y China. No sólo se desempeñaría en sus funciones durante la presidencia de José Figueroa Alcorta, sino que su contratación sería renovada en tiempos de Roque Sáenz Peña y Victorino de la Plaza.

Puesto por el Gobierno nacional al frente de la Comisión de Estudios Hidrológicos, Willis debía abocarse a una serie de cuestiones, a saber:

- dirigir los trabajos de relevamiento topográfico del valle del río Negro en el sector comprendido entre la costa atlántica y los lagos andinos;

---

[4] Véase, *sobre el plano de San Carlos de Bariloche en la época de arribo de Bailey Willis*, Berjman y Gutiérrez, 1985.

[5] Bailey Willis reunía la triple condición profesional de geólogo, ingeniero en minas e ingeniero civil, títulos obtenidos en la Universidad de Columbia (Nueva York).

- evaluar integralmente la fuerza hidroeléctrica de los caudales cordilleranos;
- clasificar las tierras de la zona según su condición agrícola, pastoril o forestal;
- estudiar el patrimonio forestal andino;
- resolver las dificultades surgidas en el trazado de la línea ferroviaria entre San Antonio Oeste y el lago Nahuel Huapi.

Además de las tareas mencionadas, debía estudiar la ubicación para una futura ciudad industrial sobre el río Limay y elaborar un proyecto de parque nacional para el lago Nahuel Huapi. A tales efectos, Willis visitaría y estudiaría personalmente la región con la cooperación y asesoramiento de numerosos técnicos argentinos y extranjeros (Vallmitjana, 1993: 8 y 9). Entre 1911 y 1913, Willis elabora su propuesta de creación de la "Ciudad Industrial de Nahuel Huapi".[6]

Basado en un proyecto esbozado anteriormente por el ministro Ezequiel Ramos Mejía, la ciudad debía ser capital de una nueva provincia cordillerana, extendida entre Junín de los Andes y la Colonia 16 de Octubre.

En su planteo, el desarrollo del centro urbano era un paso previo a la formación del parque nacional y no a la inversa, porque ello aseguraría que no fuera "una colonia agrícola más", sino "un estado poblado por gentes progresistas", mediante la radicación de industrias de transformación de productos agropecuarios y de inmigrantes de origen europeo y norteamericano (cit. en Berjman y Gutiérrez, 1985: 29).

A esta explícita asociación entre industrialización y progreso, Willis agregaría su concepto acerca de los parques nacionales:

¿Qué es un parque nacional? ¿Es acaso una región salvaje destinada al placer de cazadores o alpinistas ocasionales que tengan deseos de afrontar las dificultades de los cerros despoblados? Esa es una concepción que parece común pero que no tiene razón alguna. **Un parque nacional es una zona reservada por el Estado para el placer y el bienestar de toda la población. Se reserva para que ningún particular pueda impedir que otros la disfruten y para conservar en su**

---

[6] Véase, *sobre el plano del proyecto de ciudad industrial elaborado por Bailey Willis*, Berjman y Gutiérrez, 1985.

estado natural todo lo que convenga a los usos humanos. Ahora bien, partiendo de la verdad de que los pueblos tienen distintas costumbres, un parque nacional lógicamente debe estructurarse de acuerdo a las preferencias del país al que pertenece. Es cierto que en el concepto de lo que es la belleza natural, todos los pueblos coinciden, puesto que todos se deleitan a la vista de aguas cristalinas que descienden con los torrentes, de bosques umbrosos y lagos de plácidas riberas, como también el ánimo se siente exaltado ante el espectáculo de precipicios imponentes y de cerros coronados de nieve. De ahí que una región que posee estos atractivos naturales, evidentemente es adecuada para ser destinada a parque nacional (cit. en Ygobone, 1953: 438).

Mediante su proyecto de ley "Parque Nacional del Sud", Willis elabora el marco normativo para un área protegida de 11.000 km² de extensión, situado "en la cordillera de los Andes, sobre el lago Nahuel Huapi y extendiéndose hacia el norte, sur, este y oeste ...", con un exhaustivo detalle de sus límites.[7] Si bien su propuesta jurídica estaba destinada puntualmente al establecimiento de un parque nacional para el área del lago Nahuel Huapi, ella refleja una serie de principios generales aplicables a futuros proyectos conservacionistas.

En cuanto a su administración, los parques nacionales debían estar en la órbita de la Dirección General de Territorios Nacionales y a cargo de un director equiparado en deberes, autoridad y sueldo a un gobernador de territorio nacional, quien "residiría dentro del parque y velaría por la conservación, explotación razonable y replanteo de los bosques".

En cuanto a su zonificación, todo parque nacional sería dividido en áreas de "**reserva absoluta**" y de "**reserva condicional**". La reserva absoluta estaría constituida únicamente por tierras de dominio público y destinada exclusivamente a cumplir propósitos "**de interés nacional**". El Poder Ejecutivo Nacional podría expropiar aquellos terrenos en manos privadas situados en áreas determinadas como reserva absoluta. La reserva condicional permitiría la posesión y adquisición de tierras por parte de particulares. El Poder Ejecutivo Nacional podría vender, arrendar o concesionar tierras fiscales situadas en las áreas determinadas como reserva condicional, cuyo producto

---

[7] Willis conocía profundamente la región. Autor del libro *El Norte de la Patagonia*, editado por el Ministerio de Obras Públicas de la Nación, la obra fue considerada "fuente de consulta obligada para quienes enfrentaban allí el rigor del desierto y sus secretos" (Bustillo, 1968: 385).

obtenido sería destinado exclusivamente para gastos de administración, explotación y fomento del parque. Sin embargo, todo propietario, arrendatario o concesionario de tierras debía comprometerse: "(...) a cumplir con los reglamentos del parque, a saber: sobre conservación, explotación y plantación de bosques y montes-arbustos; caza y pesca; ganadería y explotación de pastos; ubicación, construcción y conservación de caminos, sendas y demás obras públicas en el parque; defensa contra los que intentaren causar molestias o perjuicios en detrimento de la reserva; cualesquiera otros reglamentos que se establecieren por el Poder Ejecutivo para obtener los fines indicados en los artículos antecedentes".

En cuanto a su función, los parques nacionales debían "servir a un pueblo que carece de lugar de veraneo en todo su dilatado campo de las pampas" (Willis, 1943: 55).

Establecida una estrecha relación entre los parques nacionales y el turismo, Willis observa que las condiciones más convenientes para la conformación del parque dependerían de los deseos de los argentinos, a quienes se debiera permitir "todos los goces que por las costumbres de la nación sean aconsejables".

A efectos del desarrollo del turismo, el Poder Ejecutivo Nacional estaría autorizado a "dar concesiones para hoteles, explotar medios de comunicación, hacer instalaciones para aprovechar fuerza hidráulica, suministrar agua, a facilitar la comodidad del pueblo residente o viajero por cualquiera otra obra de utilidad pública, sin enajenar ningún elemento de la naturaleza del parque, ni permitir que se establezcan monopolios permanentes".

> **Para ello han de conservarse la belleza, la tranquilidad y la salubridad de todos los parajes dentro del parque, para mantener tanto como sea posible las condiciones de la naturaleza virgen, sin alterarla por otras obras artificiales que las que sean necesarias para facilitar comodidades a sus residentes y visitantes. (...) En primer término (y esto es elemental y casi no requiere ser destacado), se impone la necesidad de construir caminos, carreteros y sendas, así como la creación de comunicaciones y transportes mediante vapores y lanchas para la navegación de los lagos** (cit. en Ygobone, 1953: 439).

Cabe agregar que desde la perspectiva de Willis, la provisión de alojamiento era una cuestión central.

125

Para los viajeros y turistas habrá que edificar hoteles, incluyendo un hotel central y varias hosterías menores. Para la gente rica que quisiera tener casas de verano con jardines y prados, la ley debe establecer condiciones que permitan la ocupación de lotes propios a largo plazo, pero sin perjuicio –se entiende– de la obligación del Gobierno de conservar las características de la belleza natural que agrada a todos. El particular que tuviese un título limitado o derecho de ocupación durante su vida, o por un plazo de treinta años podría edificar su casa y embellecer su propiedad de acuerdo con su gusto y los reglamentos generales. Para que la suma invertida en las mejoras no se pierda, la ley podría establecer una cláusula mediante la cual, al vencimiento de la ocupación por el respectivo dueño, el que le sucediere contraerá la obligación de abonar a su antecesor el costo de las mejoras menos una depreciación determinada por los reglamentos o por una comisión. Este es, por ejemplo, el sistema de los arrendamientos de terrenos fiscales en Australia por plazos largos. (...) Para la población de menores recursos, la administración del parque tendrá una ingente obra de bien público que realizar, consistente en la construcción de modestos chalets por grupos ubicados en sitios bien elegidos. Estas casitas de campo las podrá arrendar por el tiempo de un mes o más, lo cual le producirá una renta que bastaría para mantenerlas en buenas condiciones. También deben permitirse campamentos de carpa (...) con el objeto de que todos los que puedan hacer el viaje hasta el parque tengan la oportunidad de permanecer en él, bajo las condiciones y con los gastos que encuentren convenientes (cit. en Ygobone, 1953: 439 - 441).[8]

1.3. Moreno y su iniciativa legislativa "Parque Nacional del Sur"

Para la misma época y desde su banca de diputado nacional, Moreno elaboraba otro proyecto de ley vinculado a la conservación del área Nahuel Huapi. La propuesta titulada "Parque Nacional del Sur", presentada el 25 de septiembre de 1912 junto a Miguel S. Coronado, Manuel S. Ordóñez y A. Echegaray establecía los límites del Parque Nacional del Sur, situado en la región de los lagos Nahuel Huapi y Traful y sus inmediaciones. El Poder Ejecutivo Nacional debía proceder a la expropiación de los terrenos de propiedad privada situados dentro del perímetro establecido y al relevamiento topográfico, hidrográfico, geológico y botánico de la zona, "**en las proporciones que**

---

[8] Véase, *sobre el texto completo del proyecto de ley "Parque Nacional del Sud" de Bailey Willis*, Sección "Documentos".

facilitaran el uso de las tierras en beneficio de la colectividad nacional, sin modificar sustancialmente su fisonomía". Los gastos que demandaran la expropiación y el relevamiento, así como la publicación de sus resultados, debían ser imputados a la Ley de Fomento de los Territorios Nacionales. Asimismo, el proyecto establecía suspender la venta de tierras fiscales situadas entre los paralelos 38º 30' y 44º de latitud sur al oeste de los ríos Aluminé y Limay (cit. en Senado de la Nación Argentina, 1995: 64).

En los fundamentos de su propuesta, Moreno hacía referencia a la importancia de la construcción del ferrocarril entre San Antonio y el lago Nahuel Huapi, línea que para la época se encontraba finalizada hasta más de la mitad de su trayecto.

> Este ferrocarril, que es de nuestro deber aconsejar sea continuado hasta su término, (...) tiene importancia excepcional. Basta mirar un mapa de esa parte del continente para darse cuenta de ello, sobre todo si se le prolonga hasta la frontera de Chile, entre Junín de los Andes y el lago Nahuel Huapi. **No trepidamos en decir que es una línea indispensable para la seguridad y grandeza de la Nación.** (...) Este ferrocarril, de costo relativamente crecido, sobre todo en la parte aún no construida, tiene su terminal en el lago, donde hoy no existen tierras fiscales apropiadas para desarrollar la población y las industrias que requieren su explotación y las conveniencias nacionales de todo orden. (...) Se ha destinado para parque nacional gran parte de la tierra fiscal de la región oeste del lago, pero las condiciones del suelo no admiten radicación allí, de población nutrida ni la de industrias de gran empuje. Será siempre un sitio de solaz y de descanso. **Se hace, pues necesario, indispensable que la Nación posea tierras en el sur, norte y oriente de este lago y de los inmediatos.** Con su aprovechamiento se llenarán los altos propósitos que se han tenido en cuenta al disponer la construcción del ferrocarril. En esa región, llamada con propiedad la Suiza argentina, debe levantarse una ciudad industriosa en la Boca del Limay, como la de Ginebra, en la Suiza europea, en la Boca del Ródano y para ello es indispensable la expropiación de tierras particulares para que en las inmediaciones de esa nueva Ginebra crezcan también otros pueblos, se muevan industrias y, desde ese centro, privilegiado por la naturaleza, irradie el progreso nacional, extendiéndose al norte hasta el corazón del Neuquén y al sur hasta las colonias florecientes de Valle Nuevo, Cholila y 16 de Octubre. Explotando conservativamente sus riquezas naturales y aumentándolas con el aprovechamiento de la enorme fuerza hidráulica disponible, se radicará allí una población provechosa para la colectividad.

Asimismo, Moreno manifestaba su preocupación respecto de la distribución de tierras fiscales:

> La expropiación de las tierras privadas es urgente. A causa de la ignorancia de lo que eran aquellas regiones, la Nación se ha desprendido, en beneficio de unos pocos, de la más bella y rica joya andina, donde se impone la formación de ciudades, la erección de fábricas y de granjas donde se organizan en estos momentos grandes empresas para explotar la cría de ganado en mucho mayor escala que actualmente. Si se demora esta expropiación, el valor de esas tierras irá en rápido aumento con la mayor proximidad o llegada del riel al lago. Además, hay que tener listos los relevamientos y estudios para el aprovechamiento y fraccionamiento de los terrenos antes que el ferrocarril llegue, de modo que se pueda reglamentar su distribución en la forma más conveniente a los intereses generales, para dar resultados inmediatos. El costo de esta expropiación, que comprenderá aproximadamente 50 leguas, será relativamente reducido. La municipalidad de la Capital ha invertido, seguramente, mayor suma en la adquisición de algunos de los edificios en las calles que requieren ensanche o avenidas. ¿Cómo no emplear igual en el asiento de ciudades y otros núcleos de población o industrias en la zona, que aumentarán considerablemente el valor económico, político y social de toda la Nación? (cit. en Senado de la Nación Argentina, 1995: 65 y 66).

Una década después de su donación y acentuando su designio colonizador, además de manifestar nuevamente su preocupación respecto de la propiedad de la tierra, Moreno vinculaba explícitamente su idea de conservación de la naturaleza con el desarrollo regional.[9]

1.4. Creación definitiva del Parque Nacional Nahuel Huapi

En 1916, Jorge Nefbery –poblador de la región– era designado como encargado *ad honorem* de la reserva del área del lago Nahuel Huapi. En 1919, mediante un decreto presidencial firmado por Hipólito Yrigoyen, la superficie del área propuesta para su conservación es ampliada a 785.000 ha, alcan-

---

[9] Véase, *acerca del texto y los fundamentos completos del proyecto de ley "Parque Nacional del Sur"*, Sección "Documentos".

zando de esta manera sus dimensiones definitivas. Los límites del parque son establecidos por el deslinde oeste internacional con Chile, desde el Paso Cajón Negro hasta la línea Este que divide las aguas territoriales que caen a los lagos Hermoso, Meliquina, Falkner, Filohuahuen y Villarino. De allí siguen al Sureste, hasta la punta del río Caleufú y luego al sur, por el desfiladero oriental del río Traful, para cortar los rápidos del río Limay, más arriba de las confluencias entre ambos. El decreto establecía que el parque tendría: "**Un carácter de reserva natural definido por las disposiciones que prohibían en su ámbito el corte de árboles y la caza de animales, la alteración de los cursos de agua y todo acto que pueda afectar la naturaleza de la región y los fines que tiene por objeto la reserva que se decreta**" (cit. en Kaufmann, 1970).

El 8 de abril de 1922, por medio de otro decreto de Yrigoyen refrendado por su ministro de Agricultura, Honorio Pueyrredón, se crea finalmente el "Parque Nacional del Sur". La vigilancia y dirección del parque fue encomendada a Emilio Frey, ingeniero y geógrafo de la Dirección de Tierras y Colonias, quien había sido un estrecho colaborador de Moreno en sus actuaciones como perito en límites.

La acción del Estado sería secundada por la iniciativa privada. El 14 de abril de 1924, durante la presidencia de Marcelo Torcuato de Alvear y con el propósito de concentrar todos los esfuerzos tendientes a proteger la zona del parque y activar los trabajos para su mejor conocimiento, es creada la *Comisión Pro-Parque Nacional del Sur*. Este cuerpo estuvo integrado originalmente por Manuel Augusto Montes de Oca, Aarón Anchorena, Carlos A. Tornquist, Horacio Anasagasti, Luis Ortiz Basualdo, Honorio Pueyrredón, Fernando Guerrico, John O'Connor, Jorge Mitre, Leopoldo Melo, Enrique Saint, Conrado Molina, Ernesto Jewel y Fermín Ortiz Basualdo.

El 1 de enero de 1928 iniciaron sus labores los primeros guardaparques, cuidadosamente seleccionados por el ingeniero Emilio Frey (Vallmitjana, 1993: 16).

Finalmente, en 1934 con la sanción de la Ley Nacional Nº 12.103 será oficializado bajo la denominación "Parque Nacional Nahuel Huapi". La llegada del ferrocarril y la creación de la Dirección de Parques Nacionales contribuirían al afianzamiento del desarrollo turístico regional.

2. Formación del Parque Nacional Iguazú

*"Charles Thays, el preparado director de paseos públicos de esta Capital,
ha construido un admirable plano en el que se conjuga la asociación del goce de los
sentidos y la tranquilidad del espíritu con el aprovechamiento
de los elementos naturales para la industria, sin perjudicar el conjunto.
El salto del Iguazú, rival del Niágara y de los de Victoria en el Zambezi,
favorecerá además con su natural atracción mundial, con su parque,
el afianzamiento del dominio nacional en su extremo noreste, y el ferrocarril, que el
honorable Congreso ha dispuesto construir, tendrá allí una
cabecera digna de su alto destino, haciendo que esas regiones dejen
de ser argentinas sólo de nombre, como sucede hoy".*

Francisco Moreno

Fundado Puerto Iguazú (luego llamado "Puerto Aguirre"), su desenvolvimiento estuvo marcadamente atado al arribo de turistas ávidos por contemplar las Cataratas del Iguazú. La construcción de la "picada Aguirre" constituyó un hito fundamental para el crecimiento y desarrollo del área. La posibilidad de acceder al sitio por tierra con cierta facilidad (como mejor alternativa a la vía fluvial) impulsaría el establecimiento de los primeros pequeños hoteles, tanto en Argentina como en Brasil, consolidando la incipiente afluencia turística nacional e internacional.

Cabe recordar que las tierras del área de las cataratas eran de dominio privado. El 7 de Febrero de 1907, mediante remate público, la propiedad de Martín Errecaborde y Compañía es dividida en dos fracciones: fracción A al norte, con 75.000 ha, siendo sus límites los ríos Iguazú y Paraná, la fracción B y la propiedad de Núñez y Gibaja (actual Colonia General Belgrano); fracción B al sur, con 60.000 ha. El 11 de Febrero de 1910, la Justicia Federal aprueba el remate de 1907, del que resultan los siguientes compradores: Domingo Ayarragaray, de la fracción A y Martín Errecaborde, de la fracción B (Administración de Parques Nacionales, 1988).

En 1909, el área era incluida en la Ley de Fomento de los Territorios, con una explícita mención del proyecto de parque nacional. A tales efectos, en 1912 Thays reformulará su propuesta elaborada una década atrás. Por su parte, Moreno, en una iniciativa legislativa orientada al establecimiento de "parques y jardines nacionales", enfatizará la importancia del desarrollo de la zona para "afianzar el dominio nacional en el extremo noreste de su territorio".

2.1. Ley Nacional N° 6712

Como mencionamos arriba, otro hito importante en los antecedentes de conservación del Área Iguazú es la Ley Nacional N° 6712. Sancionada el 11 de octubre de 1909, esta norma jurídica incluyó a Misiones en la Ley de Fomento de los Territorios Nacionales (Ley Nacional N° 5559) y ampliaba los recursos destinados a tales efectos hasta 30 millones de pesos oro. La nueva ley es de suma importancia, ya que afecta a obras nacionales a todas las tierras fiscales del Territorio Nacional de Misiones, declara de utilidad pública el área Cataratas del Iguazú y promueve el mejoramiento de las condiciones de accesibilidad y comunicación del territorio.

Los artículos 2, 3 y 4 están referidos a la accesibilidad y comunicación con el Territorio Nacional de Misiones. El Poder Ejecutivo de la Nación debe "estudiar, construir y explotar una línea férrea" del Ferrocarril Nordeste Argentino entre las inmediaciones de Apóstoles y la frontera argentino-brasileña, en la confluencia de los ríos Paraná e Iguazú (artículo 2); estudiar la manera de "facilitar la viabilidad interna del Territorio de Misiones y hacer desaparecer los obstáculos que se oponen a la navegación regular del Alto Paraná" (artículo 3) y para "establecer comunicaciones telegráficas" (artículo 4).

Los artículos 5 y 6 están referidos a los proyectos del Gobierno Nacional para el área de frontera argentino-brasileña:

> Autorízase también al Poder Ejecutivo para adquirir por compra o permuta una zona de tierras en el ángulo formado por los ríos Iguazú y Paraná (...). Si esta adquisición no fuera posible en la forma expresada, autorízase la expropiación a cuyo fin se declara de utilidad pública la ocupación de la zona " (artículo 5); " Estas tierras serán reservadas para (...) un gran parque nacional y obras de embellecimiento en las inmediaciones del gran Salto y de acceso a sus cataratas; fundación de una colonia militar; a usinas cuyas instalaciones sean convenientes en el futuro para el aprovechamiento industrial de las fuerzas que las caídas de aguas proporcionan (artículo 6).

Los límites del territorio que la ley autoriza a comprar, expropiar o permutar corresponden a la propiedad de Domingo Ayarragaray, superficie identificada como fracción A en el remate celebrado en 1907.[10]

2.2. Thays y su nueva propuesta "Parque-Reserva del Iguazú"

En 1911, como refuerzo de las ideas de Charles Thays, el geólogo norteamericano Bailey Willis, encargado de los estudios para elaborar un proyecto de parque nacional en el área del lago Nahuel Huapi, opinaba: "***Argentina debe tener el Parque Nacional del Norte, alrededor de las cascadas del Iguazú y el Parque Nacional del Sud sobre el lago Nahuel Huapi y el Tronador***" (cit. en Ygobone, 1953: 439).

La figura de Thays retorna a la escena mediante la reelaboración y ampliación de sus antiguos diseños. Transcurridos diez años de su proyecto original, presentó al ministro de Agricultura de la Nación, Dr. Adolfo Mujica, su propuesta denominada "Parque Reserva del Iguazú", la que fuera elevada a consideración del Gobierno Nacional el 10 de marzo de 1912. La demora de una década producida entre los dos proyectos presentados por Thays es probable que fuera causada por los remates de tierras encarados en el área durante 1907, y porque recién en 1909 la Ley Nacional N° 6712 autorizó a comprar tierras en el sitio.

El diseño de Thays incluía dos centros de población: el "Pueblo Iguazú" y la "Colonia Militar", para los cuales destinaba 1000 y 1500 ha, respectivamente. Como complemento de los centros urbanos mencionados, proponía el establecimiento de una escuela de silvicultura con 2500 ha de superficie, una quinta agronómica para cultivos experimentales, una serie de chacras y una estación zoológica para la conservación de la fauna existente y la aclimatación de otras especies exóticas.

El trazado del pueblo Iguazú es un formidable ejemplo de las tendencias en boga en el urbanismo francés de comienzos de siglo, que buscaba aunar criterios de estética urbana, higienistas y de fluidez de tráfico apelando a la

---

[10] Véase, *acerca del texto completo de la Ley Nacional N° 6712*, Sección "Documentos".

utilización de diagonales y una red diferenciada de calles y avenidas. En la imagen del modelo de Thays, la ciudad tenía una forma acabada y sus posibilidades de crecimiento eran nulas. Sobre el área de mayor potencial de expansión hacia el parque, se localizaban el hipódromo, el estadio y el aeródromo, marcando un límite preciso.

La colonia militar, ubicada en el rincón de confluencia de los ríos Iguazú y Paraná, adoptaba la forma de una gran elipse con un camino de circunvalación y una gran plaza central de la que salían caminos en las medianas y diagonales, configurando rotondas en su contacto con la avenida perimetral. Dentro de su perímetro se localizaban los pabellones para jefes y oficiales, cuarteles, depósitos, campos de maniobra y sobre la circunvalación, una estación de ferrocarril con su zona de carga y depósitos.

La parte norte de la zona se conservaría en su estado natural, limitándose a abrir las vías de circulación imprescindibles para facilitar su acceso y vigilancia a través de una red de caminos y senderos internos de grandes curvaturas. "La línea recta es una abstracción cultural, en tanto que la línea curva proviene de la naturaleza", diría Thays.

En la zona más próxima a las cataratas, su proyecto contemplaba conjuntos de construcciones para infraestructura y equipamiento turísticos: hotel, casino, capilla, servicios sanitarios, puentes, ascensores y observatorios, etc. En el área más próxima a las cataratas se ubicaban el hotel, la capilla, el casino, la usina eléctrica y la toma de agua, los servicios sanitarios y la aduana. Puentes, pasarelas, ascensores y miradores se diseminaban en el recorrido prefijado. Sobre algunas sectores específicos de las riberas de los ríos Paraná e Iguazú, Thays preveía la instalación de quintas de recreo.

En su opinión: "El tendido de una línea férrea a través de hermosos bosques de araucarias, que sin duda hubiese sido revisado por los ingenieros, menos atentos a las cuestiones paisajísticas que a la eficacia y menores costos de los tendidos férreos", daría rápido acceso por vía terrestre a la zona, uniendo Apóstoles con el parque y éste con el pueblo y la colonia militar. Además, en el futuro podría integrarse a otros sistemas de transporte que implementaran Brasil y Paraguay. Entre el pueblo y la colonia militar, Thays desarrollaba la "avenida Militar" para unir las plazas centrales de ambos núcleos. En su trayecto estaban dispuestos simétricamente aquellos edificios destinados a la administración del parque, una escuela, un museo y sus dependencias, etc. (cit. en Berjman y Gutiérrez, 1988: 111).[11]

2.3. Moreno y su iniciativa legislativa "Parques y Jardines Nacionales"

El 28 de septiembre de 1912, si bien Moreno aspiraba en su proyecto "Parques y Jardines Nacionales" al establecimiento de áreas protegidas en todo el territorio nacional, hace referencia explícita al área Iguazú. En los fundamentos de su propuesta legislativa impulsa la construcción del ferrocarril, establecida por la Ley Nacional N° 6.712, y elogia la posición ecléctica del arquitecto y paisajista Charles Thays respecto de la conservación de la naturaleza, evidenciada en sus propuestas para el desarrollo turístico de las Cataratas del Iguazú.

> El preparado director de paseos públicos de esta Capital ha construido un admirable plano en el que se conjuga la asociación del goce de los sentidos y la tranquilidad del espíritu con el aprovechamiento de los elementos naturales para la industria, sin perjudicar el conjunto. **El salto del Iguazú, rival del Niágara y de los de Victoria en el Zambezi, favorecerá además con su natural atracción mundial, con su parque el afianzamiento del dominio nacional en su extremo noreste, y el ferrocarril, que el honorable Congreso ha dispuesto construir, tendrá allí una cabecera digna de su alto destino, haciendo que esas regiones dejen de ser argentinas sólo de nombre, como sucede hoy** (cit. en Senado de la Nación Argentina, 1995: 82).

Según esta propuesta, el Poder Ejecutivo nacional debía proceder a la expropiación de 40.000 ha en el área del Iguazú a efectos del establecimiento de un parque nacional.

---

[11] En el mes de junio de 1913, las ideas de Charles Thays, bajo el título *Les forets naturelles de la République Argentine. Projects de Parcs Nationaux*, fueron expuestas por él en calidad de representante argentino en el "Congreso Forestal Internacional" celebrado en la ciudad de París.

2.4. Creación definitiva del Parque Nacional Iguazú

Entre las propuestas anteriormente descriptas y la creación definitiva del Parque Nacional Iguazú, cabe destacar una serie de hechos significativos para el crecimiento y desarrollo de la región.

En 1913, el gobernador del Territorio Nacional de Misiones obtiene la autorización para la construcción de una serie de instalaciones destinadas a la Ayudantía de la Subprefectura, la Estación Radiotelefónica y la Escuela Primaria N° 4, en Puerto Aguirre, y una Comisaría de Policía en el área de Cataratas del Iguazú.

En 1916, Brasil declaraba a las Cataratas del Iguazú "**área de utilidad pública**", luego de ser conocidas por el Presidente Santos Dumont.

En 1920, el ingeniero Olaf Hansen –socio administrador de la sucesión Ayarragaray– organiza un plan de mejoras para la infraestructura del área Cataratas del Iguazú y la prestación de servicios, ya que los viajeros debían pernoctar a bordo de los barcos porque en Puerto Aguirre no había "hotel de ninguna especie".

Entre las obras principales llevadas a cabo por Hansen, podemos destacar las citadas a continuación:

- La transformación de la picada Aguirre en un cómodo camino para automóviles, con 20 m de ancho y una reducción de 20 a 17 km de longitud.
- La construcción de un confortable hotel en el área Cataratas del Iguazú inaugurado en 1922 (en el sitio donde hoy funciona el centro de interpretación), con las siguientes comodidades: 40 habitaciones, bar, comedor y sala de juegos.
- La construcción de numerosos caminos: el Paseo Morales (actual "circuito inferior" de las cataratas, sin su bajada al río); una picada para la circulación de automóviles hasta el puerto Tres Marías o Piraguas (actual puerto Canoas), y una picada para el tránsito de turistas hasta la Garganta del Diablo y de carros transportadores de madera desde los aserraderos, con diferentes bifurcaciones en pleno ambiente selvático y una extensión total de 50 km.

Las mejoras mencionadas precedieron a la prestación del servicio regular de transporte fluvial hasta Puerto Aguirre y Cataratas del Iguazú a cargo de los vapores *Ybarra* y *España*. La afluencia de visitantes fue evolucionando positivamente: en 1924, 525 turistas; en 1925, 735; en 1928, 950. La época del año con mayor concentración de visitantes se registraba entre los meses de mayo a septiembre.

Los avances en la navegación fluvial del Alto Paraná permitieron el acceso a tierras hasta entonces impenetrables, dando inicio a su explotación económica centrada fundamentalmente en la extracción de madera. Durante la década del veinte, la región sería desprovista de sus mejores especies y surcada por obrajes, puestos de embarque y una amplia red de caminos y picadas.

Entre 1921 y 1930, el Gobierno Nacional promovió el establecimiento de 21 pueblos y colonias –Olegario Andrade y Alem, entre otros– mayoritariamente situados en el centro y noreste del territorio. Asimismo, a partir de 1927 y sobre la línea del Paraná da inicio la creación de las llamadas "colonias privadas", tales como Montecarlo, Santo Pipo, Wanda y Victoria. Recién en 1955, Puerto Aguirre retomará su nombre original: Puerto Iguazú. Su avenida principal llevará el nombre de su benefactora, Victoria Aguirre.

En 1928, durante la presidencia de Marcelo T. de Alvear, el Gobierno de la Nación expropia 75.000 ha a la sucesión de Domingo Ayarragaray. El 20 de abril del mismo año, es suscripta la escritura traslativa de dominio. De la superficie total expropiada, 55.000 ha fueron destinadas al futuro parque nacional, y 20.000 ha, al Ejército Nacional para la creación de una colonia militar. Hasta 1934, las tierras fueron administradas por el Ministerio de Guerra, organismo que estableció un pequeño destacamento militar en Puerto Aguirre con "no más de 8 a 10 soldados" (Bustillo, 1968: 428).

El Parque Nacional del Iguazú, no obstante haber sido definido con anterioridad a su creación formal, recién adquirirá una conducción centralizada con la creación de la Dirección de Parques Nacionales.

3. Otras contribuciones conservacionistas

*"Antes de que fuera demasiado tarde, se han dado cuenta
en Norte América, de que el Estado poseía magníficas extensiones de terrenos,
muchos de ellos cubiertos de bosques, donde abundan las bellezas pintorescas,
cascadas, cursos de agua, desfiladeros, etc., que sería deplorable verlos
desaparecer bajo los golpes del leñador o de las empresas industriales que
utilizando la fuerza motriz destruyen las bellezas de las caídas.
Convencidos pueblo y Gobierno de que el empleo más provechoso que podría darse
a estas vastas superficies era destinarlas al bienestar público,
aúnan esfuerzos y se lanzan a la lucha con el tesón y empeño que la nación
del norte sabe poner en sus empresas. (...) En las leyes dictadas se sostuvo
el principio de reconocer el derecho del Estado de prohibir la venta de distritos
que por razones de los atractivos que ofrecen, tienen más valor
como lugares de paseo que como campos de explotación".*

Benito Carrasco

Otras propuestas vinculadas a las áreas naturales protegidas fueron elaboradas paralelamente a los procesos de conformación de los parques nacionales Nahuel Huapi e Iguazú. En primer término, un trabajo presentado por el ingeniero Benito Carrasco al *Congreso Científico del Centenario*, de gran repercusión periodística. En segundo término, el proyecto legislativo "Parques y Jardines Nacionales" presentado en 1912 por Francisco Moreno en su carácter de diputado nacional.

Estas propuestas representaron un alerta de corte conservacionista inspirado, principalmente, en el proceso de desenvolvimiento de las áreas protegidas norteamericanas. Cabe señalar que ambas iniciativas son contemporáneas a la entrega del informe de Thays sobre su proyecto para el área Iguazú y los aportes realizados por Willis para el área Nahuel Huapi, anteriormente presentados.

3.1. Carrasco y el ejemplo norteamericano

En su edición del 7 de mayo de 1912, el Diario *La Nación* publicó un artículo sobre áreas protegidas escrito por Benito Carrasco. Basado en las conclusiones de su trabajo presentado en 1910 a la Sección "Ingeniería" del Congreso *Científico del Centenario*, Carrasco perseguía el doble propósito de difundir ante los lectores las políticas conservacionistas desarrolladas por el Gobierno norteamericano y contribuir a la formación en nuestro país de una opinión pública favorable a su implementación.

> Antes de que fuera demasiado tarde se han dado cuenta, en Norte América, de que el Estado poseía magníficas extensiones de terrenos, muchos de ellos cubiertos de bosques, donde abundan las bellezas pintorescas, cascadas, cursos de agua, desfiladeros, etc., que sería deplorable verlos desaparecer bajo los golpes del leñador o de las empresas industriales que utilizando la fuerza motriz destruyen las bellezas de las caídas. Convencidos pueblo y Gobierno de que el empleo más provechoso que podría darse a estas vastas superficies era destinarlas al bienestar público, aúnan esfuerzos y se lanzan a la lucha con el tesón y empeño que la nación del norte sabe poner en sus empresas. (...) Llevada esta cuestión ante el Congreso, esa asamblea toma medidas legislativas oportunas, cuya consagración fue declarar de utilidad pública los territorios de que se trata, por decreto presidencial, destinándolas a parques nacionales. En las leyes dictadas se sostuvo el principio de reconocer el derecho del Estado de prohibir la venta de distritos que por razones de los atractivos que ofrecen, tienen más valor como lugares de paseo que como campos de explotación. (...) Fuera de estos territorios montañosos, cuyo principal atractivo es su carácter salvaje y pintoresco, el gobierno federal posee otras extensiones en las que se encuentran ruinas históricas, fenómenos naturales de particular rareza, como bosques petrificados, puentes de rocas y singularidades análogas. Con el objeto de conseguir la conservación de semejantes riquezas, el Congreso ha votado una ley autorizando al presidente de los Estados Unidos a declararlos monumentos nacionales, así como a las construcciones prehistóricas y otros objetos de interés documentario y científico, juntamente con los terrenos adyacentes necesarios a su conservación en buen estado. (...) En la misma forma, el Congreso trata de adquirir y convertir en parques los territorios en que se libraron las grandes batallas de la guerra civil.

Carrasco explicaba que para 1910 las áreas protegidas establecidas por el gobierno federal norteamericano ocupaban una superficie de 3.624.427 acres destinada a parques nacionales, a la que se agregaban 1.496.783 acres correspondientes a 23 monumentos nacionales. Asimismo, la figura del ex presidente norteamericano Theodore Roosevelt es enfáticamente destacada por Carrasco. Caracterizado como "líder" del movimiento conservacionista, Roosevelt había contribuido activamente a difundir la necesidad de impedir la destrucción de los bosques.

Como consecuencia de sus iniciativas, el Congreso dictó leyes cuyo texto autorizaba la creación de un servicio general de bosques con la función de poner esas superficies al abrigo de las explotaciones desenfrenadas de los incendios y otras causas destructoras.

El número de 147 reservas nacionales se habían instituido en 20 estados diferentes, ocupando una superficie total de 167.677.749 acres.

Como producto de una conciencia conservacionista, Estados Unidos había establecido finalmente un novedoso sistema nacional de reservas de caza.

La última medida tomada por el Congreso, de las que ligeramente hemos expuesto, se refiere a las reservas nacionales de caza. En dicha ley se autoriza la utilización de grandes extensiones de territorio ubicadas en distintos puntos de la república, y destinadas a salvaguardar la caza de piezas grandes que, como el bisonte o el búfalo, se van perdiendo.

Finalmente, Carrasco consignaba que la acción de las autoridades federales era complementada por los gobiernos de los estados particulares que en razón de sus menores recursos financieros, si bien no podían rivalizar con el poder central, igualmente contribuían con sus esfuerzos a las políticas conservacionistas.

Considerando la situación de nuestro país, Carrasco estaba dispuesto a llamar la atención de las autoridades nacionales.

Ahora bien, las profusas bellezas naturales que mantenemos abandonadas o que por enajenaciones inconsultas han pasado a poder de particulares, como ocurre con las adyacencias de las cataratas del Iguazú y otros territorios pintorescos vendidos a vil precio, constituyen suficientes motivos para dar la voz de alarma y pedir al actual Gobierno que se presenta bien inspirado, salvaguarde las bellezas que aún nos quedan y ponga a cubierto de explotaciones sin medida la hermosa heredad con que la naturaleza nos ha favorecido. Los magníficos parques naturales de la región subtropical, plantados con mano maestra por la Naturaleza, los lagos, cataratas, regiones agrestes, panoramas espléndidos y fenómenos naturales que adornan nuestro suelo, bien merecen la atención pública y el cuidado de las autoridades. **Una comisión de personas entendidas y laboriosas podría aconsejar al Gobierno las medidas**

convenientes a tomar y la mejor distribución de parques nacionales en todo el territorio de la República, aprovechando los terrenos fiscales que aún quedan. Podría proponer las leyes indispensables para poner a cubierto de las devastaciones frenéticas, no solamente los bosques de esencias indígenas, que además de su riqueza presentan en primavera el espectáculo maravilloso de cubrirse de flores de variados matices, formando ramos de kilómetros de extensión, sino también otras bellezas que, como las rocallosas, merecen **atención** (Carrasco, 1923, cit. en Berjman y Gutiérrez, 1988: 35 y 36).[12]

En una muestra de acogida favorable, la nota editorial del diario *La Nación* del 28 de mayo de 1912 respaldaba públicamente las ideas expuestas por Carrasco y reafirmaba la necesidad de formular una política conservacionista.

Se trata de seguir esta vez el ejemplo de nuevos regímenes que han adoptado ya algunas naciones, entre las que por su entusiasmo se halla a la cabeza la Unión Americana (...). Nuestro país cuenta en su haber mucha belleza natural en gran parte desconocida; la zona subtropical posee bosques de muchas leguas donde podría descubrir el botánico nuevas especies de la flora americana; la región andina, las más variada en aspectos, tiene fértiles valles donde se levantan ejemplares milenarios, testigos tal vez de las primeras convulsiones geológicas de la cordillera; las laderas de las montañas cuentan con mil clases variadas de enredaderas, helechos, musgos alpinos y bosques de tabaquillo; las regiones patagónicas ofrecen profundos y límpidos lagos, propios para la piscicultura, abras, boscajes, desfiladeros y torrentes, y por último en el extremo sur existen paisajes comparables a los más ponderados de Suiza.

Cabe consignar que la línea editorial del diario *La Nación* no escapaba al tratamiento de una serie de cuestiones recurrentes del discurso conservacionista:

- la inconveniente enajenación de la propiedad de la tierra de las áreas consideradas dignas de protección –y, por consiguiente, su necesaria propiedad pública–;
- el incalculable valor económico de los recursos naturales involucrados;
- la asimilación no explicitada de la idea de naturaleza a la noción de paisaje y su posterior asociación con el turismo como forma de uso adecuada.

---

[12] Véase, *acerca del texto completo del artículo de Benito Carrasco*, Sección "Documentos".

No es posible que tanta riqueza natural vaya a poder de particulares que irán arrasando todo o aislando esos encantados paisajes con líneas de cerco que los hagan inaccesibles. **Todos esos tesoros del territorio no deben ser usufructuados y consumidos por una ni por dos, ni por cien generaciones. Son la heredad nacional y el gobierno debe conservarla a través de la sucesión de los años y de los siglos**. Más tarde, en un porvenir que quizá no sea remoto, las líneas férreas unirán esas grandes reservas territoriales para que el turista nacional o extranjero pueda recorrerlas y satisfacer en su presencia sus investigaciones científicas o sus curiosidades espirituales o estéticas (cit. en Berjman y Gutiérrez, 1988: 36 y 37).[13]

3.2. Moreno y la conservación del patrimonio natural y cultural de la nación

El 28 de Septiembre de 1912 es presentado el proyecto legislativo "Parques y Jardines Nacionales", elaborado por Francisco P. Moreno y suscripto por Miguel S. Coronado, Manuel S. Ordóñez y A. Echegaray. Esta propuesta legislativa establecía que el Poder Ejecutivo de la Nación, a efectos de la creación de áreas protegidas, debía proceder a la expropiación de tierras según las recomendaciones mencionadas a continuación:

- En las provincias de Jujuy, Tucumán, Córdoba, Mendoza y Corrientes, y en el Territorio de La Pampa, 20.000 ha en los puntos que caracterizasen los "diferentes aspectos del suelo nacional".
- En el Territorio Nacional de Misiones, 40.000 ha en el área del Iguazú y 25 ha, cuando el terreno no fuese fiscal, en cada uno de los asientos de las antiguas poblaciones jesuíticas de San Ignacio, Candelaria, Corpus, Apóstoles, San Juan y Santa Ana, medidas de modo que sus terrenos contuviesen las ruinas de esas poblaciones y permitiesen la conservación del paisaje circundante.
- En cada uno de los puntos de las provincias y territorios donde existieran "monumentos naturales dignos de conservación o vestigios de las viejas culturas indígenas como de los grandes hechos de la historia nacional", hasta 200 ha.

---

[13] Véase, *acerca del texto completo de la nota editorial del diario La Nación*, Sección "Documentos".

Además, la iniciativa legislativa de Moreno proponía reservar de toda venta o arrendamiento hasta 5000 km2 cuadrados de tierras fiscales en cada uno de los Territorios Nacionales "**en las regiones que caracterizasen los diferentes aspectos del suelo o hubiesen sido teatro de hechos de gran recordación en nuestra historia**".

La elección, conservación y administración de los terrenos que fuese conveniente adquirir y reservar en cumplimiento de lo anteriormente estipulado estaría a cargo de una comisión *ad honorem* dependiente del Ministerio del Interior de la Nación y compuesta por un representante del Poder Ejecutivo Nacional, dos senadores y dos diputados nacionales (nombrados por las cámaras respectivas) y cuatro ciudadanos. La labor de este cuerpo colegiado estaría orientada a mantener "substancialmente" la fisonomía de los parques y jardines creados. A tales efectos, podría disponer del personal administrativo que considerase necesario. Asimismo, quedaba estipulado que la ejecución de cualquier obra en su jurisdicción debería ser autorizada por el Gobierno nacional. Finalmente, esta iniciativa legislativa establecía que las erogaciones necesarias para la expropiación de terrenos y para la conservación y administración de los parques, jardines y monumentos se imputarían a rentas generales, a excepción de aquellos situados en el Territorio Nacional de Misiones, los que serían cubiertos con la venta de tierras fiscales ubicados en el mismo (cit. en Senado de la Nación Argentina, 1995: 79 y 80).

En los fundamentos de su propuesta legislativa presentada ante el Congreso de la Nación, Moreno manifestaba:

Sr. Presidente: Nuestro país prospera en proporciones asombrosas; la población se extiende en todas direcciones y le sigue la destrucción de todo lo que parece estorbar su acción; es, pues, tiempo de recordar que la historia de la Nación no consiste solamente en los actos de los hombres que se desarrollan en su suelo. Las generaciones pasan y el historiador no puede representar nunca el aspecto físico del medio en que se realizaron los hechos de sus relatos ni la reproducción gráfica consigue darle la necesaria ayuda. De aquí que algunas naciones se preocupen desde largo tiempo de conservar para el presente y para el futuro, sin alterarlos, aquellos parajes de sus dominios asociados a su historia o que caractericen el medio en que tuvo principio la actuación de sus habitantes. Persona observadora y de alto criterio y conocimientos científicos se expresaba últimamente así: "Si miro el suelo buscando la Pampa, me encuentro con Europa. La flora nativa ha sido conquistada por la extrajera. ¿Donde podré encontrar sin dificultad un pedazo de suelo genuinamente pampeano?". Lo mismo que en los centros poblados, donde el cosmopolitismo despreocupado y la ignorancia general de los nativos del valor que para la cohesión nacional tienen los objetos y lugares históricos, sucede con la conservación de los grandes aspectos de la naturaleza. Una prueba de ello es la desaparición de la piedra del Tandil, culpa de la inercia de las autoridades, de la curiosidad ignorante y de la vanidad del pueblo. Las interesantes reliquias históricas precolombinas del noroeste argentino, las colonias de Misiones, las de la época de nuestra independencia, desaparecen rápidamente. El portal de la cada de Tucumán no existe ya; poco ha faltado para que la pirámide de Mayo siguiera el mismo camino, y expuesta está a inmediata destrucción la sala sagrada donde resonó el grito de Mayo. Si esto sucede con los monumentos humanos, igual suerte tendrán muchos de los grandes rasgos naturales del suelo argentino, que son los que explicarán siempre no pocas de las modalidades nacionales. El proyecto que fundamos tiende a detener esta destrucción y a conservar para nuestros hijos lo que les hará comprender la genealogía de la Nación, en ambientes de ensueños, de descanso y de instrucción. (...) La educación moderna inculca que nada enseña más que el espectáculo de la naturaleza; que hay que completar la enseñanza en la escuela con la observación directa de los hechos naturales; que el patriotismo marcha a la par del aprecio del ambiente físico nacional, sin el cual no puede comprenderse la historia ni fundarse anhelos colectivos.

A continuación, Moreno hace referencia a las naciones que habían impulsado el establecimiento de áreas protegidas. Estados Unidos y Canadá, en América; Suiza, Alemania, Inglaterra, Austria, Hungría y Dinamarca, en el viejo continente; Sudáfrica, Australia y Nueva Zelanda, en otros continentes.

Para Moreno, "**esta devoción por la naturaleza se asocia en todos esos casos a la devoción por la patria**".

Luego, Moreno explica que el artículo 1° de su propuesta legislativa está referido a las Cataratas del Iguazú, en tanto que el artículo 2° está referido a los criterios de selección de tierras para ser declaradas parques o jardines nacionales, sean públicas o privadas.

145

Las tierras que se mandan adquirir contienen variados caracteres naturales, que en conjunto caracterizan la vasta extensión de las 14 provincias actuales, con sus altas montañas y hielos, sus admirables faldas boscosas y los paisajes del llano, testigos de nuestras luchas cruentas y hoy teatro de actividades prodigiosas. Iguales aspectos contienen las fiscales que se reservan en los territorios nacionales entre las latitudes y en las alturas del territorio nacional. Crimen sería que desaparecieran los imponentes bosques de la región vecina de Nahuel Huapi, los colosales alerces inmediatos a Valle Nuevo, rivales de los gigantes californianos, y se modificaran esos y otros parajes como los que rodean a los hermosos lagos y a los ventisqueros extraordinarios del Tronador y del lago Argentino, como también los alrededores del lago Belgrano y del lago San Martín. Y en los Chacos los bosques seculares con caracteres que no se encuentran en otras regiones de fácil acceso en esta América, requieren la misma área de conservación. En todos estos lugares las generaciones futuras agradecerán la previsión de los que les dejaron esta noble herencia. (...) **Los lugares de hechos históricos recordados en nuestro himno, y los que se han impuesto después al recuerdo, el Pasaje de Belgrano, el Campanario de San Martín en Mendoza, el Campo de Caseros, el Puente de Corrientes, los sitios donde se conservan restos de fortines, que evocan la guerra contra el salvaje cuando corrió tanta sangre de nuestros soldados, deben ser igualmente sitios de peregrinación nacional, altares de la religión de la patria** (cit. en Senado de la Nación Argentina, 1995: 80 - 83).[14]

Como queda expuesto al enunciar los fundamentos de su proyecto legislativo, Moreno ampliaba en un doble sentido su perspectiva conservacionista: por una parte, junto a su interés por los recursos naturales coloca la necesidad de proteger muestras del patrimonio histórico argentino para inspiración de las generaciones futuras, idea estrechamente vinculada al concepto conservacionista construido por los norteamericanos; por otra, su mirada no sólo abarca la región patagónica, sino que alcanza otras latitudes del territorio nacional.

El 30 de julio de 1917, retirado de la vida pública, Moreno envía un extenso memorándum al entonces ministro de Agricultura de la Nación, Honorio Pueyrredón, para exponer sus ideas sobre el desarrollo de los territorios nacionales. Si bien este documento no está referido específicamente a la temática de parques nacionales, la importancia de su inclusión radica en las ideas conservacionistas expresadas por Moreno en el contexto de su preocupación territorial.

---

[14] Véase, *acerca del texto completo y los fundamentos del proyecto de ley "Parques y Jardines Nacionales"*, Sección "Documentos".

Revisto lo que sé de las fuerzas económicas de otras naciones, que pueden intervenir en nuestro crecimiento o decrecimiento, y me siento obligado a decir cuán necesario es que no perdamos un segundo en desarrollar las nuestras, en forma que el desarrollo de elementos extraños a nuestro país, aún latentes, no nos traiga perjuicios. (...) Para ello fundemos una gran institución que nos oriente hacia esa y otras mayores producciones, institución que tenga a su cargo el estudio del suelo y de sus capacidades, que mensure la tierra oficialmente, que ponga toda atención en su entrega a la industria privada, evitando todo cuanto pueda redundar en perjuicio público, que tenga por norma siempre el bienestar general. Institución que podría comprender la Dirección General de Tierras, la Dirección General de Geología y Minas, la Dirección de Bosques y Yerbales, y que estudie el suelo y sus aguas, siempre bajo el punto de vista técnico, quedando a cargo de subsecciones lo administrativo. Le será fácil al Poder Ejecutivo encontrar hombres de buena voluntad capacitados, para que constituidos en comisión, informen sobre la conveniencia de esta institución y que con su apreciación de nuestra situación geográfica, de nuestros ambientes físicos, de las posibilidades de nuestro suelo, podrían proyectar su programa. Hagamos un movimiento como el que hicieron en Estados Unidos sus presidentes Roosevelt y Taft, buscando el medio de manejar nuestros recursos naturales sin gastarlos, y entonces tendremos los elementos de riqueza que salven a la República de sus dificultades presentes. Tenemos aún mucha y buena tierra pública, procuremos sobre ella la pequeña suma que requieran los primeros trabajos de esa institución y los millones de renta fiscal surgirán donde apenas hoy se recogen sólo centenares de pesos. (...) En mi carta al señor Ministro de Agricultura, de fecha 28 de mayo pasado, le encarecía la conveniencia de suspender toda concesión de carbón y petróleo. El presidente Roosevelt, en 1907, consiguió reservar permanentemente para su país cien millones de acres de tierra, para uso público, por su contenido de petróleo, carbón y varios minerales. Hagamos nosotros otro tanto con las tierras que contienen análogas sustancias. ¡Cuidado con los acaparamientos con miras comerciales y políticas! Declaremos también propiedad nacional el combustible blanco, el torrente, la cascada y sobre todo, estudiemos la tierra como lo manda el sentido común, cambiando las leyes y los métodos anticientíficos actuales. Sólo así llegaremos a crear la "Gran Nacionalidad Americana del Sur" (cit. en Moreno, E., 1942: 273-276).[15]

---

[15] Véase, *acerca del texto completo del fragmento final del memorándum referido al desarrollo de los territorios nacionales*, Sección "Documentos".

Conclusiones

Fundados como proyectos conservacionistas a principios del siglo XX, Nahuel Huapi e Iguazú avanzaron hacia su conformación definitiva como parques nacionales durante las presidencias de Hipólito Irigoyen y Marcelo Torcuato de Alvear.

En 1922, sobre una extensión de 785.000 ha de tierras situadas en la frontera argentino-chilena, es creado el Parque Nacional del Sur con un carácter de "reserva natural", definida por la prohibición de la tala de árboles y la caza de animales, la alteración de los cursos de agua y "todo acto que pudiera afectar la naturaleza de la región". Bajo la órbita de la Dirección de Tierras y Colonias, la vigilancia del parque es encomendada al ingeniero y geógrafo Emilio Frey, quien había sido colaborador de Moreno en sus actuaciones como perito en límites. En 1924, a efectos de aunar esfuerzos conservacionistas –públicos y privados–, es creada la Comisión Pro-Parque Nacional del Sur.

Para el caso del área Iguazú, en 1928 el Gobierno nacional expropia 75.000 ha de tierras para efectivizar el establecimiento de un parque nacional y una colonia militar en la frontera argentino-brasileña, emprendimientos puestos bajo la tutela del Ministerio de Guerra de la Nación.

Cabe consignar que, más allá de sus particularidades, una serie de aspectos comunes caracterizan el proceso que conduce a la institucionalización de Nahuel Huapi e Iguazú como las primeras áreas protegidas de nuestro país:

- el establecimiento de parques nacionales es un procedimiento puesto al servicio de iniciativas vinculadas a la apropiación territorial;
- el Estado nacional es identificado como único agente legítimo para la creación, dirección y administración de tales emprendimientos;
- la acción de "conservar" es entendida implícitamente con un sentido de mantenimiento o recuperación de la propiedad pública de la tierra y de sus recursos naturales, condición necesaria para disponer su uso futuro con miras al desarrollo regional y el "progreso económico, social y espiritual de la nación".

Estas apreciaciones están fundamentadas, por una parte, en la inclusión de Nahuel Huapi e Iguazú como objetos de especial interés de las leyes N°

5559 y N° 6712 destinadas al fomento de los territorios nacionales; por otra, abonan nuestra perspectiva las ideas, políticas públicas y prácticas promovidas por aquellos sujetos e instituciones vinculados a la temática de parques nacionales.

Además de las argumentaciones mencionadas, esta posición es reforzada por la pervivencia de un discurso en el que –durante tres décadas y más allá de sus matices– la conservación de la naturaleza coexiste armoniosamente con la expansión del ferrocarril y la creación de nuevas ciudades, la radicación de centros industriales y la implementación de programas de colonización en zonas de frontera.

A través de nuestro relato es posible constatar que la perspectiva de Moreno sobre los parque nacionales, no obstante la información disponible acerca de la temática en diversos países, está marcadamente influenciada por la evolución de la experiencia norteamericana. Al igual que Turner, Moreno hace un llamamiento a la sociedad argentina para la conservación de ambientes considerados "fuente" de la representación patriótica. Además, es plena su adhesión a las políticas conservacionistas desarrolladas especialmente por el presidente norteamericano Roosevelt.

Transcurrida una década de su donación del núcleo primitivo del Parque Nacional Nahuel Huapi, como diputado nacional y presidente de la Comisión de Territorios Nacionales de la cámara baja, Moreno presenta dos iniciativas legislativas referidas a las áreas protegidas.

En su proyecto "Parque Nacional del Sur", Moreno fija sus límites espaciales y encomienda al Gobierno nacional la expropiación de terrenos en manos privadas situados dentro del perímetro establecido y el relevamiento topográfico, hidrográfico, geológico y botánico de la zona, para facilitar el aprovechamiento económico de sus recursos naturales en beneficio de la colectividad nacional. Sin embargo, Moreno compatibilizaba el establecimiento del parque nacional con la conclusión del tramo ferroviario entre San Antonio y el lago Nahuel Huapi, vital en su opinión "para la seguridad y la grandeza de la nación" y con la fundación de una ciudad industrial en la boca del río Limay, "centro de irradiación de progreso" para la región.

En su proyecto "Parques y Jardines Nacionales", Moreno promueve el establecimiento de una serie de áreas protegidas destinadas a la conservación del "patrimonio natural y cultural de la nación" para las futuras generaciones de argentinos. Estos sitios, calificados como "altares de la religión de la patria", favorecerían "la comprensión de la historia y la fundación de anhelos colectivos".

En la misma dirección, sus restantes iniciativas legislativas apuntaban especialmente al desarrollo de los territorios nacionales mediante la construcción de líneas férreas, la fundación de colonias agrícolas y la creación de reparticiones estatales de carácter científico.

El memorándum enviado al Gobierno nacional para proponer la constitución de un "superorganismo" centralizador de las acciones abocadas al cumplimiento de tales propósitos es elocuente.

Cabe consignar que para Moreno, figura central del origen de las áreas protegidas argentinas, esta temática tuvo una densidad relativamente débil en el marco general de sus actuaciones públicas. Los parques nacionales no fueron ni su principal ocupación ni su mayor preocupación. Como un novedoso instrumento de la civilización para penetrar el mundo bárbaro y poseerlo (hacerlo suyo conceptual y materialmente), el establecimiento de parques nacionales está puesto al servicio de su designio colonizador. Guiado por un afán permanente de contribuir a la empresa "civilizatoria", Moreno es fiel representante de una época caracterizada por la aparición de una serie de instituciones que aglutinando a un conjunto de políticos, militares y naturalistas en torno del denominador geográfico, reconocían entre sí intereses compartidos cuya resolución aparecía ligada a la apropiación conceptual y material del territorio nacional: por un lado, la necesidad económica y administrativa de inventariar el patrimonio estatal; por otro, el problema geopolítico y militar de fijar las fronteras con los estados vecinos sin resignar, en lo posible, ninguna porción del legado territorial de la colonia.

Asimismo, resulta pertinente recordar que –para la misma época– las reflexiones del ingeniero Benito Carrasco y la nota editorial del influyente diario *La Nación* esbozaban la conformación de una corriente de opinión pública favorable al establecimiento de parques nacionales según el modelo puesto en marcha por los norteamericanos.

Thays, por su parte, en 1912 reelabora y amplía su proyecto original para el área de las Cataratas del Iguazú, poniendo a consideración del Gobierno Nacional su propuesta definitiva de "parque-reserva".

Thays incluía dos núcleos de población en su diseño: el pueblo (con una forma acabada y sin posibilidades de expansión sobre otras áreas) y la colonia militar. Además, proyectaba como emprendimientos complementarios una escuela de silvicultura, una quinta agronómica para cultivos experimentales, un conjunto de chacras y una estación zoológica para la conservación de la fauna existente y la aclimatación de especies exóticas. A efectos de respetar el estado natural del área más próxima a las cataratas, Thays proponía únicamente construcciones para infraestructura y equipamiento turísticos. Una línea férrea uniría el pueblo, la colonia militar y el parque para, finalmente, integrarse al resto del territorio misionero y articularse con los sistemas de transporte que en el futuro implementaran Brasil y Paraguay.

Al igual que Thays, Willis recogía para su propuesta una iniciativa que –previamente esbozada por el ministro Ezequiel Ramos Mejía– estaba destinada a establecer en la boca del Limay, la ciudad capital de una nueva provincia cordillerana extendida entre Junín de los Andes y la Colonia 16 de Octubre.

Sin embargo, Willis no sólo recupera sino que avanza decididamente sobre el propósito de consolidación demográfica de la frontera, mediante la relación establecida entre su proyecto conservacionista y la radicación de industrias de transformación de productos agropecuarios y de inmigrantes de origen europeo y norteamericano. El establecimiento de un centro urbano industrial era para Willis un paso previo a la conformación del parque nacional, y no a la inversa, porque aseguraría que no fuera "una colonia agrícola más", sino "un estado poblado con gentes progresistas".

En su proyecto de ley "Parque Nacional del Sud", Willis manifiesta públicamente sus ideas principales sobre los parques nacionales. En primer término, concebidos como espacios escénicamente bellos para uso principalmente turístico, los parques nacionales debían contar con un área de reserva absoluta y de dominio público destinada a propósitos "de interés nacional", y un área de reserva condicional en la que estuviese permitida la posesión y adquisición de tierras por parte de particulares. Luego, advierte la necesidad de reglamentar la explotación forestal, las actividades agrícolas y ganaderas, la caza y la pesca, así como también aquellas obras públicas necesarias para el aprovechamiento turístico. Finalmente, el organismo público nacional identificado para la administración de los parques era la Dirección General de Territorios Nacionales.

Si bien en las intervenciones técnicas de Thays y Willis no es evidente el compromiso militante asumido personalmente por Moreno con el proyecto de apropiación territorial, sus aportes profesionales fueron puestos al servicio de emprendimientos caracterizados por la vocación mencionada.

PARTE IV

Exequiel Bustillo y la Dirección de Parques Nacionales (Argentina, 1934 - 1944)

> *"Tras la obra puramente específica de Parques Nacionales existía también el alto propósito de conquistar de una vez por todas un pedazo de frontera que estaba aún distante de integrar la unidad espiritual de la República".*
>
> Exequiel Bustillo

En 1934, las áreas protegidas fueron institucionalizadas mediante la sanción de la Ley Nacional N° 12.103. Esta norma creaba la Dirección de Parques Nacionales en el ámbito del Ministerio de Agricultura de la Nación, y oficializaba a Nahuel Huapi e Iguazú como los primeros parques nacionales argentinos. Desde la perspectiva de Exequiel Bustillo, quien ejercerá la presidencia del citado organismo gubernamental durante el decenio comprendido entre 1934 y 1944, el establecimiento de áreas protegidas y la implementación del turismo como su actividad económica principal contribuirían al desarrollo regional, a la ocupación efectiva del territorio y al afianzamiento de la soberanía nacional. El fuerte impulso dado a Nahuel Huapi e Iguazú y la creación de cinco nuevos parques nacionales situados en el sector patagónico de la frontera argentino-chilena expresarán en el terreno la misión institucional concebida por Bustillo para el organismo gubernamental a su cargo.

1. Creación de la Dirección de Parques Nacionales

> *"Este despacho establece para el país el régimen de parques nacionales, reservando para el dominio público hermosas y extensas zonas que deberán conservarse en su estado natural. (...) El pensamiento de formar parques nacionales tiene una larga y prestigiosa historia, desde 1872 cuando se crearon en Estados Unidos de Norteamérica, hasta los recientes de Italia, creados en 1923, y de Canadá, en 1930. Entre nosotros se debió la iniciativa al Dr. Francisco P. Moreno y el régimen legal al presidente Roca. El despacho sigue el ejemplo de la ley americana (...). Razones económicas, culturales y sociales fundan esta iniciativa (...) que entre sus partes fundamentales contiene el sano principio de aumentar el patrimonio público, incorporándole las mejores y más bellas zonas del país".*
>
> Miguel Angel Cárcano

Si bien Argentina había enfrentado con relativo éxito la crisis económica de 1890 por las potencialidades de expansión de su frontera interna y la incorporación de extensísimas superficies abiertas para la producción agropecuaria, la crisis mundial de 1930 sorprendía a un país eufórico por su papel protagónico como productor de materias primas para la economía mundial. Inserta en el mapa de la división internacional del trabajo, Argentina debía superar la crisis mundial en el marco del retroceso de la tutela de los capitales ingleses.

La década del treinta, abierta con el golpe militar al gobierno constitucional de Hipólito Yrigoyen, estuvo caracterizada por el creciente autoritarismo en el manejo de la cosa pública, la decadencia de la injerencia inglesa y una mayor presencia norteamericana. La alianza establecida entre autoritarismo político y liberalismo económico generó una ecuación de mando que, unida al persistente fraude electoral, conduciría al calificativo de "década infame" para el período 1930-1940. Sin embargo, cabe destacar que junto a la curiosa coexistencia de un "Estado fuerte" (propio de los regímenes totalitarios de la época) con los postulados económicos del liberalismo (limitantes de su participación a un Estado subsidiario) es posible observar fenómenos tales como la expansión y articulación de las dependencias estatales vinculadas a las obras públicas, la organización de las oficinas técnicas estatales y la producción de una amplísima acción pública a escala nacional en el plano mencionado. En cierta manera, serán establecidas las bases sobre las cuales los Gobiernos de la década siguiente dirigirán una tarea inmensa que alcanzará temáticas y ámbitos geográficos inesperados. Tales ideas se manifestaron en una mentalidad militar y por el prestigio de la obra pública y el monumentalismo, cabalmente representados por José E. Uriburu y Agustín P. Justo.

En el contexto político-ideológico mencionado, Argentina se constituiría en el tercer país de América en institucionalizar la conservación de la naturaleza, luego de Estados Unidos de América y Canadá. El 27 de julio de 1934, con las firmas del presidente de la Nación –general Agustín P. Justo– y de Luis Duhau –ministro de Agricultura– el Poder Ejecutivo envía al Congreso Nacional el proyecto de ley para la creación de la Dirección de Parques Nacionales. El mensaje que acompañó esta iniciativa gubernamental recordaba a los legisladores nacionales *"el carácter patriótico del acto de donación efectuado en 1903 por Francisco Pascasio Moreno y la ubicación de las tierras donadas inmediatas a la frontera, por él defendida con tanto empeño, en las costas del hermoso lago Nahuel Huapi (...) incluyendo lagos y montañas considerados entre los más bellos del mundo"*. Asimismo, hacía referencia a la necesidad de legislar sobre la materia debido a los "valores estéticos, espirituales y sociales de las áreas protegidas", significaciones que constituirían el argumento explícito para fundamentar la creación de la Dirección de Parques Nacionales.

En la posición del Gobierno Nacional, influenciada por la "Comisión Pro-Parque Nacional del Sur", y especialmente por uno de sus integrantes, Exequiel Bustillo, la repartición debería estar abocada al cumplimiento de tres propósitos principales:

> (...) proteger a los parques nacionales de todo cuanto pudiese alterar la continuidad de sus condiciones naturales o disminuir su eficiencia como expresión de belleza, manteniendo su flora y su fauna primitivas; atraer hacia ellos la atención del país para su apreciación y estimular su frecuentación a través del desarrollo del turismo, actividad capaz de generar crecientes recursos económicos, según la experiencia recogida en otros países, principalmente Estados Unidos de América y Canadá; promover, a partir del reconocimiento de su innegable función social, el uso con fines de recreación, educación popular e investigación científica (cit. en Ygobone, 1953: 444).

Como antecedentes de los propósitos mencionados, el mensaje citado hacía referencia a la Ley Nacional N° 6712 sancionada en 1909, la cual en su artículo 6 destinaba las tierras adquiridas para la creación de un parque nacional en las inmediaciones de las Cataratas del Iguazú y para la reserva efectuada en 1910 por el entonces presidente de la Nación, Dr. José Figueroa Alcorta. Una reserva de 40 leguas alrededor del Lago Fagnano en Tierra del Fuego con idénticos fines, para llegar a la conclusión de que "la conservación de estas reservas exige disposiciones que en gran parte escapan a las facultades del Poder Ejecutivo y han de ser resultas para asegurar su eficacia".

Según la opinión gubernamental, el proyecto de ley respetaba la "idiosincrasia" de nuestra legislación y contenía lo esencial en la materia, habiendo condensado el estudio de la legislación similar de otros países, en especial la de los Estados Unidos de América. Si para algunos países el objetivo principal de los parques nacionales consistía en las investigaciones científicas y para otros, en el aprovechamiento turístico, la norma sometida a consideración de los legisladores reunía ambas finalidades.

Sin embargo, cabe destacar que, en el plano de las argumentaciones, el Gobierno Nacional hacía especial mención a la vinculación entre los parques nacionales y el turismo. Junto al propósito conservacionista de la naturaleza, agregaba su concepción como un poderoso estímulo para el desarrollo de la actividad turística y, en consecuencia, el favorecimiento de la vida económica del país. Para sustentar dicha posición, citaba una serie de cifras estadísticas referidas al impacto económico generado por el turismo en los parques nacionales de Estados Unidos y Canadá. En lo que respecta al primer país, hacia 1934 contaba ya con 24 parques nacionales (Ise, 1961). Las estadísticas oficiales informaban que en 1932 las áreas protegidas habían sido visitadas, por 3.754.596 personas, observándose un aumento del 5,9 % respecto del año anterior, no obstante la depresión económica que venía experimentando aquel país. Asimismo, como indicador de la importancia económica del aprovechamiento turístico de los parques nacionales, el Poder Ejecutivo Nacional destacaba que el Congreso norteamericano había sancionado durante ese año ocho leyes vinculadas a las áreas protegidas. Se había efectuado una inversión fiscal de 13.069.811 dólares, para el año siguiente estaba prevista una reducción a 7.650.620 dólares. En esta suma se incluían los gastos de administración, vigilancia y obras públicas previstas.

Estos datos son más que convincentes, puesto que, calculando un mínimo gasto individual a cada visitante, resulta plenamente probada la compensación que el Estado obtiene por sus erogaciones (cit. en Ygobone, 1953: 445).

Canadá, por su parte, había creado en 1885 la Reserva de Banff (Provincia de Alberta), declarada posteriormente Parque Nacional (Schlüter, 1983). Para 1911 existían cinco y para 1930, catorce parques nacionales. La mayoría de ellos habían sido establecidos a lo largo de la línea del ferrocarril de las provincias del oeste, donde hasta 1930 el Gobierno federal retenía la jurisdicción sobre los recursos naturales antes de ser transferida a las provincias.[1] En una suerte de balanza de pagos, en tanto los turistas extranjeros habían gastado 279.000.000 de dólares en 1930, los turistas canadienses habían dejado en el exterior 100.000.000 de dólares. Para 1931, las cifras correspondientes a dichos rubros eran de 250.000.000 y 79.000.000 de dólares, respectivamente. Los ingresos por turismo receptivo internacional representaban el 22,5% del monto total de las exportaciones, que alcanzaba aproximadamente la suma de 1.115.000.000 de dólares.

Es conveniente tratar cuanto antes el respectivo proyecto de ley, ya que abundantes razones económicas concurren en su apoyo, mientras ningún gravamen ocasionaría al Tesoro de la Nación, máxime cuando las ingentes sumas que representa el turismo, de este modo quedan en el país, amén de una futura concurrencia extranjera a los parques nacionales (cit. en Ygobone, 1953: 447-448).

En lo relativo a su régimen financiero, los fundamentos del Poder Ejecutivo señalaban los ingresos derivados de una mayor afluencia de visitantes y de la posible instalación de industrias y comercios que esa circunstancia haría nacer, al destinr asimismo los impuestos nacionales que gravasen los pasajes al extranjero, y agregar, por último, como fuente de ingresos complementaria, el producto de la venta y arrendamiento de algunas tierras fiscales no incluídas en la reserva, las cuales podían ser entregadas al sector privado. A renglón seguido, el mensaje del Poder Ejecutivo recordaba a los legisladores que debido a concesiones y ventas preexistentes era forzoso "admitir conjuntos de propiedades priva-

---

[1] En Canadá, los progresos en la creación de áreas protegidas después de 1930 serían lentos. Las dificultades para ganar la aprobación de los gobiernos provinciales para la transferencia de las tierras involucradas constituirían la barrera principal para su desarrollo (Overton, 1979).

das"; si bien esta circunstancia contrariaba el deseo primitivo del Poder Ejecutivo de constituir parques que comprendieran exclusivamente tierras fiscales.

En este proyecto legislativo, la administración de los parques nacionales era confiada a una dirección cuyo presidente sería designado con acuerdo del Senado Nacional. Mientras que el Poder Ejecutivo se limitaba a dictar las disposiciones concordantes que encuadraran dentro de sus facultades, y se extendía a todos los parques nacionales la autoridad de la Comisión Pro Parque Nacional del Sur, organismo que había asesorado ampliamente al Poder Ejecutivo en la iniciativa que motivara el envío de esta propuesta normativa.

Finalmente, el mensaje solicitaba a los legisladores nacionales la pronta sanción de la ley, cuyo proyecto acompañaba: "No tan solo –decía– por las razones expresadas, sino por el hecho de que se terminarán durante el corriente año (1934) las obras del ferrocarril a Nahuel Huapi, lo que ha de favorecer una mayor afluencia de visitantes, y evidencia la necesidad de reglamentar definitivamente ese parque nacional" (cit. en Ygobone, 1953: 446).

Después del estudio, despacho y sanción por parte del Senado Nacional del proyecto de ley del Poder Ejecutivo, por el que se crea la Dirección de Parques Nacionales, pasó en revisión a la Cámara de Diputados. En el informe a sus colegas, y haciendo referencia al proyecto, el diputado Miguel Angel Cárcano sostenía:

> Este despacho establece para el país el régimen de parques nacionales, reservando para el dominio público hermosas y extensas zonas que deberán conservarse en su estado natural. A esta hora de la madrugada, generalmente los mejores discursos son los que no se pronuncian, y aunque este asunto es de verdadera importancia, sólo puedo fundarlo muy brevemente. El despacho lleva la firma de tres grupos políticos de la Cámara y entiendo que la idea en sí ha sido aceptada por todos los sectores. El pensamiento de formar parques nacionales tiene una larga y prestigiosa historia, desde 1872 cuando se crearon en Estados Unidos de Norteamérica, hasta los recientes de Italia[2], creados en 1923, y de Canadá, en 1930. Entre nosotros se debió la iniciativa al Dr. Francisco P. Moreno y el régimen legal al presidente Roca. El despacho sigue el ejemplo de la ley americana y contempla la organización, administración y régimen

---

[2] En 1922 Italia había establecido el Parque Nacional del Gran Paradiso (70.000 ha, en las regiones de Piemonte y Valle de Aosta). Un año después creaba el Parque Nacional del Abruzzo (40.000 ha, situado en las regiones de Abruzzo, Lazio y Molise). En 1934 agregaba el Parque Nacional del Circeo (8400 ha, en la región del Lazio) y en 1935, el Parque Nacional del Stelvio (137.000 ha, en las regiones de Lombardía y Trentino-Alto Adige).

legal y financiero, establece nuevas reservas nacionales, y a su dirección autónoma se le atribuye recursos propios, entre los cuales se encuentran, en primer término, el 50 % del impuesto que grava a los pasajes para el extranjero. Razones económicas, culturales y sociales fundan esta iniciativa que viene en revisión del Honorable Senado, y que entre sus partes fundamentales contiene el sano principio de aumentar el patrimonio público, incorporándole las mejores y más bellas zonas del país. Nada más (cit. en Ygobone, 1953: 447).

Sin posiciones contrarias, el 30 de septiembre de 1934 el proyecto legislativo es votado y aprobado en general y particular. El 9 de octubre de aquel año, el Poder Ejecutivo promulga la Ley Nacional N° 12103 de creación de la Dirección de Parques Nacionales, bajo la dependencia inmediata del Ministerio de Agricultura. La dirección sería administrada por un Directorio compuesto por un presidente designado con acuerdo del Senado de la Nación y ocho directores nombrados por el Poder Ejecutivo nacional. Los miembros del Directorio deberían ser argentinos y durarían seis años en sus funciones, pudiendo ser reelectos (artículos 2 y 3). La Dirección de Parques Nacionales funcionaría con la autonomía acordada por la presente ley, pero el Poder Ejecutivo Nacional podría intervenirla "cuando las exigencias del buen servicio lo hicieran indispensable, con cargo de dar cuenta al Congreso de la Nación en su oportunidad" (artículo 5). Asimismo, las tierras de propiedad fiscal dentro del perímetro de cada parque nacional son declaradas bienes del dominio público (artículo 15).

Los artículos 7 al 15 están referidos a la competencia y jurisdicción de la Dirección de Parques Nacionales, entre las que destacamos:

- La proposición al Congreso de la Nación de declarar parques nacionales aquellas porciones del territorio nacional que por su extraordinaria belleza o en razón de algún interés científico determinado, sean consideradas dignas de ser conservadas para uso y goce de la población de la República Argentina, estableciendo que ningún parque situado en el territorio de una provincia será incluido en el sistema de parques nacionales si antes la provincia no cede al Gobierno Nacional el dominio y jurisdicción dentro de sus límites.
- La administración y contralor de los Parques Nacionales Nahuel Huapi e Iguazú, creados por la presente ley, y la de todos los parques nacionales que pudieran ser creados en el futuro por el Congreso de la Nación.

- La implementación de los medios considerados necesarios para la conservación de los parques y su embellecimiento, el estímulo de las investigaciones científicas e históricas, la organización y fomento del turismo, la exploración y explotación minera y, en general, para todas aquellas actividades que por su índole puedan ser comprendidas dentro de los fines institucionales.

- La reglamentación y fiscalización de las explotaciones forestales, industriales, construcciones, régimen de las aguas, etc., y de las propiedades privadas situadas en los parques nacionales, dentro de los límites del derecho público y administrativo.

- La ejecución, dentro del territorio de la República Argentina y libre de impuestos nacionales, de los actos de propaganda considerados necesarios para promover el aprovechamiento turístico de los parques nacionales.

El artículo 16 está dedicado a las atribuciones y deberes de la Dirección de Parques Nacionales, entre los que destacamos:

- Disponer la organización y división de sus distintas oficinas administrativas, dictar los reglamentos referidos a la forma y condiciones de su propio funcionamiento, distribuir sus cargos y designar y remover su personal.

- Someter a la aprobación del Ministerio de Agricultura de la Nación el plan de trabajo y presupuesto anuales.

- Aprobar la ejecución de cualquier obra pública en su jurisdicción.

- Proteger, conservar y fomentar la fauna y la flora de los parques y reglamentar dentro de su jurisdicción la pesca y la caza.

- Determinar por dos tercios de sus miembros los sitios que merezcan ser propuestos al Honorable Congreso de la Nación para ser declarados parques nacionales.

- Dictar reglamentos sobre el acceso, permanencia y tránsito en los parques y reservas nacionales.

- Estimular los estudios e investigaciones científicas en las áreas a su cargo, bajo la condición de que sus beneficios alcanzaren a las universidades e instituciones públicas.

- Velar por el cuidado y conservación de los bosques, y en general por el desarrollo presente y futuro de la riqueza forestal existente, pudiendo tomar a tal fin todas las medidas que juzgare convenientes o necesarias, incluso la de vender o cortar madera fiscal.

- Promover el progreso y desarrollo de los parques mediante la construcción de caminos, puentes, escuelas, líneas telegráficas y telefónicas, muelles, puertos, desagües, obras sanitarias, etc., pudiendo celebrar convenios para la financiación y ejecución de las obras mencionadas con imputación a sus propios recursos y solicitar de las reparticiones públicas respectivas la cooperación necesaria a los fines citados.

- Otorgar y reglamentar las concesiones sobre construcción de hoteles, viviendas, restaurantes, funiculares, alambres-carriles, estaciones para el servicio de automóviles, etc., y en general sobre cualquier obra, servicio o comercio que se realizase en su jurisdicción, pudiendo también establecerlos por cuenta propia, pero no explotarlos directamente sino por arrendatarios o concesionarios.

- Contralorear la organización y tarifas de las distintas empresas que explotaren servicios públicos, con la colaboración de las correspondientes oficinas del Estado Nacional.

- Efectuar periódicamente un censo de la población, movimiento y riquezas inherentes a las áreas bajo su jurisdicción.

- Proceder al desalojo de los intrusos en tierras del dominio público que a su juicio perjudicasen los intereses de la repartición.

- Disponer del manejo de las tierras del dominio público comprendidas dentro de los límites de su jurisdicción conforme a las condiciones que establezca la Dirección, pudiendo concederlas únicamente en ocupación a título precario.

- Disponer la ubicación y trazado de centros de población y lotes agrícolas o pastoriles dentro de los parques en las extensiones no afectadas por la declaración de dominio público; fijar precios y condiciones para su enajenación, concederlos en venta y recabar del Poder Ejecutivo el otorgamiento de títulos definitivos a los compradores.

Los artículos 17 al 19 están dedicados al régimen financiero de la Dirección de Parques Nacionales, el cual regirá a partir del 1 de Enero de 1935.

La autonomía conferida a la Dirección de Parques Nacionales comprendía el manejo de sus propios fondos conforme a las disposiciones de la ley de contabilidad y de acuerdo al presupuesto anual aprobado por el Honorable Congreso de la Nación. Además de la suma que anualmente le fuese asignada en el presupuesto general de la Nación, quedaban afectadas las entradas, impuestos y tasas citadas a continuación:

- los derechos de pesca y caza;
- el producido de la venta de madera fiscal y el beneficio que resultare de la explotación de viveros;
- los derechos de entrada que se establecieran para los visitantes;
- patentes y derechos de tránsito de los vehículos, embarcaciones, etc., empresas de transporte, de turismo, etc., y actividades relacionadas;
- el producto de la venta y arrendamiento de las tierras fiscales y los saldos pendientes por ventas y arrendamientos pendientes anteriores a la sanción de la presente ley;
- las multas que resultasen por transgresión a los reglamentos de las áreas protegidas;
- las subvenciones, donaciones, legados o aportes a favor de la Dirección de Parques Nacionales;
- el 50% del producido de los impuestos establecidos por la ley 11.283 de 30 de noviembre de 1923;
- los beneficios que resultaren de la venta de revistas, guías, folletos, avisos, fotografías y exhibición de películas cinematográficas;
- el producido del arrendamiento de locales fiscales para servicios vinculados al turismo;
- el 10% del importe de los pasajes de turismo que expidiesen los Ferrocarriles del Estado en las líneas que sirvan a las áreas protegidas.

Los artículos 20 al 24 están referidos a la creación de los Parques Nacionales Nahuel Huapi e Iguazú y a la fijación de sus límites.

El Poder Ejecutivo fijará por decreto los límites definitivos del Parque Nacional Iguazú y de la Colonia Militar a que se refiere la ley 6712. Los del Parque Nacional de Nahuel Huapi serán los siguientes: al Norte, desde un punto situado en el límite internacional con la República de Chile, a cinco kilómetros aproximadamente al Norte del paso de Cajón Negro, se trazará una línea que dividiendo las aguas que caen a los lagos Hermoso y Meliquida, de las que son tributarias del lago Villarino, se llevará al esquinero Noroeste de la propiedad de Cortejarena; el límite Este se iniciará en el citado esquinero Noroeste, siguiendo las líneas Sudoeste y Sudeste de las propiedades de Cortejarena y Traverso, y luego se continuará con las líneas Sudoeste, Noroeste y Sudoeste del campo de la compañía ganadera Gente Grande hasta su intersección con la orilla Este del río Limay; seguirá por dicha orilla hasta su nacimiento en el lago Nahuel Huapi; por el límite Sud de la zona de la ribera de este lago hasta la desembocadura del río Nirehuao y por la orilla Este de dicho río hasta enfrentar el esquinero Sud del lote pastoril 133; de allí se trazará una línea que pase por Cerro Colorado y el paso Villegas y llegue hasta el cauce del río de este nombre; el límite Sud estará constituido por la orilla Sud de este río y la misma del río Manso hasta el límite internacional con la República de Chile. El límite Oeste será la línea fronteriza con la República de Chile (artículo 21).

Asimismo, quedaban excluidas de la declaración de dominio público una serie de fracciones fiscales:

- en el Parque Nacional de Nahuel Huapi, las existentes dentro de la Colonia Agrícola Nahuel Huapi, el pueblo San Carlos de Bariloche y sus ensanches, además de otras fracciones especificadas para ser destinadas a centros poblacionales;
- en los Parques Nacionales Nahuel Huapi e Iguazú, aquellas fracciones de tierra que sean necesarias para la formación de centros de población o instalaciones de hoteles, restaurantes, campos de deportes y todo otro establecimiento destinado a satisfacer las necesidades del turismo, dentro de la superficie máxima de las 5000 ha.

La Dirección de Parques Nacionales debería resolver en un plazo de 10 años, contados desde la fecha de sanción de esta ley, la ubicación y destino que se les daría a las fracciones citadas, pudiendo concedérselas en venta o arrendamiento hasta por 25 años, destinárselas al trazado inmediato o futuro de centros urbanos o incorporárselas a la declaración del dominio público. Las tierras que al vencimiento del plazo citado no hubiesen sido objeto de una resolución especial, quedarían incorporadas al dominio público. Las tierras que por cualquier motivo volviesen al patrimonio fiscal, quedarían a disposición de la Dirección de Parques Nacionales, siendo facultativo de la misma adjudicarlas nuevamente o incorporarlas al dominio público.

Los artículos 25 a 32 están dedicados a disposiciones generales y transitorias, entre las que destacamos:

- la Dirección de Parques Nacionales debería autorizar expresamente el establecimiento de nosocomios, sanatorios o casas de salud para la asistencia de enfermedades crónicas contagiosas, y la creación de nuevos pueblos de propiedades particulares dentro de su jurisdicción, y resolver acerca de las características de sus trazados;
- los municipios situados dentro de los parques nacionales conservarían
- la autonomía conferida por las leyes de la Nación;
- el vivero nacional de la Isla Victoria pasaría a depender de la Dirección de Parques Nacionales;
- la concurrencia obligatoria de los pobladores y vecinos de la zona, en caso de incendio de bosques, para la extinción del mismo;
- la derogación de las normas que se opusieran a lo establecido por la presente ley.[3]

Si bien en sus fundamentos y texto oficial la Ley Nacional N° 12.103 refleja el conjunto de significaciones adscriptas a los proyectos elaborados entre la última década del siglo XIX y 1934 –año de su sanción–, otorga al valor económico un sitio de relevancia central. Exequiel Bustillo, quien había ingresado a la escena a través de su participación como miembro de la Comisión Pro-Parque Nacional del Sur, lideraría la gestión de la Dirección de Parques Nacionales durante el decenio siguiente.

---

[3] Véase, *acerca del texto completo de la Ley Nacional N° 12.103*, Sección "Documentos".

2. Ideario conservacionista de Exequiel Bustillo

> *"(El conservacionismo ecléctico) sin abandonar el culto
> de la naturaleza y la preservación del paisaje auténticamente virgen,
> no descuida otras conveniencias de la Nación, ni menos la sacrifica
> al fanático culto de un simple dogma. (...) De nada nos valdría mantener
> incólumes soberbios escenarios si en ellos, por ejemplo,
> puede peligrar nuestra soberanía o perjudicarse aspectos importantes
> de la economía nacional".*

Exequiel Bustillo

Nacido en la Ciudad de Buenos Aires el 13 de marzo de 1893, Exequiel Bustillo había egresado como abogado de la Universidad de Buenos Aires en 1917. De filiación política conservadora, ejerció el cargo de diputado a la Legislatura de la Provincia de Buenos entre 1924 y 1927.

Bustillo pertenecía a la alta burguesía argentina, cuyos miembros acostumbraban a realizar anualmente un viaje a Europa. En 1930, cenando con un amigo en el hotel Ritz de París, se enteró de la existencia de la región del Nahuel Huapi. Entusiasmado por el relato, prometió firmemente aceptar la invitación de permanecer una temporada en la estancia Huemul, distante 20 km de San Carlos de Bariloche (Schlüter, 2001: 52 y 53). Será durante el mes de marzo del año siguiente cuando Bustillo visite aquella zona por primera vez en su vida.

> Una vez resuelto a viajar, estaba no sólo contento, sino lleno de curiosidad por conocer algo más de mi propia tierra. (...) Después de haber hecho tantos viajes por Europa, por fin llegaba el momento de admirar mi propio país (Bustillo, 1968: 34).

Atraído por la belleza de la región, Bustillo compró tierras en su ribera en 1930 y construyó una magnífica residencia a la que llamó *Cumelén*. En ella, y entre su círculo de amistades, se gestaría la Ley de Parques Nacionales.

Su nueva condición de propietario lo llevó a interesarse por el área, y descubrió el abandono y la incomunicación de la Patagonia con el resto de Argentina (Schlüter, 2001: 53). Puso todo su empeño para remediar la situación.

> (…) en corto tiempo, apenas dos o tres años, había conseguido ya las estaciones radiotelegráficas de Angostura y Bariloche, el camino al Correntoso (ya en plena construcción) y dado un buen empuje al ferrocarril. Se valoraba mi acción y se me empezaba a considerar una personalidad local; pero sin ejercer alguna función pública se hacía difícil seguir realizando conquistas. (…) Mi entusiasmo y dinamismo, sin el respaldo de un cargo o de un apoyo de ese carácter, no eran suficientes (Bustillo, 1968: 34).

Ante la muerte de Angel Gallardo, quien estaba al frente de la Comisión Pro-Parque Nacional del Sud, Bustillo es designado en su reemplazo, y desde el ejercicio de esta función será el gestor principal de la Ley Nacional N° 12.103. Tras la promulgación de esta norma y con acuerdo del Senado de la Nación, Bustillo asumirá el cargo de máximo responsable de la Dirección de Parques Nacionales.

Autoproclamado fiel intérprete y sucesor de las ideas conservacionistas de Moreno, Thays y Willis, Bustillo concibió la institución a su cargo como un instrumento de colonización para la conquista definitiva del desierto.

> Digo "esfuerzo colonizador" porque no voy a disimular que para el directorio, tras la obra puramente específica de Parques Nacionales, existía también el alto propósito patriótico de conquistar de una vez por todas un pedazo de frontera que estaba aún distante de integrar la unidad espiritual de la República (Bustillo, 1968: 128 y 129).

Entre 1934 y 1944 –lapso de su gestión– fueron creados cinco nuevos parques nacionales bajo el lema institucional "conocer la patria es un deber": Los Alerces, Perito Moreno, Los Glaciares, Lanín y Laguna Blanca. Junto a la instrumentación del turismo como actividad motriz para el desenvolvimiento de los parques nacionales, Bustillo avanzó en la creación de nuevos pueblos con sus centros productivos, escuelas y hospitales, el trazado de caminos y el tendido de ferrocarriles. Paradójicamente, quien había definido los parques nacionales como "una naturaleza salvaje ligeramente controlada" pondría en marcha un proyecto institucional fundado en el principio de "una naturaleza controlada ligeramente salvaje" (Bustillo, 1972).

La temática abordada en sus numerosos artículos, conferencias y discursos está vinculada a una serie de temas recurrentes: el general Julio Argentino Roca y sus contribuciones "para el desarrollo democrático del país", la "importancia" de la región patagónica y la necesidad de formular una política de fronteras, fundamentalmente para las "conflictivas relaciones argentino-chilenas". Sus obras *El despertar de Bariloche: una estratégica patagónica* y *Huellas de un largo quehacer*, publicadas en 1968 y 1972 respectivamente y dedicadas principalmente a explicar los fundamentos de su gestión como presidente de la Dirección de Parques Nacionales, no escapan al desarrollo de las temáticas mencionadas.

Tales preocupaciones acompañarían a Bustillo hasta su fallecimiento, sucedido en la Ciudad de Buenos Aires el 22 de mayo de 1973.

2.1. Ortodoxia y eclecticismo conservacionistas

¿Cuál es el concepto de "parque nacional" aceptado por Bustillo y cuál es la noción de "conservación de la naturaleza" en la que basó su accionar al frente de la Dirección de Parques Nacionales?

> Llamo *nudo gordiano*, sin que haya una espada de Alejandro capaz de desatarlo, a la falta de una doctrina clara, bien definida y aceptada por todos de lo que debe entenderse por un *parque nacional*. Más aún: a la dificultad de su desarrollo y uniforme aplicación, en el supuesto de que sobre esa doctrina existiese una perfecta concordancia de opiniones (Bustillo, 1968: 361).

Bustillo observa la existencia de dos corrientes de pensamiento opuestas: la ortodoxia y el eclecticismo conservacionistas.

Para quienes adhieren a la tendencia ortodoxa, "los parques nacionales son santuarios, verdaderas universidades al aire libre, donde se vive en contacto con la naturaleza, se la siente, se la admira y se la respeta". El propósito de las áreas protegidas es "conservar incólume la gea, la flora, la fauna y el paisaje". A excepción del turismo, ninguna forma de explotación económica es admisible en su jurisdicción. La propiedad privada está excluida como régimen de tenencia de la tierra.

Decretada en 1922 la creación del Parque Nacional del Sur, en círculos conservacionistas se sostenía que un parque nacional debía ser "un territorio protegido contra la invasión destructora de la cultura, donde no debe cortarse ningún árbol, no debe matarse a ninguno de sus animales, queda prohibido alterar la marcha natural de las aguas y no se concede ningún permiso de explotación industrial de cualquier clase" (Seckt, 1923).

En opinión de Bustillo, esta filosofía es, en principio, "inobjetable": la ciudad destruye al ser humano, en tanto que los parques lo oxigenan y lo recuperan. Pero "como todo lo que adolece de excesivo dogmatismo, tiene el inconveniente que, cuando a la teoría se la lleva a la práctica, sobrevienen los obstáculos y las incompatibilidades".

> **Porque ¿ cómo alojar, alimentar y asegurar el tránsito de la enorme masa de visitantes sin modificar el ambiente natural ? Aquí está la gran falla de la tesis ortodoxa, la más clásica pero tan teórica que se derrite en manos de quienes están llamados a aplicarla en el terreno. El propio parque nacional de Yellowstone, el más importante y célebre del mundo, es el mejor ejemplo de falencia ortodoxa. Con sus siete o más millones de visitantes anuales, fuera de sus géyseres y uno que otro rincón, se ha artificializado a tal extremo que el contacto con la naturaleza se ha esfumado en un grandioso sueño** (Bustillo, 1968: 363 y 364).

Esta corriente está conformada por agrupaciones naturalistas, tales como la Asociación de Amigos de Parques Nacionales o la Federación de Fauna Sudamericana, "**título tan pomposo como indicativo del vago mundo en el que se movía**", ironiza Bustillo. Asimismo, agrega que si bien quienes apoyan la tesis ortodoxa "usan como escudo a Moreno", éste pensaba de una forma sustancialmente diferente respecto de los propósitos conservacionistas inherentes a la creación de parques nacionales:

> En su libro *Neuquén, Río Negro, Chubut y Santa Cruz*, editado en 1897, se leen sobre este tema párrafos tan sorprendentes como éste: "Felizmente –dice– no todas las costas del Nahuel Huapi han sido tan malbaratadas y aún hay facilidad en hacer con ellas la colonia que sueño, en la que el colono gane la propiedad de su lote con la labor de sus manos". Se ve pues que **el perito no sólo deseaba sino que soñaba con colonizar el lago Nahuel Huapi a diferencia de sus discípulos, que han hecho todo lo necesario, bajo la advocación de su ilustre nombre, para paralizar el mínimo de acción colonizadora**, que al objeto de consolidar nuestra soberanía se intentó con las villas veraniegas. ¡1000 hectáreas vendidas por disposición de la ley 12.103, sobre 2.800.000 hectáreas que abarca la superficie de los parques, fue suficiente para que se pusiese el grito en el cielo! (Bustillo, 1968: 363 y 364).

Frente a la tendencia ortodoxa, el eclecticismo conservacionista está fundamentado, según opinión de Bustillo, en las políticas conservacionistas implementadas por Theodore Roosevelt como presidente norteamericano y en las ideas defendidas por Moreno, Thays y Willis, principales precursores de las ideas que conducen a la institucionalización de los parques nacionales argentinos.

> [El conservacionismo ecléctico es] **aquella posición que, sin abandonar el culto de la naturaleza y la preservación del paisaje auténticamente virgen, no descuida otras conveniencias de la Nación, ni menos la sacrifica al fanático culto de un simple dogma. (...)** De nada nos valdría mantener incólumes soberbios escenarios si en ellos, por ejemplo, puede peligrar nuestra soberanía o perjudicarse aspectos importantes de la economía nacional. (...) Al lector **le será fácil comprender por qué en un parque como el de Nahuel Huapi se siguió la política *ad hoc*, ajustada a nuestro interés nacional. Un baldío de casi un millón de hectáreas en la frontera, con base para una próspera colonización y riquezas de imponderable valor como su hulla blanca, sus bosques y fértiles valles carecía de todo sentido y entrañaba peligros que no tardarían en aparecer.** Nos guió, pues, un criterio argentino, aplicado a un ambiente argentino y también a una región argentina, ubicada en nuestro territorio y no en California o Wyoming. **La conservación de la naturaleza podría ofrecer todo el interés que se quiera, pero también lo tiene nuestra soberanía, que como consecuencia de nuestra acción quedó fortalecida y a cubierto de futuros entredichos** (Bustillo, 1968: 369 - 371).

Como refuerzo de su argumentación, Bustillo remite a las propuestas de Thays presentadas para las Cataratas del Iguazú (1903 y 1912), los proyectos legislativos elaborados por Moreno en su calidad de diputado nacional (1912) y las iniciativas de Willis para el área del Nahuel Huapi (1911-1913), antecedentes expuestos en la tercera sección de nuestra exposición.[4]

---

[4] Con la posterior provincialización de los territorios nacionales, Bustillo advertirá la conformación de una corriente enfrentada a los parques nacionales. En su opinión, para quienes adhieren a esta nueva posición, "la conservación de la naturaleza puede ser muy respetable pero no al punto de que se justifique mantener zonas productivas, si lo son, al margen de la economía nacional. (...) En nuestro país, a la cabeza de esta tendencia están las nuevas provincias patagónicas que, como buitres, revolotean sobre el área de nuestros parques, ávidos de apoderarse de tierras y bosques que miran como fuente de trabajo" (Bustillo, 1968: 373).

2.2. Sobre los medios y los fines

Desde la perspectiva de Bustillo, la conservación de la naturaleza no debía ser concebida un fin en sí mismo, sino un medio funcionalmente apto para el cumplimiento de otros propósitos.

El verdadero espíritu insprirador de sus acciones al frente de la Dirección de Parques Nacionales aparece pública y elocuentemente manifestado en el prefacio de su obra *El despertar de Bariloche: una estrategia patagónica*.

> He procurado evocar aquí, con rigurosa fidelidad, una ardua labor cumplida hace más de un cuarto de siglo. Ello permitirá, a mi juicio, ilustrar al lector sobre cómo se crearon nuestros Parques Nacionales, su difícil desenvolvimiento y las circunstancias aleatorias que me llevaron a dirigir **un organismo oficial que, aparte de su función específica de preservar las bellezas naturales y ponerlas al alcance del pueblo, perseguía también como alto y difícil objetivo, afianzar en su área nuestra soberanía territorial.**

Desde la Dirección de Parques Nacionales, Bustillo asume una misión vinculada de manera explícita a la defensa de los intereses territoriales del Estado-Nación argentino. Para aclarar este punto crucial en su perspectiva, realiza una extensa argumentación acerca de los propósitos expansionistas de Chile, que por **"razones geopolíticas, penetraba lenta pero firmemente la región patagónica argentina y ponía en peligro el dominio soberano de nuestra nación sobre aquellos vastos territorios"**.

Cabe consignar que, si bien la relación establecida entre parques nacionales y dominio territorial no resulta novedosa, la apelación a las "pretensiones expansionistas chilenas" como idea central de su argumentación situaba la problemática de la frontera en un plano de discusión diferente.

> **Es de público conocimiento que estos Parques Nacionales, en su mayor extensión, están ubicados sobre el flanco de nuestra cordillera austral. En plena zona limítrofe con Chile que fue nuestro contendor en una larga cuestión de límites, cuya sustanciación duró más de medio siglo.** (...) En ese lapso, nuestra República, absorbida como estaba por graves problemas concernientes a su organización institucional y a su propio desarrollo, se vio obligada a un permanente estado de alerta ante las pretensiones chilenas. (...) **Su inteligencia y su saber tuvieron que ser aplicados a la defensa de una integridad geográfica, amenazada**

por un vecino que por razones geopolíticas se volvía cada vez más inquietante. Sin cejar un sólo momento en sus sueños de expansión territorial. Pero si nuestro país soportó serios sacrificios y períodos de aguda tensión, fue ampliamente compensado con el pleno reconocimiento que obtuvo de su derecho. Perdió, es verdad, el Estrecho de Magallanes; pero sólo en apariencia, porque al neutralizárselo quedó abierto a la navegación mundial. En cambio **zonas ricas y de gran belleza natural**, como las cuencas del lago Lácar, del Mascardi, las adyacentes del Futalaufquen y otras de gran valor, **indiscutiblemente argentinas**, quedaron, para siempre, incluidas en su soberanía. **Tenía, pues, la Argentina, sobrados motivos de sentirse satisfecha con la justicia que se le hacía frente a los absurdos y arbitrarios reclamos de su vecino.** (...) Era entonces dable suponer, que después de tantas vicisitudes, esa actividad diplomática que había puesto a prueba el talento y sagacidad de nuestros más brillantes hombres públicos sería seguida, sin solución de continuidad, de un plan de gobierno bien meditado y de alcance constructivo como para que nuestra soberanía, en esa frontera, se consolidase firmemente. No bastaba el fallo arbitral. **Había que apoyarla en algo más que un simple título jurídico. Hundir sus raíces para que esa cordillera con la acumulación de capitales, población y todos aquellos elementos imprescindibles a su progreso, se convirtiese plenamente en Argentina.**

A un explícito cuestionamiento de los mecanismos democráticos, Bustillo agrega la siguiente reflexión respecto al escenario político surgido con el ascenso del radicalismo y sus gobiernos:

A la brillante acción diplomática, sucede la inercia, el descuido, cuando no el virtual renunciamiento territorial: la conquista del desierto parece detenerse donde la deja la espada de Roca y los audaces planes de Ramos Mejía se desvanecen o se derrumban ante el abierto fuego de un Parlamento que empieza a surgir del comité y no, como antes, de los consejos áulicos de la República. (...) Lo grave es que este período de transformación política que desvió la atención pública de nuestros más fundamentales problemas, vino a ser hábilmente aprovechado por nuestro inquieto vecino. **Fue un motivo más que utilizó para estimular la penetración pacífica de una zona geográficamente más dependiente del Pacífico que del Atlántico. Año a año a cientos de chilenos se les ve pasar la frontera e instalarse a voluntad, sin que nadie se lo impida y sin que siquiera merezca la preocupación de nuestros poderes públicos. El manipuleo del Registro Civil, inscribiendo en Chile los hijos que nacen en la Argentina, completa la obra de ocupación que va echando sus raíces. En el día de mañana servirá de pretexto para renovar apetitos, voltear hitos y despertar nuevos anhelos de reivindica-**

173

ción. Es la misma época en que como dice Bailey Willis "mientras se baila en Buenos Aires, se queman los bosques de la cordillera". Tal era, en síntesis, el escenario que en 1934 se entregaba a la acción de Parques Nacionales: abandono, indiferencia oficial, lejanía y desierto codiciado, con algunos conatos de colonización que más era el daño que el bien que habían producido. Se puede decir que todo estaba allí por hacerse: desde el ferrocarril detenido en el desierto hasta los caminos y demás obras o servicios públicos que son signos de un determinado estado de civilización. (…) Y nuestra misma soberanía aparecía también tan frágil y teórica que un chofer de Parques, entre veras y bromas, me decía que "en Bariloche lo que hacía falta era designar con urgencia un cónsul argentino". Conservar la naturaleza en su estado virgen, preservar la belleza del paisaje y procurar el rápido acceso del pueblo constituía, sin duda, nuestra función legal; pero no por ello había que descuidar una soberanía teórica, ejercida con desgano y que, jaqueada constantemente, se hacía urgente apuntalar, dándole bases más sólidas como para obtener su arraigo definitivo e inconmovible.

Para concluir y a modo de defensa de su gestión al frente de la Dirección de Parques Nacionales, Bustillo finalmente agrega:

Es, pues, bajo este prisma que hay que juzgar lo que nos tocó realizar durante nuestro largo mandato. Porque partiendo de un estado de cosas, caracterizado por el atraso y una prolongada negligencia oficial, es como se puede apreciar el esfuerzo, que en medio de tremendas dificultades, hubo que cumplir para transformar nuestra región lacustre septentrional, en el gran centro de turismo que enorgullece actualmente a la República. (…) Una política de más largo aliento que la simplemente específica se imponía así a nuestro sentir de argentinos, como para que, sin desnaturalizar la institución, nos permitiese cumplir con el sagrado deber de defender el alto interés nacional comprometido por una situación a la que a todas luces convenía poner punto final. Que las nuevas generaciones recojan, pues, nuestra bandera, para que, desde el lago Aluminé hasta el lago Argentino, se complete la obra que en su hora inició un grupo de hombres que animados de los más puros ideales y secundados de un plantel de leales y eficientes funcionarios y empleados, me tocó conducir. En constante combate con una clase gobernante, que con las excepciones que confirman la regla, no tuvo visión, ni entusiasmo, ni coraje para fortalecer nuestra patriótica y por cierto perdurable empresa (Bustillo, 1968: 9 - 16).[5]

---

[5] Véase, *acerca del texto completo del prefacio de la obra El despertar de Bariloche. Una estrategia patagónica*, Sección "Documentos".

174

2.3. Ejes políticos principales de su gestión

Los ejes políticos principales de su gestión estuvieron situados alrededor de dos propósitos fundamentales, a saber:

- la promoción del turismo, en tanto función explícitamente asignada por la Ley Nacional N° 12.103 y actividad considerada fuerza motriz idónea para el desenvolvimiento de los parques nacionales y el desarrollo regional;
- la consolidación demográfica del sector patagónico de la frontera argentino-chilena, mecanismo entendido como funcionalmente apto para el afianzamiento de la soberanía nacional.

El turismo como avanzada, acompañado de una racional conservación de la naturaleza y de un buen y meditado programa de colonización, por elemental que sea, he ahí el camino que la Argentina debe seguir si quiere algún día y de una vez por todas, ser dueña de toda esa extensión geográfica que con sus lagos, ríos, bosques, montañas y nieve, reúne condiciones para convertirse, a corto plazo, en uno de los centros turísticos más atrayentes e importantes del mundo (Bustillo, 1968: 15 y 16).

2.3.1. Parques Nacionales, turismo y desarrollo regional

La conjunción entre parques nacionales, turismo y desarrollo regional está apoyada en tres ideas-fuerza implícitas en el razonamiento de Bustillo:

- el paisaje, posicionado como recurso atractivo, estaba llamado a ser motivador de corrientes turísticas.
- la prestación de los servicios necesarios para el desplazamiento y la permanencia de los turistas (transporte, alojamiento y gastronomía, fundamentalmente) constituiría la base socioeconómica de núcleos urbanos permanentes, impactando positivamente en otras actividades a causa de su "efecto multiplicador";
- estos centros turísticos considerados "verdaderos polos de desarrollo" contribuirían al desarrollo regional.

El paisaje[6], entendido como conjunto "singular" de características naturales del territorio argentino, es instrumentado como un referente patriótico de aglutinación y diferenciación por su función identificatoria, símbolo fundamental de una iconografía[7] de carácter nacional. El bosque andino-patagónico, principalmente, y la selva paranaense, ambientes naturales puestos bajo jurisdicción de la Dirección de Parques Nacionales durante el período de nuestro análisis, fueron paisajísticamente valorados con las connotaciones arriba mencionadas.

Con respecto al turismo, en 1937 la Dirección de Parques Nacionales asumía como su responsabilidad "**mantener intactos los tesoros naturales de las regiones más bellas del país y ofrecerlas, luego de su debida preparación, como centros mundiales de turismo**" (Memoria de la Dirección de Parques Nacionales correspondiente al ejercicio del año 1937).

En 1938, el desarrollo turístico es considerado prioritario al revelarse que toda obra pública realizada en su jurisdicción, "tiende convertir a los parques nacionales en regiones al servicio del turismo" (Memoria de la Dirección de Parques Nacionales correspondiente al ejercicio del año 1938).

La red de caminos es encarada conjuntamente con la Dirección Nacional de Vialidad, en tanto que el Automóvil Club Argentino intervino activamente mediante la instalación de numerosas estaciones de servicios.

Además, en la perspectiva de Bustillo cada parque nacional debía contar con un establecimiento de alojamiento hotelero adecuado a los requerimientos de un turismo exclusivo, caracterizado durante el período correspondiente a la segunda guerra mundial por la afluencia de "ricas familias argentinas" que reemplazaban a Europa por otros destinos del país.

---

[6] "Todo paisaje, no obstante su materialización, es una imagen cultural, una forma pictórica de representación, estructuración y simbolización de ambientes. Si bien es más palpable, no es más real ni menos imaginario que una pintura o un cuadro" (Cosgrove y Daniels, 1996: 1).

[7] Erwin Panofsky distinguió entre una acepción acotada y una acepción amplia de la palabra *iconografía*. La primera acepción está referida al análisis iconográfico de símbolos conscientemente identificados, en tanto que la segunda está referida a una interpretación iconográfica, es decir, a la indagación acerca del significado intrínseco de los símbolos en su estrato más profundo. En otras palabras, a la averiguación de aquellos principios reveladores de la actitud básica de una nación, un período histórico, una clase, una persuación religiosa o filosófica, inconscientemente c(u)alificados (Panofsky, 1939, cit. en Cosgrove y Daniels, 1996: 2).

El proyecto *Llao Llao* resultaría paradigmático. Bustillo consideraba su construcción una necesidad ineludible para la promoción del turismo a escala nacional e internacional.[8]

Cabe destacar que sin restar importancia a la elección de esta actividad como uso principal de los parques nacionales, la idea de "tierras ociosas" era inadmisible para la época. Los parques nacionales debían cumplir necesariamente una función productiva.

En su análisis centrado en el caso canadiense, Overton advierte que la ideología implícita en el origen de los parques nacionales encerró dos aspectos fundamentales:

- Su creación fue una medida gubernamental tendiente a la defensa de los intereses de los ciudadanos, tanto presentes como futuros, conservando aquellas áreas naturales consideradas únicas para su beneficio, goce y educación, de manera que los parques nacionales debían ser identificados como un capital social y parte de una herencia nacional trasmitida de generación en generación.
- A través del establecimiento de los parques nacionales, el Gobierno creaba condiciones beneficiosas para regiones deprimidas o no integradas parcial o totalmente a la economía nacional, generando oportunidades de empleo y negocios.

Más allá de una finalidad conservacionista, para Overton la creación de los parques nacionales debe situarse en su contexto social real de desarrollo capitalista.

La ideología liberal dominante en el desarrollo de los parques nacionales es que los parques son simplemente buenos en sí mismos. Ellos preservan las áreas naturales que son una parte valiosa de la herencia nacional, así como también sirven a las necesidades económicas de las personas en las áreas en las cuales están localizados. (...) Los parques nacionales significaron un elemento en la producción general de espacios de ocio y una estrategia de desarrollo económico. (...) El rol de los parques en la reproducción de las relaciones de una sociedad capitalista se percibe claramente" (Overton, 1979).

---

[8] Esta propuesta de Bustillo enfrentaría la oposición de los propietarios de establecimientos hoteleros privados, quienes argumentaban que la Dirección de Parques Nacionales debía promover la refacción y ampliación de la oferta existente. Sin renunciar a su cometido, Bustillo igualmente pondría en marcha el proyecto *Llao Llao*, pero instrumentaría paralelamente líneas de crédito a través de la banca oficial (Banco de la Nación Argentina y Banco Hipotecario Nacional) para satisfacer la demanda de los hoteleros de la zona, con la imposición de respetar ciertas pautas arquitectónicas.

2.3.2. Parques nacionales, consolidación demográfica y afianzamiento de la soberanía

Otra idea troncal de los propósitos institucionales es "la consolidación de la soberanía en dominio y poblamiento". La frontera, asumida en su sentido de límite interestatal, será la noción proveedora de regularidad a la localización de los parques nacionales establecidos durante la gestión de Bustillo.

La labor de la repartición ha continuado con el mismo entusiasmo patriótico de un principio, ejerciendo con su influencia una acción orientadora de nacionalismo en las comarcas sujetas a su régimen, todas limítrofes y que hasta hace poco ofrecían el serio problema de una población desvinculada de todo sentimiento de argentinidad (Memoria de la Dirección de Parques Nacionales correspondiente al ejercicio del año 1940).

La idea de resguardar la frontera mediante el poblamiento localizado de **zonas de soberanía territorial argentina con habitantes argentinos**, había sido tomada por Bustillo de la tarea realizada por el mariscal Lyautey con los pueblos "**sembrados**" en el Marruecos francés.[9]

Un hombre excepcional, que a sus dotes de gran soldado, unía también las condiciones de astucia, imaginación, largas vistas, dinamismo, carácter y hondura de pensamiento, bagaje de un auténtico estadista. (...) **El perfecto soldado de frontera –llamémoslo así– que nosotros también deberíamos tener en la nuestra. Un hombre capaz de conocer el terreno y de concebir planes militares; pero también con inteligencia y cultura suficientes como para abordar los singulares problemas políticos, sociales y económicos que son el lote inevitable de toda zona colindante entre dos naciones. En nuestra Escuela de Guerra debería ya pensarse en oficiales de esta estirpe, especializados en trabajos de tal índole, que llamados a actuar en el día de mañana, no sólo sean aptos para proteger nuestro territorio, sino también de inspirar, guiar y hasta ejecutar la acción de gobierno que en esas regiones de enrarecido sentimiento nacional, se pueda y se deba desarrollar. Es el primer paso a dar si queremos tener algún día la "política de frontera" que nos falta, que nunca hemos tenido y que no podemos dejar ya de tener** (Bustillo, 1968: 277 y 278).

---

[9] Louis Hubert Gonzalve Lyautey (1854-1934), mariscal de Francia y ministro de Guerra entre 1916 y 1917, ocupó diversos cargos en la administración colonial de Tonkín, Madagascar, Argelia y Marruecos. Sus grandes dotes organizativas contribuyeron a mantener con habilidad la autoridad de la metrópoli sobre sus colonias.

Esta admiración de Bustillo por el mariscal francés es trasladada a la acción mediante la aplicación de una serie de postulados:

- el afianzamiento de la soberanía territorial está asociado a la presencia nacional;
- la creación de centros urbanos en el interior de los parques nacionales es concebida como la forma adecuada de establecer puntos de apoyo para la ocupación fáctica de la frontera;
- el turismo debía jugar el papel dinámico de eje movilizador de la economía de estos nuevos asentamientos, factor necesario para su estabilidad mediante la expansión del comercio y, eventualmente, de la industria.

Sin embargo, la relación establecida por Bustillo entre parques nacionales, turismo y frontera no estaría exenta de contradicciones.

En primera instancia, la conservación de la flora, la fauna y el paisaje —propósito establecido por la Ley Nacional N° 12.103— era un objetivo difícil de compatibilizar con sus premisas de consolidación demográfica y afianzamiento de la soberanía territorial. No obstante ello, la idea de "llenar la frontera" subyacente a los ejes orientadores de su gestión institucional es el argumento de justificación de grandes inversiones públicas realizadas por el Estado Nacional en su jurisdicción.[10]

Además, la puesta en marcha de la actividad turística implicaría recurrir a medios divergentes con los propósitos conservacionistas prefijados para la institución. A modo de ejemplo, el plan elaborado técnicamente por el ingeniero Gustavo Eppens para el Parque Nacional Nahuel Huapi incluía numerosos caminos, un gran hotel, trece casas para guardaparques y camping, además de muelle y varadero para las embarcaciones de paseo y la instalación de una serie de maquinarias necesarias para la provisión de servicios generales.

---

[10] "La sociedad argentina enfrentada a una realidad de extensos territorios con muy escasa población (...) ha aceptado y acepta, en su conjunto, como credo central propio el que se resume en la fórmula 'gobernar es poblar', acuñada por Juan Bautista Alberdi (...) Así pues, resulta de todo punto evidente que en la Argentina, quizás más que en ninguna otra parte, con la sola probable excepción de Estados Unidos, donde, sin embargo, ninguna propuesta demográfica explícita alcanzó una jerarquía doctrinal equivalente, la cuestión poblacional puede, o debe, constituir el centro de cualquier análisis" (Vázquez-Rial, 1999: 17 y 18).

Vastas superficies de bosques naturales habrían de ser desforestadas para la construcción de las obras mencionadas, a pesar de la oposición de los conservacionistas ortodoxos.

En segunda instancia, la relación turismo y frontera podría ser considerada contradictoria: uno, basado en los desplazamientos, requería de escenarios sin obstáculos ni disputas para su máximo desarrollo; otra, por el contrario, implicaba barreras efectivas y conflictos posible. Sin embargo, al coincidir frecuentemente con elementos naturales considerados atractivos de prestigio, las fronteras han sido tradicionalmente valoradas como zonas con alta potencialidad turística (López Palomeque, 1997).

Más allá de la paradoja, desde la perspectiva de Bustillo, el turismo era factor de desarrollo de la frontera por su efecto multiplicador sobre otras actividades económicas, en tanto que, a causa de la presencia de elementos naturales de prestigio, la frontera era factor de desarrollo turístico.

3. Obras de la Dirección de Parques Nacionales

"La conservación de la naturaleza podría ofrecer todo el interés que se quiera, pero también lo tiene nuestra soberanía, que como consecuencia de nuestra acción quedó fortalecida y a cubierto de futuros entredichos. (...) Es entonces de justicia reconocer que Parques Nacionales, en los tiempos de nuestra dirección, no sólo puso a salvo los rincones más hermosos del suelo argentino, sino que en los hechos vino a resultar un verdadero instrumento de colonización: creó bases de sustentación demográfica y, al fomentar el turismo, preparó el terreno para completar la conquista del vencedor de Santa Rosa".

Exequiel Bustillo

Las numerosas obras emprendidas por la Dirección de Parques Nacionales están vinculadas a tres asuntos principales:

- la organización de la repartición y la designación de sus funcionarios y empleados;
- la provisión de las obras de infraestructura necesarias para el desenvolvimiento de las áreas bajo su jurisdicción, es decir, los parques nacionales Nahuel Huapi e Iguazú, fundamentalmente aquellas orientadas a su aprovechamiento turístico y al desarrollo de los núcleos urbanos existentes y por crearse;
- la exploración del territorio argentino a efectos de incorporar nuevas áreas "dignas" de ser cobijadas bajo el régimen de parques nacionales.

3.1. Organización técnico-operativa de la repartición

La organización técnico-operativa de la Dirección de Parques Nacionales estaba apoyada sobre seis secciones:

- construcciones
- forestal
- fauna y flora

- catastro y concesiones
- dibujo
- biblioteca

En esta estructura institucional, "construcciones" era la sección de mayor importancia. Esta división atendía la planificación del desarrollo de cada parque nacional, "el trazado de nuevos pueblos y centros urbanos" y la preparación de los correspondientes proyectos de obras y su ejecución.

El arquitecto Miguel Angel Cesari, entonces con 24 años de edad, es el primer profesional designado específicamente en esta sección, habiendo accedido a su puesto mediante concurso público de antecedentes. Ernesto de Estrada, otro joven arquitecto –en su caso con 27 años de edad y recién llegado de Europa– especializado en urbanismo, ingresa a la repartición al año siguiente.

Sin embargo, estos nombramientos habían sido producto de la influyente intervención del arquitecto Alejandro Bustillo, hermano y asesor principal de Exequiel.

Asimismo, detrás de la impronta del estilo arquitectónico característico de las obras diseñadas por la Dirección de Parques Nacionales –fundamentalmente para el Parque Nacional Nahuel Huapi– está la figura de Alejandro.

La capacidad de trabajo de estos profesionales era asombrosa. En 1935 Cesari y un dibujante realizaron 271 planos de arquitectura y de otros tipos. En 1937, ya lanzado el diseño de Estrada para el Centro Cívico de Bariloche, se realizaron para estas obras 418 planos, además de otros 18 para la urbanización de Bariloche y 48 para el edificio de Av. Santa Fe 690, sede central de la repartición en la Capital Federal. **Este rasgo nos señala la impronta de la capacidad productiva de la administración pública, con un personal reducido pero totalmente consustanciado con los objetivos institucionales planteados, que concretaban en jornadas sin horarios y de hasta tres turnos continuados** (Berjmann y Gutiérrez, 1985: 20).

Cabe destacar como un rasgo singular de la gestión de Exequiel Bustillo la articulación eficaz de la Dirección de Parques Nacionales con otras reparticiones del Gobierno Nacional. Las nuevas escuelas públicas de los parques nacionales eran concebidas junto al Consejo Nacional de Educación; los hospitales, junto a la Comisión Asesora de Asilos y Hospitales Regionales. La traza de caminos y la construcción de puentes eran encaradas conjuntamente con la Dirección Nacional de Vialidad; la instalación de sucursales bancarias, decidida con el apoyo de la oficina técnica del Banco de la Nación Argentina. Numerosos edificios fueron pensados mancomunadamente con la Dirección Nacional de Arquitectura, y la Comisión Nacional de Casas Baratas es integrada a la repartición para la construcción de viviendas populares destinadas "a elevar el nivel de vida material y moral de la clase obrera de San Carlos de Bariloche". Esta modalidad de trabajo, basada en proyectos comunes integradores de distintas reparticiones estatales, fomentó la cooperación evitando una competencia innecesaria. Además, es una de las causales básicas de la inmensa obra realizada por la Dirección de Parques Nacionales durante la gestión de Bustillo.

3.2. Desarrollo de los Parques Nacionales Nahuel Huapi e Iguazú

Los Parques Nacionales Nahuel Huapi e Iguazú, definitivamente establecidos por la Ley Nacional N° 12.103, fueron objeto principal de las acciones emprendidas por la Dirección de Parques Nacionales durante el decenio 1934-1944.

Parque Nacional Nahuel Huapi

El arribo del ferrocarril generó condiciones propicias para el desarrollo turístico del Parque Nacional Nahuel Huapi. Luego de muchos años de vaivenes políticos y económicos, el ferrocarril unía finalmente Buenos Aires con San Carlos de Bariloche. El servicio, inaugurado en el mes de diciembre de 1934, fue prestado con trasbordo en Carmen de Patagones-Viedma hasta 1936, año en que se concluyeron las obras del puente sobre el río Negro. En aquel año, sobre una cantidad de 2484 viajeros, 1800 hicieron uso del transporte ferroviario, 400 mediante sus automóviles particulares y los 284 restantes arribaron vía Chile mediante el cruce internacional de los lagos (Guía de Turismo del Parque Nacional Nahuel Huapi, publicada por Ferrocarriles del Estado, 1937, cit. en Vallmitjana, 1993: 31 y 32).

San Carlos de Bariloche y la zona circundante sufrieron grandes transformaciones. La infraestructura montada por la Dirección de Parques Nacionales en su primera década de funcionamiento estuvo destinada a un turismo exclusivo nacional e internacional de alto nivel. Datan de la época las exclusivas villas turísticas, los lujosos hoteles, las naves de turismo y los centros de esquí iniciados en San Carlos de Bariloche, San Martín de los Andes y Esquel. Pero el plan incluyó también la infraestructura urbana, como escuelas públicas, centros cívicos, hospitales regionales y urbanización de barrios. Para entonces, San Carlos de Bariloche contaba con algo más de 3000 habitantes, y la promoción y los esfuerzos de la Dirección de Parques Nacionales se hacían sentir notablemente en la orientación turística. La hotelería ya ofrecía 836 plazas antes de concluirse las obras del Gran Hotel Llao Llao.

A modo enumerativo, durante la gestión de Bustillo las principales obras realizadas en el Parque Nacional Nahuel Huapi fueron las siguientes:

- La creación de 8 villas turísticas: Villa La Angostura, Villa Llao Llao y Villa Tacul (en el lago Nahuel Huapi), Villa Catedral y Villa Mascardi (en sus proximidadades), Villa Traful (en el lago homónimo), Villa Quila Quina (en el lago Lácar) y Villa Futalaufquen (en el lago homónimo).

- La construcción de las sedes de 3 intendencias de Parques Nacionales, 20 casas para alojamiento de guardaparques, 7 puertos, 3 capillas y 8 hoteles.

- La construcción de caminos entre San Carlos de Bariloche y Llao Llao, la vía costera a Villa La Angostura y de allí a Villa Traful, los caminos al monte Tronador y lago Roca, la ruta por los 7 lagos a San Marín de los Andes, el puente sobre el río Limay y demás puentes, y alcantarillas en la nueva red vial de más de 500 km.

- La construcción del Centro Cívico, la Catedral, la estación del ferrocarril, la avenida Costanera, plazas, escalinatas, escuelas, el hospital regional en San Carlos de Bariloche y la urbanización de nuevos barrios para empleados de la institución a su cargo y edificios de infraestructura.

- La fundación del Club Argentino de Esquí (CAS) y la contratación del instructor Hans Nöbel para impulsar la práctica de deportes invernales en el Centro de Esquí Internacional Catedral.

Parque Nacional Iguazú

La tarea de Parques Nacionales en Iguazú fue intensa al comienzo, sobre todo para ordenar la infraestructura y el equipamiento que permitiría el aprovechamiento turístico del conjunto.

Con la activa participación del ingeniero Juan Romero, las principales obras llevadas a cabo fueron las siguientes:

- relevamiento cartográfico de las Cataratas del Iguazú;
- diseño del edificio para la intendencia del parque;
- construcción de pasarelas colgantes en los circuitos internos del parque (de unos 200 m de luz sobre el brazo San Martín) para el acceso a la Garganta del Diablo;
- ampliación del Hotel Cataratas, transferido a la nueva Dirección de Parques Nacionales, construcción de instalaciones generales (usina, garage, depósito de inflamables, tanques de agua, etc.), de áreas recreativas (parque, pileta de natación, cancha de tenis) y de una granja de 50 ha para cría de animales domésticos;
- mejoramiento del acceso de Puerto Aguirre al Hotel Cataratas en una extensión de 22 km;
- estudios para una traza más accesible al muelle, plano inclinado y fondeadero del antiguo Puerto Aguirre;
- estudios para la localización de una pista de aterrizaje, y para la construcción de puentes en río Mineros y Cataratas.

En 1935, Parques Nacionales solicitó al Consejo Nacional de Educación la creación de escuelas en zonas de frontera, presentando un proyecto de cuatro unidades para el área Iguazú. Hacia 1937 ya se habían concluido las obras referidas a la intendencia del parque y al hotel, se había abierto el camino al Puerto de las Canoas y dado comienzo a la construcción de la pista de aterrizaje, conceptuada en su época como una de las mejores del país. Esta obra requirió la tala de 30 ha de bosques, en las que luego se ubicarían, además del aeródromo, algunas chacras. En 1939, Brasil establecía formalmente el Parque Nacional do Iguaçú, segunda área protegida del país vecino.[11]

---

[11] Itatiaia, primer Parque Nacional de Brasil, está asentado en una antigua hacienda que perteneció al Vizconde de Mauá, quien a principios del siglo XX intentó establecer un proyecto agrícola que

Para aquel año se concluyeron las obras de la primera escuela del Consejo Nacional de Educación, y se encaró entonces de una manera formal la organización del poblado de Puerto Aguirre (Memoria de la Dirección de Parques Nacionales correspondiente al ejercicio del año 1939). Finalmente, si bien la Ley Nacional N° 12.103 había creado el Parque Nacional Iguazú, no había fijado sus límites con la Colonia Militar y Puerto Aguirre. El 18 de septiembre de 1941, por medio de un decreto del Poder Ejecutivo Nacional, se establecieron los límites entre el Parque Nacional Iguazú (55.000 ha), Puerto Aguirre (500 ha) y la Colonia Militar (20.000 ha).

3.3. Creación de nuevos parques nacionales

En 1936 partieron desde Buenos Aires diferentes comisiones exploradoras a efectos de la creación de nuevos parques nacionales. Además de sus "rasgos naturales", el criterio de selección de áreas para ser incorporadas a la jurisdicción institucional estaba centrado en "su potencial de embellecimiento", requisito fundamental para su futuro aprovechamiento turístico previsto en el artículo 10 de la Ley de Parques Nacionales. La exploración abarcó únicamente los entonces Territorios Nacionales del Neuquén, Chubut y Santa Cruz, en sus sectores cordilleranos. La región había sufrido serias consecuencias ecológicas a causa de la mala utilización de sus recursos naturales, efectos observables fundamentalmente en los ambientes boscosos debido al uso frecuente de la técnica del rozado, consistente en su quema para el aprovechamiento agrícola-ganadero, sucedido generalmente por el abandono. Asimismo, los cérvidos autóctonos como el pudú y el huemul estaban virtualmente extinguidos: la carne de estos animales era utilizada como alimento para los perros de las estancias. El 11 de

---

fracasó. En 1908, vendidas las tierras al Gobierno, allí se instalaron dos núcleos de colonias agrícolas para inmigrantes europeos. Sin embargo, estos emprendimientos también fracasarían. Fue después de estas dos iniciativas que en 1914 se establecería una reserva forestal y en 1927 una estación biológica, ambas subordinadas al Jardín Botánico de Río de Janeiro. En 1932, el entonces presidente Getulio Vargas puso atención sobre el lugar debido a la posición estratégica que, en su opinión, ocupaba el área situada en la división de tres estados: Minas Gerais, Río de Janeiro y San Pablo (los tres más importantes del país). Vargas eligió el lugar como su refugio, y es así que durante un movimiento de insurrección contra el Gobierno federal en la década del 30, construyó allí un abrigo para situaciones de emergencia. El vínculo de la región con el presidente fue tan fuerte que en 1937, por un decreto gubernamental, se creaba el Parque Nacional Itatiaia.

mayo de 1937, el general Agustín P. Justo —entonces presidente— en acuerdo de ministros y mediante el Decreto Nacional N° 105.433 creó cuatro nuevos parques nacionales: Lanín, Los Alerces[12], Perito Francisco P. Moreno y Los Glaciares, resultado de las expediciones exploratorias mencionadas. En 1940 es creado el Parque Nacional Laguna Blanca en el entonces Territorio Nacional del Neuquén, mediante la firma del Decreto Nacional N° 63.691.

En el caso de Lanín, área contigua al Parque Nacional Nahuel Huapi, el primer acto administrativo estuvo orientado a controlar el crecimiento urbanístico de San Martín de los Andes. Asimismo, fueron planificadas obras destinadas a su aprovechamiento turístico: entre otras, el emplazamiento de la villa veraniega de Quila Quina sobre el lago Lácar y la construcción de un hotel de 50 plazas, similar al Llao Llao, situado sobre la península Bandurrias. La renuncia de Bustillo dejaría truncas la mayoría de los emprendimientos mencionados. En el caso de Los Alerces son construidas la intendencia del parque nacional, situada sobre el lago Futalaufquen, y viviendas destinadas al personal de la institución. Ante la insuficiencia de recursos, la mano de obra necesaria para la apertura del camino entre el parque y Esquel fue provista por el penal de recursos de la mencionada ciudad.

---

[12] Para el caso del Parque Nacional Los Alerces, el mismo documento preveía reservar ciertas áreas como anexos, las que luego constituyeron el Parque Nacional Lago Puelo —Decreto Nacional N° 19.292— en el año 1971).

4. Conservación de la naturaleza, nacionalismo y militarismo

*"El mismo nombre de Parques Nacionales aleja toda sospecha
y cubre apariencias bajo las cuales es más fácil cuidar los aspectos militares
que con el andar del tiempo irán lógicamente tomando cada vez
más importancia. (...) Sería conveniente que entre la Dirección de Parques
Nacionales y el Ministerio de Guerra hubiese una estrecha vinculación..."*

Exequiel Bustillo

Hacia finales de 1943, Bustillo pone a consideración del Poder Ejecutivo Nacional su proyecto de federalización de la frontera patagónica mediante la creación de un parque nacional extendido entre el lago Aluminé y el lago Argentino. Anclado en una visión geopolítica del territorio argentino, Bustillo elabora una propuesta orientada a contrarrestar la supuesta política expansionista del Gobierno chileno sobre la región patagónica. Tales apreciaciones contribuyeron a trazar un llamativo perfil para la Dirección de Parques Nacionales, cargado de elementos fundamentalmente nacionalistas y militaristas.

Sin embargo, el 12 de junio de 1944 las profundas transformaciones del escenario gubernamental, sumadas a las drásticas reducciones de presupuesto, la anexión de una Dirección de Turismo y otras cuestiones vinculadas al clima político reinante, provocarían la renuncia de Bustillo. En su reemplazo sería designado el teniente general Napoleón Irusta, quien ejercerá el cargo hasta 1951.

4.1. Proyecto de federalización definitiva de la frontera patagónica

En un memorándum enviado al general Diego E. Mason, ministro de Agricultura, Ganadería, Comercio e Industria de la Nación, Bustillo expone su proyecto de federalización definitiva de la frontera patagónica.

A modo de justificación, su propuesta es iniciada con la transcripción de un telegrama emitido por el Gobierno chileno y que fuera publicado por el diario *La Nación* en su edición del 9 de noviembre de 1943:

Con el fin de estar en contacto con las necesidades de las provincias del norte y del sur del país, con el objeto de satisfacer un antiguo anhelo encaminado a descentralizar la administración pública, se tiene el propósito de trasladar la sede del gobierno por dos meses en el invierno al norte y por dos meses en el verano al sur del país. En el norte la sede del gobierno se instalaría en Iquique, y en el sur en Osorno.

Desde la perspectiva de Bustillo, el mensaje emitido por las autoridades nacionales del país vecino ponía de manifiesto su preocupación "por vencer los inconvenientes que se derivan en países de extenso territorio de un gobierno excesivamente centralizado, tanto desde el punto de vista administrativo como político". Pero situado en el plano de las presunciones, Bustillo entendía que "la iniciativa chilena tiende implícitamente también a un contacto más directo con el sur del país y la parte patagónica argentina sobre la cual mantiene en forma latente propósitos de expansión". Según sus propias palabras, su proyecto de federalización de la frontera patagónica estaba "encaminado a neutralizar los efectos de la política expansionista del país vecino".

A efectos de exponer detalladamente su propuesta, el memorándum está estructurado en cinco secciones, a saber:

a) Problemas derivados del estado de la frontera patagónica

Para Bustillo, una serie de factores explicaban el estado de abandono de la región patagónica, especialmente en la zona de frontera argentino-chilena:

> Por su falta de comunicaciones se ha mantenido totalmente aislada y por su vecindad a los centros poblados del sur de Chile ha estado casi totalmente bajo la influencia del Pacífico, a cuyo *hinterland* pertenece geográficamente. No es exagerado afirmar que casi un 60% de la población ha sido hasta hace poco chilena, siendo también manifiesta la intervención invisible de las autoridades chilenas a través de muchos aspectos de la vida civil y económica, como ser: registro civil, asistencia hospitalaria, educación, comercio, etc.

Una cuestión relevante era la densidad demográfica existente a ambos lados de la frontera. Como ejemplo, Bustillo citaba la nota editorial titulada "La colonización de los territorios del sur", publicada por el diario *La Prensa* el 15 de noviembre: "Una relación 0,45 para la población argentina contra 10,6 del lado chileno, o sea 25 veces superior a la nuestra".

Pero si se tiene en cuenta que a ello hay que agregar todavía la continua corriente migratoria por el mejor salario o el mayor valor de la moneda que en ciertos lugares, como en Bariloche –lo que he visto con mis propios ojos–, se traducen en contingentes realmente numerosos, puede tenerse la certeza de que el desequilibrio a favor de la corriente del Pacífico a través de los años creará a la Argentina una situación realmente difícil, convirtiendo aquella maravillosa región en una especie de Alsacia y Lorena, cuando no en un campo propicio para teorías plebiscitarias susceptibles de ser resucitadas en cualquier momento internacional favorable.

Asimismo, agregaba que la división administrativa de la región patagónica en territorios nacionales y las marcadas diferencias existentes entre su sector andino y su sector extrandino habían favorecido la consolidación de la situación anteriormente mencionada:

Los gobernadores han carecido de las facultades y recursos necesarios para que su función de gobierno se cumpliese de acuerdo a lo que el país exigía o porque el asiento de sus gobiernos situados sobre el litoral están demasiado lejos para mantener el contacto directo con una región que, más que ninguna otra, requiere la presencia continua de la autoridad y que se conserve vivo un sentimiento nacional. La diferencia notoria de las características económicas que existe entre ambas regiones de la cordillera y del litoral ha sido también obstáculo serio, porque imponen una técnica de gobierno totalmente diferente, al punto que el ministro Melo proyectó, en su hora, una división distinta formando una sola unidad geográfica y administrativa con la región montañosa y boscosa de la cordillera (Gobernación de Los Lagos).

En su perspectiva, la instalación de guarniciones militares, las obras viales y la acción de la Dirección de Parques Nacionales en el sector cordillerano, si bien confirmaban el nuevo rumbo puesto en marcha por el gobierno del general Justo, no eran medidas suficientes.

Todas esas iniciativas, por grande que era su mérito, no constituyen un plan orgánico ni la política firme que la seguridad de esa frontera requiere si se desea para el futuro asentar allí una civilización verdaderamente argentina que guarde relación con la grandeza alcanzada por el país en otros sectores de su territorio.

191

b) Importancia económica de la frontera patagónica

A las significaciones políticas y militares de la región patagónica, Bustillo agrega sus valores económicos:

- riqueza maderera "a base de un vasto plan de reforestación, de especies comerciales útiles que hoy día se importan por millones de pesos del extranjero";
- riqueza pesquera, principalmente "la trucha y el salmón, especies que pueden tener un mercado ilimitado en todo el continente sudamericano";
- riqueza turística, "para lo cual la región reúne condiciones excepcionales";
- riqueza minera, "de la que existen ya en explotación algunos yacimientos de carbón y estaño de singular importancia";
- riqueza para la generación de fuerza hidroeléctrica, "cinco o seis millones de caballos", para la radicación de industrias textiles, "teniendo como se tiene la lana al lado mismo" y de industrias electroquímicas, "que requieren energía barata".

Una extensión de ciento cincuenta mil kilómetros cuadrados, vale decir superior en 3 ó 4 veces a la República Suiza y con una capacidad por lo tanto para una población aproximada de quince millones de habitantes, que vivirían allí no sólo frente a un paisaje maravilloso proclamado como uno de los más hermosos del mundo, sino también en un clima similar al del norte de Europa y, por ello, apto para las **razas más activas e industriosas** como las nórdicas. La enunciación de ese solo cuadro basta para darse cuenta que en la región de nuestra cordillera no sólo se pueden echar las bases de una gran provincia argentina, sino todo un país sobre el cual tarde o temprano echarán su mirada ávida las grandes potencias imperialistas que, pletóricas de población, vienen buscando, como lo prueba la guerra actual, los pocos **espacios vitales**[13] disponibles en la superficie de la Tierra.

---

[13] Bajo la influencia de las teorías de Charles Darwin y Herbert Spencer y en una directa analogía establecida entre los reinos vegetal y animal y la sociedad de los hombres, Friedrich Ratzel (1844-1904) había sostenido que todo organismo viviente necesitaba una cantidad específica de "espacio vital" (*lebensraum*) para obtener su sustento. Esta perspectiva ratzeliana constituirá parte de los fundamentos ideológicos del nazismo alemán y su expansionismo territorial.

c) Solución propuesta

Bustillo propone la creación de un gran parque nacional de dimensiones casi similares al Banff de Canadá, llamado "Parque Nacional de la Patagonia", extendido entre los lagos Aluminé y Argentino, con una superficie de ciento 150.000 km², incorporando a su jurisdicción aquellas áreas protegidas ya existentes.

El país ya tiene una experiencia realizada en lo que se refiere a la administración de esa zona: es la Dirección de Parques Nacionales que, creada hace nueve años por ley 12.103, ha podido cumplir una tarea que colocando a Bariloche y a su zona de influencia en **un nivel de progreso y de argentinización extraordinarios**, nos da la pauta de lo que también podría hacerse en el resto de la cordillera ampliando su jurisdicción y sus recursos. Es lo que propongo, con lo cual se extendería a toda esa zona, cuya riqueza e importancia política queda señalada, los beneficios de un régimen que por su elasticidad y autonomía permite desarrollar una acción pública rápida e intensa que una excesiva dependencia del gobierno central, como les sucede a las gobernaciones, hace muchas veces difícil y hasta imposible.

La solución propuesta por Bustillo implicaba para la zona "**su federalización definitiva**" y, por ende, "**sustraerla a la contingencia política futura en forma tal que el Gobierno Nacional a través de la Dirección de Parques Nacionales y de los organismos de su dependencia, mantendría siempre allí una influencia directa y permanente que le permitiría controlar su evolución económica, política y social de una frontera sobre la que convenía a todas luces mantener una vigilancia que nunca será excesiva**".

Como antecedente de interés, Bustillo señala que "Brasil tiene federalizada y como dependiente del gobierno central una franja de su frontera con Bolivia, Paraguay, la Argentina y el Uruguay".

Si bien el área estaría a cargo de la Dirección de Parques Nacionales con todas las facultades establecidas por ley, en su directorio deberían figurar siempre "**uno o dos representantes del Estado Mayor del Ejército a fin de que en la acción a desarrollar se tuviesen siempre en cuenta los problemas presentes y futuros de la defensa nacional**". Asimismo, Bustillo proponía para su administración la división del nuevo parque nacional en cuatro subintendencias "**a cargo del personal civil correspondiente y con la adscrip-**

ción de los distintos jefes de las agrupaciones militares con asiento allí para que en todo momento existiese una mancomunidad de ideas y propósitos en lo que se refiere a la seguridad de la frontera".

La relación entre conservación de la naturaleza y defensa territorial visualizada por Bustillo es finalmente revelada en estos términos: **"El mismo nombre de Parques Nacionales aleja toda sospecha y cubre apariencias bajo las cuales es más fácil cuidar los aspectos militares que con el andar del tiempo irán lógicamente tomando cada vez más importancia"**.

d) Programa para su desarrollo

La primera medida a tomar sería la designación de "una comisión amplia integrada por hombres especializados y dividida en varias subcomisiones" para que en el término de seis meses, aprovechando la época propicia del verano próximo, estudiase y se expidiese sobre las siguientes cuestiones:

- clasificación de la tierras agrícolas, pastoriles y forestales;
- ubicación y trazado de los numerosos pueblos a fundar a lo largo de la cordillera;
- inventario aproximado de la riqueza hidroeléctrica existente;
- ubicación de los viveros que servirían de base para emprender una reforestación en vasta escala de las especies ya experimentadas en la Estación Forestal de la isla Victoria (Parque Nacional de Nahuel Huapi);
- ubicación de pisciculturas para intensificar la siembra de salmón y trucha, también en vasta escala en los numerosos lagos comprendidos en los límites proyectados;
- delimitación de las zonas que se conservarían intangibles como "santuarios naturales" y planificación de una cadena de hoteles de diversas categorías para llevar una intensa corriente turística hacia todos esos rincones, dando así vida al comercio y a las industrias locales.

Concluidos los estudios mencionados, el plan de desarrollo estaría apoyado sobre una serie de ejes principales:

La Dirección de Parques Nacionales construiría los edificios públicos y de asistencia social necesarios en la medida de sus recursos y asimismo los hoteles y caminos que harían posible la comunicación en zonas hasta ahora inaccesibles. Se procedería igualmente a la venta en remate público o por licitación de pequeñas fracciones destinadas a granjas, viviendas, hoteles, etc., dando toda clase de facilidad a los argentinos y a aquella inmigración que el Estado Mayor aceptase. Se buscaría también movilizar capitales argentinos y la ayuda de los bancos oficiales. En una palabra, se desarrollaría todo un plan de colonización vasto, armónicamente conducido, poniendo en movimiento todas las fuerzas de la Nación y cuyo desarrollo sería análogo al cumplido por el mariscal Liautey en el Marrueco francés, citado siempre como ejemplo de rápida y eficaz colonización oficial.

e) Financiación

El incremento del área territorial bajo jurisdicción de la Dirección de Parques Nacionales debía ir necesariamente acompañado del aumento de sus recursos.

Para aquella época, el aporte del Tesoro Nacional a la repartición era de cuatro millones de pesos para obras en tanto que su presupuesto administrativo era de un millón de pesos, suma de la cual la mitad aproximadamente se recaudaba en su propia región.

Dada la magnitud de la obra que habría que realizar y que se desarrollaría sobre una superficie de ciento cincuenta mil kilómetros cuadrados, casi virgen y desierta, se haría indispensable elevar a diez millones la partida destinada para obras y en algo más de quinientos mil la dedicada a sufragar gastos de presupuesto. Si se tiene en cuenta que el gobierno nacional gasta más de trescientos millones de pesos en obras públicas sin contar los fondos de Vialidad, es fácil convenir que no es exagerada la suma que se pide, cuando se trata de una superficie tan vasta con relación al resto del territorio y cuya inversión al cabo de algunos años contribuirá a solucionar uno de los problemas más agudos que tiene el país y que se relaciona con el afianzamiento definitivo de la soberanía patagónica. Hago notar también que la venta de tierra fiscal constituirá en un futuro muy próximo una entrada considerable.

A modo de conclusión de su propuesta a considerar por el Poder Ejecutivo Nacional, Bustillo expresa su propósito de contribuir a la consolidación definitiva de la soberanía territorial argentina en la región patagónica y a su desarrollo económico y social.

> Al crear una barrera de interés y población argentina en la región de la cordillera, se resuelve integralmente todo el problema de inseguridad y penetración extranjera que afecta el vasto sur de nuestro territorio[14], dando a la vez vida al litoral patagónico, que seguiría siempre languideciendo mientras a sus espaldas no se radiquen densos núcleos de población (Bustillo, 1968: 517-526).[15]

4.2. Etapa final de la gestión de Bustillo

En el marco de la Organización de Estados Americanos (OEA), el 12 de octubre de 1940 Argentina firma la "Convención para la protección de la flora, de la fauna y de las bellezas escénicas naturales de los países de América" en una reunión celebrada en la ciudad de Washington.

Además de nuestro país, fueron signatarios del citado convenio Bolivia, Brasil, Colombia, Costa Rica, Cuba, Chile, Ecuador, El Salvador, Estados Unidos, Guatemala, Haití, México, Nicaragua, Panamá, Paraguay, Perú, República Dominicana, Trinidad y Tobago, Uruguay y Venezuela. Los países firmantes se comprometían "a defender por medio de especial atención legislativa, los paisajes y formaciones geológicas típicas, los objetos destacados de interés histórico, científico o estético, mediante la formación de áreas protegidas".[16]

En el año 1943 se inician en el país una serie de transformaciones que resultarán en profundos cambios estructurales, ya sea en el campo político, económico y social, de cuya influencia no escapa el organismo de Parques Nacionales.

El primer revés sufrido por Bustillo fue la anexión a Parques Nacionales de una Dirección de Turismo para dirigir y fiscalizar las actividades turísticas en la Capital Federal y los Territorios Nacionales (Decreto Nacional N° 12.380), sin recibir por ello una mayor asignación de recursos económicos.

---

[14] Cabe destacar que las autoridades nacionales no emitieron opinión alguna respecto del proyecto de federalización de la frontera argentino-chilena en su sector patagónico. Sin embargo, más allá de la ausencia de respuesta oficial, las ideas expuestas por Bustillo revelan su pensamiento acerca del perfil propuesto para el futuro inmediato de la Dirección de Parques Nacionales.

[15] Véase, *acerca del proyecto de federalización definitiva del sector patagónico de la frontera argentino-chilena elaborado por Bustillo*, Sección "Documentos".

[16] Este acuerdo conservacionista de carácter internacional entraría en vigor el 1 de mayo de 1942.

[La anexión de la Dirección de Turismo] **no tenía otro rol que estorbar a Parques Nacionales, ubicarse en el presupuesto, con mucho congreso declamatorio y buenos viajes a costa del erario público. (...) Al mismo barco se le seguía echando carga, sin preocuparse para nada de que pudiese o no hundirse** (Bustillo, 1968: 405).[17]

Las drásticas reducciones de las partidas presupuestarias que posteriormente realizaría el Gobierno Nacional, impedimento insalvable para la realización de las obras proyectadas y, finalmente, el encarcelamiento de Federico Pinedo, un colaborador incondicional de la obra de Parques Nacionales enfrentado ideológicamente con el régimen político en ascenso, concurrieron a la renuncia de Bustillo a su cargo como presidente del Directorio de Parques Nacionales, ocurrida el 12 de Junio de 1944.

Como reemplazante de Bustillo se designa al teniente general Napoleón Irusta, quien ejercerá el cargo hasta 1951.

Durante su gestión adquiriría especial relevancia la valoración asignada al turismo como actividad dinamizadora del desarrollo de los parques nacionales, con acento en su vertiente interna y social o subvencionada, efecto de los cambios producidos en la legislación laboral y del fortalecimiento de las organizaciones sindicales.

Conclusiones

La Ley Nacional N° 12.103 de creación de la Dirección de Parques Nacionales recoge como antecedentes principales las experiencias de otros países, principalmente Estados Unidos de América.

Esta iniciativa gubernamental encomendaba una serie de tareas a la nueva repartición situada en la esfera del Ministerio de Agricultura de la Nación:

- resguardar las áreas protegidas "de todo cuanto pudiese alterar la continuidad de sus condiciones naturales o disminuir su eficiencia como expresión de belleza, manteniendo a su flora y su fauna primitivas";

---

[17] Mediante el Decreto Nacional N° 9504, la Dirección de Parques Nacionales y Turismo adquirió un carácter autárquico como dependencia del Ministerio de Obras Públicas. Sin embargo, la unión entre parques nacionales y turismo bajo una misma repartición pública nacional finalizaría en 1951. El Decreto Nacional N° 15.780 transfería la administración del turismo al Ministerio de Transportes, en tanto que los parques nacionales regresaban al Ministerio de Agricultura y Ganadería.

- atraer hacia ellos la atención del país para su apreciación y estimular su frecuentación a través del desarrollo del turismo, "actividad capaz de generar crecientes recursos económicos";
- promover su uso con fines de recreación, educación popular e investigación científica.

La Dirección de Parques Nacionales tendría a su cargo la administración y el contralor de Nahuel Huapi e Iguazú, áreas protegidas establecidas definitivamente por esta norma, y de aquellas que pudieran ser creadas en el futuro "en razón de su extraordinaria belleza o de algún interés científico determinado". Las tierras fiscales situadas dentro del perímetro de cada parque nacional deberían ser declaradas bienes del dominio público, pudiendo concederlas a particulares únicamente en ocupación a título precario, y proceder al desalojo de los intrusos que a su juicio perjudicasen los intereses del organismo. Asimismo, la norma establecía que ningún parque nacional podría ser establecido en el territorio de una provincia si ésta no cedía previamente al Gobierno Nacional el dominio y jurisdicción de las tierras afectadas.

Ahora bien, más allá de las significaciones formalmente atribuidas a los parques nacionales, el interés principal del Gobierno Nacional estuvo centrado en sus amplias posibilidades de aprovechamiento económico. Esta valoración, coherente con el contexto político conservador, es avalada por el mensaje del Poder Ejecutivo de la Nación que acompañó a esta iniciativa legislativa, abocado principalmente a graficar mediante cifras estadísticas el impacto generado por el uso turístico de los parques nacionales en otros países. Además, en el texto de la ley, la cantidad de referencias con connotaciones económicas es sensiblemente superior a aquellas alusiones directa o indirectamente relacionadas con la conservación de la naturaleza.

A simple modo enumerativo y con el propósito de fundamentar nuestra apreciación, en primer lugar recordamos la extensa lista de instrumentos de recaudación fiscal exhaustivamente detallados en la mencionada norma jurídica:

- venta de madera y explotación de viveros;
- venta y arrendamiento de tierras fiscales;
- entrada de visitantes;
- derechos de pesca y caza,

- arrendamiento de locales para servicios turísticos;
- patentes y derechos de tránsito para vehículos de uso público y privado;
- venta de revistas, guías, folletos, avisos publicitarios, fotografías y exhibición de películas cinematográficas;
- multas por transgresiones a los reglamentos vigentes;
- subvenciones, donaciones, legados o aportes a favor de la Dirección de Parques Nacionales;
- el 50% de la suma producida por impuestos establecidos mediante la Ley Nacional N° 11.283;
- el 10% del importe de los pasajes de turismo expedidos por Ferrocarriles del Estado en las líneas que sirviesen a los parques nacionales.

Luego, en igual dirección y como reafirmación de usos y significaciones de carácter económico, es pertinente agregar un conjunto de obligaciones de la Dirección de Parques Nacionales previstas por la Ley Nacional N° 12.103:

- Implementar la organización y fomento del turismo, la exploración y explotación minera y aquellas actividades que por su índole puedan ser comprendidas dentro de los fines institucionales.
- Promover el progreso y desarrollo de los parques mediante la construcción de caminos, puentes, escuelas, líneas telegráficas y telefónicas, muelles, puertos, desagües, obras sanitarias, etc.
- Otorgar y reglamentar concesiones para la construcción de hoteles, viviendas, restaurantes, funiculares, alambres-carriles, estaciones para el servicio de automóviles, etc., y en general para cualquier obra, servicio o comercio que se realizase en su jurisdicción.
- Disponer la ubicación y trazado de centros de población y lotes agrícolas o pastoriles dentro de los parques en las extensiones no afectadas por la declaración de dominio público, y fijar precios y condiciones para su enajenación.

En tercer y último lugar, cabe consignar aquellas referencias calificadas como conservacionistas, si bien es lícito destacar su carácter meramente enunciativo y hasta –en cierta manera– contradictorio, que abren la posibilidad a distintas interpretaciones:

- implementar los medios considerados necesarios para la conservación de los parques y su "embellecimiento";
- proteger, conservar y fomentar la fauna y la flora de los parques;
- reglamentar dentro de su jurisdicción la pesca y la caza;
- velar por el cuidado y conservación de los bosques y por el desarrollo presente y futuro de la riqueza forestal existente, pudiendo a tal fin tomar las medidas que juzgare convenientes o necesarias, incluso la de vender o cortar madera fiscal;
- reglamentar y fiscalizar las explotaciones forestales, industriales, construcciones, régimen de las aguas, etc. de las propiedades privadas, dentro de los límites del derecho público y administrativo;
- dictar reglamentos sobre el acceso, permanencia y tránsito de turistas;
- estimular los estudios e investigaciones científicas;
- efectuar periódicamente un censo de población, movimientos turísticos y riquezas inherentes a las áreas bajo su jurisdicción.

Sancionada la Ley Nacional N° 12.103, Exequiel Bustillo es designado presidente de la Dirección de Parques Nacionales, cargo que ejercería entre 1934 y 1944. Fiel depositario de la tradición territorial vinculada al proceso de institucionalización de los parques nacionales, Bustillo había ingresado a la escena a través de su participación como miembro de la Comisión Pro Parque Nacional del Sur, entidad representativa del sector privado interesado en el desarrollo de la zona del Nahuel Huapi.

A diferencia de quienes promovieron originalmente la temática conservacionista en nuestro país, para Bustillo los parques nacionales fueron su ocupación principal y su mayor preocupación.

El trasfondo ideológico de su gestión estará apoyado en la imagen paradigmática de Julio Argentino Roca (a quien levantaría una estatua en San Carlos de Bariloche), su conquista del desierto y la premisa alberdiana "gobernar es poblar". Autoproclamado sucesor de las ideas de Moreno, Thays y Willis y en concordancia con las políticas sobre recursos naturales promovidas por el Gobierno norteamericano, su conservacionismo ecléctico es entendido como aquella posición que "sin abandonar el culto de la naturaleza y la preservación del paisaje auténticamente virgen, no descuida otras conveniencias de la Nación ni menos la sacrifica al fanático culto de un simple dogma".

Trasladada esta postura conservacionista a la Dirección de Parques Nacionales, los ejes políticos principales de su gestión estuvieron situados alrededor de dos propósitos fundamentales: promover el turismo y consolidar demográficamente la frontera argentino-chilena en su sector patagónico. Sin embargo, ambos perseguían el fin último de afirmar definitivamente la soberanía nacional sobre vastas extensiones territoriales, en su opinión, "abandonadas por la acción de gobiernos demagógicos e ineficientes".

Por una parte, la conjunción entre parques nacionales, turismo y desarrollo regional es presentada con la fuerza de una secuencia lógica irrefutable: el paisaje estaba llamado a ser motivador de corrientes turísticas; la prestación de servicios turísticos, identificada como base socioeconómica de núcleos urbanos permanentes, impactaría positivamente en otras actividades a causa de su "efecto multiplicador"; estos centros turísticos, transformados en verdaderos **"polos de desarrollo"**, propiciarían el progreso regional mediante la expansión del comercio y la industria. Por otra, al estar asociado al afianzamiento de la soberanía territorial con la presencia nacional, la fundación de nuevos asentamientos humanos en el interior de los parques nacionales es concebida como la forma adecuada de establecer puntos de apoyo para la ocupación fáctica de la frontera.

La idea de resguardar el dominio territorial mediante el poblamiento es abrevada de la obra realizada por el mariscal Lyautey en el Marruecos francés. Este jefe militar había participado activamente en el mantenimiento de territorios bajo régimen colonial mediante la "siembra" planificada de pueblos. Esta práctica defendía y propugnaba la expansión de las grandes potencias occidentales como **"factor positivo de civilización"**.

La admiración de Bustillo por este "soldado" del imperialismo europeo es trasladada a la acción mediante la llamativa aplicación de políticas formuladas para territorios dominados y administrados por una potencia extranjera a áreas que —al menos desde un punto de vista formal— eran puestas bajo un régimen especial de conservación.

Esta particular manera de concebir la función principal de la Dirección de Parques Nacionales es confirmada por la ejecución de numerosas obras para favorecer el desarrollo turístico de Nahuel Huapi e Iguazú, y por la creación de cinco nuevas áreas protegidas localizadas en el sector patagónico de la frontera argentino-chilena. Además de esto, es una contribución a la consolidación de representaciones colectivas con connotaciones principalmente territoriales:

por una parte, los parques nacionales son definidos conceptualmente como zonas **"paisajísticamente bellas, geográficamente fronterizas y económicamente productivas"**; por otra, la región patagónica es míticamente asumida como un espacio **"geopolíticamente estratégico y fuente de inmensas riquezas"**, pero **"poblacionalmente vacío, políticamente postergado y militarmente vulnerable"**.

Hacia 1943, mediante su proyecto de federalización de la frontera, Bustillo manifestará explícitamente que la Dirección de Parques Nacionales es la máscara institucional adecuada para **"neutralizar la política expansionista de Chile"**. Impregnada de principios provistos por la teoría geopolítica, esta iniciativa sitúa a Bustillo, finalmente, en un punto de coincidencia entre conservación de la naturaleza, nacionalismo y militarismo.

Consideraciones finales

El sistema actual de áreas naturales protegidas de nuestro país está constituido por más de 200 unidades de conservación bajo jurisdicción de la Nación, las provincias y los municipios.

En el plano nacional, a mediados del siglo XX la gestión de Exequiel Bustillo será sucedida por una etapa en la que sin descuidar el desarrollo turístico de los parques nacionales anteriormente creados, y popularizando la actividad como parte de la acción social del Gobierno, otras áreas situadas en regiones sin recursos escénicos de importancia son incorporadas a su jurisdicción mediante el criterio novedoso de proteger "muestras representativas de la biogeografía argentina".

Las décadas del sesenta y setenta del siglo pasado estarán caracterizadas por la expansión de las áreas protegidas de jurisdicción provincial, y la paulatina consolidación de la idea de conservar la naturaleza en su estado "prístino" a través del acotamiento de las actividades humanas.

En este sentido, por medio de la Ley Nacional N° 18.594 –sancionada el 6 de febrero de 1970– el gobierno de facto de aquella época estableció tres categorías de áreas protegidas:

Serán Parques Nacionales aquellas áreas a conservar en su estado primitivo, sin otras alteraciones que las necesarias para asegurarse su control y la atención del visitante. En ellas está prohibida toda explotación económica, con excepción de las derivadas del turismo y las que puedan efectuarse en propiedades privadas; en ambos casos con sujeción a las reglamentaciones que dicte la autoridad de aplicación. Serán Monumentos Naturales las regiones, objetos, especies vivas de animales o plantas de interés estético o valor histórico o científico a los cuales se les acuerda protección absoluta. Serán inviolables, no pudiendo realizarse en ellos actividad alguna, con excepción de las necesarias para efectuar visitas, inspecciones oficiales e investigaciones científicas permitidas por la autoridad de aplicación. Reservas Nacionales serán aquellas áreas donde recibirán prioridad la conservación de la fauna, de la flora y de las principales características fisiográficas o bellezas escénicas y de las asociaciones bióticas y del equilibrio ecológico. En ellas se permite realizar actividades industriales y comerciales con permiso de la autoridad competente, enajenarse hasta un 10 % de las tierras fiscales, la caza deportiva de especies exóticas y el aprovechamiento de los bosques y la reforestación (artículos 4, 7 y 8).

Diez años después, con la Ley Nacional N° 22.351 sancionada el 15 de diciembre de 1980, el Ministerio de Defensa de la Nación es autorizado a intervenir en las áreas protegidas creadas o por crearse en zonas de frontera por razones de "seguridad nacional" (artículo 3). Igual argumentación es presentada por la junta militar gobernante para decretar el derecho de producir "modificaciones del paisaje o del equilibrio biológico derivadas de la implementación de medidas de defensa esencialmente militares" (artículo 5). Para el caso de no lograr una armonización entre los propósitos conservacionistas y los propósitos militares, el Poder Ejecutivo nacional deberá hallar una solución al conflicto planteado y "si fuere indispensable, resolverá la desafectación del área mínima necesaria" del régimen de protección (artículo 34). Asimismo cabe destacar que más allá de mencionar la función de policía administrativa del Cuerpo de Guardaparques Nacionales, la nueva norma autoriza explícitamente la intervención de Gendarmería Nacional, Prefectura Naval Argentina, Policía Aeronáutica Nacional, Policía Federal Argentina y policías provinciales ante aquellos delitos y contravenciones de su competencia (artículo 33).

Además, cabe consignar que esta ley es resueltamente permisiva respecto de la construcción de obras de infraestructura turística en razón "de los grandes beneficios económicos y sociales que tales facilidades proporcionan al país y especialmente al desarrollo regional de las zonas respectivas".

Por último, este instrumento legal incorpora el concepto de *manejo* de los recursos naturales, definido como "toda actividad orientada hacia el logro o el mantenimiento de una condición dada en las poblaciones vegetal y animal, de acuerdo con el plan de conservación establecido por las reglamentaciones vigentes". Además, procura dotar de una mayor capacidad técnica al organismo administrador, y pone el acento en las actividades de investigación y educación ambiental a través de becas internas y sistemas de voluntariado universitario.

En 1986, por impulso del Gobierno constitucional es creada la Red Nacional de Áreas Protegidas con el propósito de coordinar esfuerzos entre la Nación, las provincias y los municipios.

En 1990, será definida otra categoría de manejo denominada "reserva natural estricta" (Decreto Nacional N° 2.148/90), y además de la incorporación a la Administración de Parques Nacionales de nuevas áreas protegidas bajo esta denominación, serán delimitadas como tales porciones de otras preexistentes (Decreto Nacional 2.149/90). El objetivo establecido para las reservas naturales estrictas es "el mantenimiento de la diversidad biológica y de muestras representativas de los principales ecosistemas de las diferentes regiones biogeográficas del país". A excepción de la investigación científica y la educación, queda prohibida en su jurisdicción cualquier otra actividad humana (artículos 3, 4 y 5).

En 1994 serán agregadas mediante el Decreto 453/94 del Poder Ejecutivo Nacional dos nuevas categorías de manejo: "reserva natural educativa" y "reserva natural silvestre" (Decreto N° 453/94 del Poder Ejecutivo de la Nación). Las reservas naturales silvestres son definidas como "aquellas áreas de extensión considerable con cualidades silvestres inalteradas o mínimamente modificadas particularmente significativas para la conservación de la diversidad biológica con muestras representativas de poblaciones animales y vegetales especialmente protegidas" (artículo 1). Las reservas naturales educativas son definidas como "aquellas áreas que, por sus particularidades o por su ubicación contigua o cercana a las reservas naturales estrictas y a las reservas natures silvestres, brinden oportunidades especiales de educación ambiental o de interpretación de la naturaleza" (artículo 6).

En el plano internacional, la conmoción de la opinión pública causada por la obra *Silent Spring* (*Primavera Silenciosa*, 1962) fundará las bases del ecologismo contemporáneo. Su autora, la bióloga norteamericana Rachel Carson, alerta a través de sus páginas, en un tono de nostalgia romántica, acerca de los efectos del empleo masivo de pesticidas químicos en la agricultura norteamericana. La consolidación paulatina de este movimiento estará íntimamente relacionada con el deterioro de la calidad ambiental, una conciencia ecológica creciente, el desarrollo de las democracias y el progreso de las libertades civiles.[1]

---

[1] El movimiento ecologista contemporáneo, si bien sus preocupaciones principales giran en torno de la conservación de los recursos naturales, la preservación de la vida salvaje y la mejora de la ca-

Paralelamente, las tres décadas últimas del siglo XX serán escenario del proceso de globalización de la cuestión ambiental.

A inicios de los años setenta, el estudio encomendado por el Club de Roma a un grupo de investigadores del Massachusetts Institute of Technology (MIT) bajo la coordinación de Denis Meadows y el informe "Los límites del crecimiento", en tanto resultado de su labor, elaboraba una propuesta de "moratoria al crecimiento económico" a través del acuerdo y el compromiso de las naciones del mundo (como forma de interrumpir la creciente disparidad entre las consecuencias ambientales del estilo de desarrollo industrial moderno y la capacidad de regeneración de la biosfera).

La Conferencia de la Organización de Naciones Unidas sobre Medio Ambiente, desarrollada en Estocolmo en 1972, reafirmará este proceso de escala planetaria que procura el tratamiento conjunto de los problemas de índole ambiental y la construcción de estrategias de solución consensuadas en el seno de organizaciones internacionales gubernamentales y no gubernamentales.

A partir de 1985, bajo el patrocinio de la Organización de las Naciones Unidas (ONU) y en el marco de la Comisión Mundial sobre Ambiente y Desarrollo (WCED), dio inicio la labor de una comisión de especialistas sobre temas ambientales coordinados por la Primera Ministra de Noruega, Gro Bruntland.

El informe final "Nuestro futuro común" (1987) adoptará el concepto de *desarrollo sostenible*, entendido como "modelo capaz de satisfacer las necesidades de las generaciones presentes sin comprometer la satisfacción de las generaciones futuras" y subrayará la pobreza de los países del Sur y el consumismo extremo de los países del Norte como causas fundamentales del desarrollo insostenible y la consiguiente crisis ambiental del planeta.

En años recientes y sobre la base de estos antecedentes, una serie de reuniones "cumbre" y de documentos internacionales han procurado y procuran hallar soluciones a la crisis mencionada, sin resultados globales promisorios.

---

lidad de vida urbana, está representado por una amplia gama de organizaciones no gubernamentales de tamaño pequeñas, medianas y grandes, de escala local y global con objetivos similares, pero con acentos, prioridades y modos de acción sensiblemente diferentes entre unas y otras. Cabe señalar, además, que estas organizaciones frecuentemente interactúan con otros movimientos sociales vinculados a la defensa de valores, tales como la paz, los derechos humanos, la lucha contra la pobreza, etc.

En este escenario mundial, organizaciones intergubernamentales y no gubernamentales con fines conservacionistas han puesto en marcha programas de reconocimiento internacional de áreas protegidas, constituido actualmente por las siguientes figuras:

- *reservas de biosfera* para el desarrollo "sostenible" de los recursos naturales;[2]
- *sitios ramsar*, para la conservación de humedales;[3]
- *sitios de patrimonio de la humanidad*, para resguardar ambientes naturales y culturales de valor "excepcional".[4]

La designación de un área protegida bajo una de las denominaciones arriba mencionadas estará acompañada del derecho de los Gobiernos nacionales a recibir cooperación técnica y económico-financiera, y del deber de cumplir con las normas elaboradas y promovidas por las organizaciones intervinientes.

Ahora bien, puesta esta mirada preliminar a la luz de nuestras conclusiones –siempre provisionales y sujetas a futuras constrastaciones renovadas y cada vez más rigurosas– es lícito esbozar una especulación general acerca del desenvolvimiento de la temática vinculada a las áreas naturales protegidas.

En el contexto de consolidación del Estado-Nación y de desarrollo del capitalismo, un parque nacional fue un recorte territorial que con todas las mediaciones implicadas jerarquizó valores geopolíticos, económicos y simbólicos en detrimento de otras significaciones posibles (subestimadas, ignoradas o convenientemente deformadas).

En su época fundacional, más allá de la referencia a los espacios puestos a resguardo como "desiertos", el establecimiento de áreas naturales protegidas implicó minimizar o eliminar una presencia humana preexistente. Sin embargo, el desplazamiento forzado y la reubicación posterior –en el mejor de los casos– o el aniquilamiento de pueblos originarios son aspectos llamativa-

---

[2] Programa "El hombre y la biosfera" (MAB), Organización de las Naciones Unidas para la Educación, la Ciencia y la Cultura (UNESCO), 1971.

[3] "Convención relativa a los humedales de importancia internacional especialmente como hábitat de aves acuáticas", Unión Internacional para la Conservación de la Naturaleza (UICN), 1971.

[4] "Convención sobre la protección del patrimonio mundial", Organización de las Naciones Unidas para la Educación, la Ciencia y la Cultura (UNESCO), 1972.

mente ausentes en la memoria de los orígenes del movimiento conservacionista moderno.

En la actualidad, agregamos a las frecuentes relocalizaciones de pueblos nativos la creciente inequidad de conservar para quienes, con capacidad y disposición de pago, son los visitantes privilegiados de algunas áreas protegidas del planeta. En cierto modo, las prácticas efectivas de modalidades "verdes" del turismo en ambientes naturales, no obstante su discurso ambientalista, son marcadamente elitistas y excluyentes territorial y económicamente del poblador local; muestra inequívoca de esta apreciación es el panorama dominante en los países de América Latina y de los continentes africano y asiático.

Para concluir, hoy por una parte las áreas protegidas podrían ser, de igual manera que para la etapa histórica analizada y más allá del objeto explícitamente construido (un distrito territorial "especial" con fines conservacionistas), una máscara de usos y significaciones distintos a aquellos difundidos como argumentos principales para justificar la necesidad de su creación.

Por otra parte, en una época signada por problemas ambientales de gravedad inédita para la humanidad (contaminación atmosférica, calentamiento global, deterioro de tierras productivas, deforestación, tráfico y extinción de especies, contaminación de las aguas dulce y salada, etc.) y por los efectos destructivos de las señas de identidad locales y nacionales producidos por el fenómeno de la globalización, el sostenimiento de la diversidad natural y cultural de cada nación –a través de la conservación de sus bienes patrimoniales– es un desafío para cualquier pueblo en cualquier lugar, fuente de fortalecimiento de la autoestima comunitaria y de conformación de la autonomía necesaria para construir su propio desarrollo (Hlace *et al*, 2006).

Frente al desafío mencionado, el mundo asiste a una explosión memorialística a través de variados esfuerzos orientados al rescate, la reinterpretación y la conservación del pasado con el propósito de hacerlo comprensible en su relación con el presente para la construcción de un futuro posible y mejor. Como expresa ilustrativamente J. Ballart: "El ansia de pasado es una de las manifestaciones más significativas que adopta la reacción de la sociedad contemporánea ante la conciencia de pérdida de continuidad cultural que ha provocado la velocidad y escala del cambio que afecta al entorno físico y cultural de las sociedades" (Ballart, 1997).

Cabe señalar aquí que junto a la conservación de la memoria de los "grandes hechos de la historia", como proponía Moreno en los inicios del siglo XX, en la actualidad el resguardo de escenarios vinculados a "procesos microhistóricos" es igualmente significativo y abre la posibilidad de reconstruir fragmentos del pasado que —si bien de pequeña escala— representan la recuperación de hechos singulares y extraordinarios y conllevan su valor inestimable como sucesos fundantes de identidades personales, familiares y comunitarias (Ginzburg, 2004). Además, tales procesos vivenciados en contextos geográficos particulares modelan "paisajes identitarios" perceptibles como "lugares de pertenencia" (Morley, 2005) a través de las huellas materiales e inmateriales de grupos sociales estrechamente vinculados a la historia de la conformación del territorio nacional en las figuras de pueblos originarios, exploradores, misioneros, conquistadores, ejércitos, colonos y otros actores sociales.

El conjunto de significaciones de estos escenarios patrimoniales representa, junto a la posibilidad de aprender de nuestras experiencias históricas y a la oportunidad de sus usos múltiples renovados, una contribución a la defensa y el resguardo de la diversidad natural y cultural del planeta.

Sin intención de emitir respuestas definitivas y como aporte al estudio de la génesis y el desarrollo de saberes vinculados al territorio y el ambiente y a la construcción de *una civilización sostenible*, estas reflexiones podrían resultar una contribución para *re-pensar* (*re-significar, re-crear, re-inventar*) el conjunto de valores de las áreas naturales protegidas.

Bibliografía y otras fuentes citadas y consultadas

AAY, H. (1981) *The origins of academic geography in the United States*, Connecticut, Blouet & Brian.

ADMINISTRACIÓN DE PARQUES NACIONALES (1995) *El Sistema Nacional de Areas Protegidas de la Argentina*, Buenos Aires (prensa).

Administración de Parques Nacionales (2000) "Parques Nacionales: ayer, hoy y mañana", Buenos Aires (prensa).

AGNEW, J. (1987) *Place and politics: the geographical mediation of state and society*, Londres, Allen & Unwin.

ALEMAN, J. C. (1945, 1946 y 1947) "El apóstol del lago. Historia de la Misión de Nahuel Huapi", en *Argentina Austral*, Año XVII, N° 169 y 174, 1945; N° 175, 1946 y N° 189, 1947, Buenos Aires.

AMBROSETTI, J. B. (1892) "Población de Misiones. Colonias militares. Carta abierta al Perito Moreno", en *La Prensa*, Buenos Aires, edición del 21 de diciembre de 1892.

AMBROSETTI, J. B. (1894) *Viaje al Iguazú. Segundo viaje a Misiones por el Paraná e Iguazú*, Buenos Aires.

ARGULLOL, R. (2006) *La atracción del abismo. Un itinerario por el paisaje romántico*, Acantilado, Barcelona.

AUTRAN, E. (1907) *Les Parcs Nationaux Argentins*, Buenos Aires, Talleres de la Oficina Meteorológica Nacional.

BAKHTIN, M. M. (1981) *The dialogic imagination. Four essays*, Texas, University of Texas.

BALLART, J. (1997) *El patrimonio histórico y arqueológico: valor y uso*, Barcelona, Ariel.

BANNON, J. F. (1990) *The spanish borderlands frontier (1513-1821)*, Albuquerque, University of New Mexico Press.

BARBOSA, J. L. (1998) "Paisagens americanas: imagens e representaçoes do wilderness", en *Espaço e Cultura*, N° 5, Río de Janeiro, Universidad del Estado de Río de Janeiro, Enero - Junio de 1998, pp. 43 - 53.

BARNES, T. J. y J. S. DUNCAN, (editores) (1992) *Writing worlds. Discourse, text and metaphor in the representation of landscape*, Londres y Nueva York, Routledge.

BARROS, C. y P. ZUSMAN (2000) "La geografía tras la búsqueda de conceptos híbridos", en *Boletín AGE* (en publicación).

BARTHES, R. (2007) *El imperior de los signos*, Barcelona, Seix Barral.

BASSIN, M. (1993) "Turner, Solov'ev, and the 'frontier hypothesis'. The nationalist signification of open spaces", en *Journal of Modern History*, N° 65.

BERJMAN, S. y R. GUTIÉRREZ (1985) *Patrimonio cultural y patrimonio natural: la arquitectura en los parques nacionales Nahuel Huapi e Iguazú hasta 1950*, Buenos Aires, Instituto Argentino de Investigaciones de Historia de la Arquitectura y del Urbanismo.

BERJMAN, S. (1988) *Parques y Plazas de Buenos Aires. La obra de los paisajistas franceses en Buenos Aires (1860 - 1930)*, Buenos Aires, Gobierno de la Ciudad de Buenos Aires y Fondo de la Cultura Económica.

BERQUE, A. (1997) "En el origen del paisaje", en *Revista de Occidente*, N° 189, Febrero de 1997.

BERTRAND, C. y G. BERTRAND (2002) *Une géographie traversière : L'environnement à travers territoires et temporalités*, París, Arguments.

BHABHA, H. (1994) "The commitment of theory", en *The location of culture*, Nueva York, Routledge.

BIEDMA, J. M. (1973) *Descubrimiento y conquista del lago Nahuel Huapi*, Segundo Congreso de Historia Argentina y Regional, Comodoro Rivadavia, 1973, pp. 27 - 40.

BIEDMA, J. M. (1987) *Crónica histórica del lago Nahuel Huapi*, Buenos Aires, Emecé.

BOLTON, H.E. (1991) "La misión como institución de la frontera en el septentrión de Nueva España", en Solano, F. y S. Bernabeu, (coordinadores), "Estudios (nuevos y viejos) sobre la frontera", Anexo N° 4, *Revista de Indias*, CSIC, Madrid, Centro de Estudios Históricos.

BURMEISTER, C. (1899) *Memoria sobre el Territorio de Misiones*, Ministerio de Agricultura de la Nación, Buenos Aires, Imprenta J. Peuser.

BURSZTYN, M. (1994) "Armadilhas do progresso: introducao ao debate sobre economia ecológica", Seminario *Economía política del medio ambiente*, Maestría en Políticas Territoriales y Ambientales, Facultad de Filosofía y Letras, Universidad de Buenos Aires (en portugués).

BUSTILLO, E. (1965) *El problema de nuestra frontera patagónica*, Buenos Aires, Ateneo de Estudios de la Federación de Partidos de Centro.

BUSTILLO, E. (1968) *El despertar de Bariloche*, Buenos Aires, Casa Pardo (4a edición, Buenos Aires, Planeta, 1997).

BUSTILLO, E. (1972) *Huellas de un largo quehacer*, Buenos Aires, Ediciones Depalma.

Carruthers, J. (s/f) "Nationhood and national parks: comparative examples from the post-imperial experience", en Griffiths, T. y L. Robin (editores), *Ecology & empire. Envoiremental history of settler societies*, Seattle, University of Washington, s/f.

CONSEJO DE EUROPA (2000) "Convención europea del paisaje", en *Geográfica* N° 7.

COSGROVE, D. y S. DANIELS, (editores) (1988) *The iconography of landscape. Essays on the symbolic representation, design and use of past envoirements*, Cambridge, Cambridge University Press.

COSTANTINO, I. (1972) "Origen, concepto y significación de las áreas naturales", Buenos Aires, Servicio Nacional Forestal, Subsecretaría de Recursos Naturales Renovables, Ministerio de Agricultura y Ganadería (prensa).

CROSBY, A. (1989) *Imperialismo ecológico*, Madrid, Grijalbo.

CRUZ, J. M. (1972) "Historia de los Parques Nacionales Argentinos", Buenos Aires, Administración de Parques Nacionales (prensa).

CURRUHUINCA, C. y ROUX, L. (1986) *Sayhueque: el último cacique. Señor del Neuquén y la Patagonia, Buenos Aires,* Plus Ultra.

DE PEDRO, V. (1947) "Pancho Moreno, el quijote de la Patagonia", en *Aquí Está*, Año XII, N° 1188, Buenos Aires, edición del 6 de octubre de 1947, p. 2 - 28.

DECRETOS NACIONALES 2148/90, 2149/90 Y 453/94 sobre áreas naturales protegidas (Argentina).

DELL'AVO, M. A. (1984) "Carlos Thays, el hombre de los árboles y los parques", en *La Nueva Provincia*, Bahía Blanca, edición del 29 de enero de 1984, p. 20.

DEMATTEIS, G. y F. GOVERNA (2005) "Territorio y territorialidad en el desarrollo local. La contribución del Modelo SLOT", en *Boletín A.G.E.*, N° 39, pp. 31 - 58.

DEODAT, L. (1959) "Diego Flores de León y el descubrimiento del lago Nahuel Huapi. Una rectificación histórica", en *Argentina Austral*, Año XXXI, N° 335, Buenos Aires, Septiembre de 1959, p. 5.

DOMÍNGUEZ DE NAKAYAMA, L. (1993) *Relevamiento turístico. Propuesta metodológica para el estudio de una unidad territorial*, Santa Fe, Centro de Estudios Turísticos, Instituto Superior de Turismo *Sol*, pp. 23 - 67.

EMERSON, R. W. (1836) *Naturaleza* (1a edición, Buenos Aires, Errepar, 1999).

ERIZE, F. (2003) "El concepto de parque nacional en el mundo", en *Todo es historia*, Número 427, Buenos Aires (Febrero, 2003), pp. 6 - 14.

ESCARDÓ, R. (1952) "Las cuatro estaciones junto al lago", en *Farol*, Volumen 3, N° 4, 1952.

ESCOLAR, M. (1990) "Territorios ausentes. Los límites de la legitimidad geográfica", en Escolar, M.

ESCOLAR, M. (1991) "Un discurso legítimo sobre el territorio. Geografía y Ciencias Sociales", Buenos Aires, Instituto de Geografía, Facultad de Filosofía y Letras, Universidad de Buenos Aires (prensa).

ESCOLAR, M. (1992) "Elementos históricos para una teoría de la diferenciación e integración territorial. Geografía política del Estado-Nación moderno", *Memorias del Seminario Internacional Integración Latinoamericana y Territorio* (UBA-CEUR), Buenos Aires, Prosecretaría de Publicaciones, Facultad de Filosofía y Letras, Universidad de Buenos Aires.

ESCOLAR, M. (1993) "Territorios de dominación estatal y fronteras nacionales: la mediación geográfica de la representación y la soberanía política", en Santos, De Zouza y Arroyo (compiladores), *O novo mapa do mundo*, Tomo I, San Pablo, Hucitec, 1993.

ESCOLAR, M., S. Quinteiro Palacios, y C. Reboratti (1992) "Geography, territorial identity and patriotic representation in Argentina", en Hooson, D. (editor), *Geography and national identity*, Londres, Blackwell, 1992.

FERNÁNDEZ BALBOA, C. (2003) "La naturaleza que supimos conseguir", en *Todo es historia*, Número 427, Buenos Aires (Febrero, 2003), pp. 18-23.

FORTUNATO, N. (2001) "Parques Nacionales y apropiación territorial. La conservación de la naturaleza como máscara de valores simbólicos, geopolíticos y económicos (Argentina, 1903-1944)", Tesis de Maestría en Políticas Territoriales y Ambientales, dirigida por Marcelo Escolar, Facultad de Filosofía y Letras, Universidad de Buenos Aires.

FORTUNATO, N. (2005) "El territorio y sus representaciones como fuente de recursos turísticos. Valores fundacionales del concepto de ´parque nacional´", en *Estudios y Perspectivas en Turismo*, CIET, Centro de Investigaciones y Estudios Turísticos, Buenos Aires, Octubre de 2005, pp. 314-348.

FORTUNATO, N. (2007) Notas del Curso "Procesos históricos y política ambiental del turismo", Maestría en Desarrollo y Gestión del Turismo, Universidad Nacional de Quilmes.

FORTUNATO, N. (2008) Notas del Curso "Desarrollo turístico", Maestría en Economía y Desarrollo del Turismo, Universidad Nacional de San Martín.

FOUCHER, M. (1986) *L'invention des frontieres*, París, Foundation por les Etudes de Defense Nationale.

GALEANO, E. (1994) *Úselo y tírleo. El mundo del fin del milenio visto desde una ecología latinoamericana*, Buenos Aires, Planeta.

FOUCHER, M. (1991) *Fronts et Frontiers: un tour du monde geopolitique*, París, Fayard.

GALLARDO, M. y F. CERVERA (1970) "Geografía del turismo: caracteres y metodología", en *Anales de la Sociedad Argentina de Estudios Geográficos*, Volumen XIV, Buenos Aires, 1970, p. 299.

GALLOPÍN, G. C. (1993) "El futuro de nuestro planeta", en Goin, F. y R. Goñi, (compiladores), *Elementos de política ambiental*, Honorable Cámara de Diputados de la Provincia de Buenos Aires, La Plata, pp. 29-36.

GAMBÓN, V. (1904) *A través de las misiones guaraníticas*, Buenos Aires, Editorial Ángel Estrada.

GARCÍA ENCISO, I. J. (1973) "Campaña del General Villegas al lago Nahuel Huapi", *Segundo Congreso de Historia Argentina Regional*, Comodoro Rivadavia, 1973.

GINZBURG, C. (2004) *Tentativas*, Rosario, Prohistoria Ediciones.

GOBIERNO DE LOS ESTADOS UNIDOS (1949) "Los Parques Nacionales de los Estados Unidos", Washington D.C. (prensa).

GÓMEZ FUENTEALBA, R. (1992) *Una provincia llamada Neuquén*, Buenos Aires, AZ Editores.

GREMENTIERI, F. (s/f) "Edificar un país", en Zago, M. (director), *Los franceses en la Argentina*, Buenos Aires, s/d, pp. 32 - 41.

GRONDONA, M. (1970) "Homenaje a Francisco P. Moreno", en *Anales de la Sociedad Argentina de Estudios Geográficos*, Tomo XIV, Buenos Aires, 1970, p. 9.

HALPERIN DONGHI, T. (1995) *Proyecto y construcción de una nación (1846-1880)*, Buenos Aires, Ariel.

HALPERIN DONGHI, T. (1980) *Una nación para el desierto argentino*, Buenos Aires, Centro Editor de América Latina.

HARRISON, R. T. y D. LIVINGSTONE (1981) "Meaning through metaphor: analogy as epistemology", en *Annals of the Association of American Geographers*, Volumen 71, marzo de 1981.

HEPPLE, L. W. (1994) "Metáfora, discurso geopolítico y los militares en América del Sur", en *Geopolítica*, N° 48.

HERNÁNDEZ, R. (1887) *Cartas misioneras. Reseña histórica, científica y descriptiva de las misiones argentinas*, Buenos Aires, Establecimiento Tipográfico de Luz del Alma.

HLACE, V. y N. FORTUNATO (2003) Notas del Seminario sobre "Áreas Naturales Protegidas", Tecnicatura Universitaria en Turismo, Facultad de Ciencias de la Gestión, Universidad Autónoma de Entre Ríos, Villaguay (Provincia de Entre Rios), Mayo - Junio de 2003.

HLACE, V. (2006) Curso Taller "El legado patrimonial de la colonización como fuente de recursos turísticos", Proyecto de Extensión Universitaria "Consolidación de la estrategia del turismo cultural como factor de desarrollo local y regional", Facultad de Ciencias de la Gestión, Universidad Autónoma de Entre Ríos, Villaguay (Provincia de Entre Ríos), 27 y 28 de Mayo de 2006.

HLACE, V. (2005) "El turismo y la conservación del patrimonio cultural arquitectónico", en *Creatividad y Negocios en Turismo y Hotelería* (pp. 41 y 42), II Jornadas de Reflexión Académica en Turismo y Hotelería, Escuela de Turismo y Hotelería, Buenos Aires, Universidad de Palermo.

HOFSTADTER, R. (1970) "The progressive historians: Turner, Beard, Parrington", en Kearns, G. (1984) *Closed space and political practice: Frederick Jackson Turner and Halford Mackinder*, Nueva York, Vintage Books, 1984.

HOLMBERG, E. (1900) "Las Cataratas del Iguazú", en *Caras y Caretas*, N° 90, Buenos Aires, edición del 23 de junio de 1900.

INDARTE, J. (1929) "Con Monsieur Thays, el inolvidable fundador del Botánico" en *Caras y Caretas*, Buenos Aires, edición del 2 de marzo de 1929.

INSTITUTO GEOGRÁFICO ARGENTINO (1904) *Boletín del Instituto Geográfico Argentino*, Tomo XXI, Buenos Aires.

ISE, J. (1961) *Our national park policy: a critical history*, Baltimore, The Johns Hopkins University Press.

KAUFMANN, B. (1970) "Instalación humana en el Parque Nacional Nahuel Huapi", en *Anales de la Sociedad Argentina de Estudios Geográficos*, Volumen XIV, Buenos Aires, 1970, p. 97.

KEARNS, G. (1984) "Closed space and political practice: Frederick Jackson Turner and Halford Mackinder", en *Envoirement and Planning: Society and Space*, Volumen 1, 1984, pp. 23 - 34.

KOBAL, E. (s/f) "Patrimonio ambiental y desarrollo sostenible", [en línea] en *Revista Digital de Compilación sobre Temas Patrimoniales*, Centro de Investigaciones y Estudios Turísticos (CIET), pp. 21 - 29 <http://www.cieturisticos.com.ar>.

KOLODNY, A. (1984) *The lay of the land: metaphor as experience and history in american life and letters*, Chapell Hill y Londres, The University of North Carolina Press.

KOOLEN, R. (1985) "Hacia una nueva ley en materia de parques nacionales", en *Revista de la Sociedad Central de Arquitectos*, N° 135, Buenos Aires, Diciembre de 1985, pp. 67 - 75.

LARIA, S. C. (1970) "Introducción histórica al estudio de la geografía de la región del Nahuel Huapi", en *Anales de la Sociedad Argentina de Estudios Geográficos*, Tomo XIV, Buenos Aires, 1970.

LEY NACIONAL 25.675/02 sobre política ambiental (Argentina).

LEYES NACIONALES 12.103/34, 18594/70 y 22.351/80 sobre áreas naturales protegidas (Argentina).

LIPPI OLIVEIRA, L. (1990) "Modernidade e questao nacional", en *Revista Lua Nova*, N° 20, Sao Paulo, 1990.

LIPPI OLIVEIRA, L. (1994) "A América e a fronteira: Turner e Roosevelt", Río de Janeiro, Fundação Getúlio Vargas, Centro de Pesquisa e Documentaçao de História Contemporánea do Brasil (prensa).

LISTA, R. (1883) *El Territorio de Misiones*, Buenos Aires, Imprenta La Universidad de J. Klingelfuss.

LIVINGSTONE, D. y R. T. HARRISON (1981) "Meaning through metaphor: analogy as epistemology", en *Annals of the Association of American Geographers*, N° 71.

LIVINGSTONE, D. y R. T. HARRISON (1980) "The frontier: metaphor, myth and model", en *The Professional Geographer*, Volumen 32.

LIVINGSTONE, D. (1992) *The geographical tradition*, Londres, Blackwell.

Llano, M. (2007) *Pueblos indígenas, artífices de la conservación mesoamericana. Una oportunidad para la integración de las diversidades biológicas y culturales*, [en línea] consulta 10 de Octubre de 2007 <http://www.biomeso.net>.

LOIS, C. M. (1999) "La invención del desierto chaqueño. Una aproximación a las formas de apropiación simbólica de los territorios del Chaco en los tiempos de formación y consolidación del Estado nación argentino", [en línea] en *Scripta Nova*, Revista

Electrónica de Geografía y Ciencias Sociales, Barcelona, Universidad de Barcelona, <http://www.ub.es/geocrit/menu.htm> Consulta: 15 de abril de 1999.

LÓPEZ PALOMEQUE, F. (1997) "Turisme i frontera: l'abast de dos termes divergents", en Jordi Domingo I Coll y Lluís Mallart I Casamajor (editores), *A l'entorn de la frontera*, Societat Antropogeográfica a Barcelona, Centre d'estudis transfronterers, Barcelona, Oikos-Tau.

LUNA, F. (director) (1999) *Francisco P. Moreno*, Buenos Aires, Planeta (Colección Grandes Protagonistas de la Historia Argentina).

MADALENNI, A. (1988) "Evolución histórica del Parque Nacional Iguazú", en Administración de Parques Nacionales, *Plan de Manejo del Parque Nacional Iguazú, Proyecto Planificación y Gestión de los Parques Nacionales (APN-FAO)*, Buenos Aires, 1988 (prensa), pp. 122 - 142.

MALIN, J. C. (1944) "Space and history: reflections on the closed-space doctrines of Turner and Mackinder and the challenge of those ideas by the air age", en *Agricultural History*, N° 18, pp. 65 - 74.

MARIENSTRAS, E. (1988) *Nous, le peuple. Les origins du nacionalisme américan*, París, Gallimard.

MÁRQUEZ MIRANDA, F. (1952) "Francisco P. Moreno y las 'ciencias del hombre' en la Argentina", en *Revista Ciencia e Investigación*, Tomo 8, La Plata, Noviembre y Diciembre de 1952, pp. 484 - 492 y pp. 531 - 543.

MARTÍNEZ ALIER, J. y J. ROCA JUSMET (2000) *Economía ecológica y política ambiental*, Buenos Aires, Fondo de Cultura Económica.

MARTÍNEZ DE PISÓN, E. (2002) "Reflexiones sobre el paisaje", en Ortega Cantero, N. (Editor), *Estudios sobre historia del paisaje español*, Madrid, U.A.M., Fundación Duques de Soria, Editorial Catarata, pp. 13-25.

MARTINS DE SOUZA, J. (1996) "O tempo da fronteira. Retorno à controvérsia sobre o tempo histórico da frente de expansão e da frente pioneira", en *Tempo Social*, N° 8, mayo de 1996.

MAYER, M. (2004) *John Berger y los modos de mirar*, Campo de Ideas, Madrid.

MIKESELL (1960) "Comparative studies in frontier history", en *Annals of the Association of American Geographers*, N° 50.

MINVIELLE, S. E. y P. ZUSMAN (1995) "Sociedades Geográficas y delimitación del territorio en la construcción del Estado Nación argentino", en *Anales del V Encuentro de Geógrafos de América Latina*, La Habana (prensa).

MIRES, F. (1990) *El discurso de la naturaleza. Ecología y política en América Latina*, Buenos Aires, Espacio Editorial.

MITCHELL, J. G. (1998) "Las Tierras Salvajes de Estados Unidos de América", en *National Geographic* –en español–, Vol. 3, N° 5, Noviembre de 1998, pp. 3 - 33.

Moledo, L. (s/f) "Pioneros de la ciencia", en Zago, M. (director), *Los franceses en la Argentina*, Buenos Aires, s/d, pp. 136-138.

Monaglio, E. N. (1985) "Parques Nacionales argentinos: referencias históricas y biogeográficas", en *Revista de la Sociedad Central de Arquitectos*, N° 135, Diciembre de 1985, pp. 38-65.

Moraes, A. C. R. (compiladores) (1990), *Nuevos roles del Estado en el reordenamiento del territorio. Aportes teóricos*, Instituto de Geografía, Departamento de Geografía, Facultad de Filosofía y Letras, Universidad de Buenos Aires, pp. 15-48.

Moraes, A. C. R. (1988) *Ideologías geográficas*, San Pablo, Hucitec.

Moreno Terrero de Benites, A.(1989) "Semblanza del Perito Francisco Pascasio Moreno", en *Boletín de Gaea Sociedad Argentina de Estudios Geográficos*, 1989, pp. 1-7.

Moreno, E. V. (recopilador) (1942) *Reminiscencias del Perito Moreno. Versión propia*, Buenos Aires, Eduardo V. Moreno (1a edición, Buenos Aires, El Elefante Blanco, 1997).

Moreno, F. P. (1879) *Viaje a la Patagonia austral* (1a edición, Buenos Aires, El Elefante Blanco, 1999).

Moreno, F. P. (1897) "Apuntes preliminares sobre una excursión al Neuquén, Río Negro, Chubut y Santa Cruz", Buenos Aires, *La Nación* (1a edición, Buenos Aires, El Elefante Blanco, 1999).

Morín, E. (1999) "O método III. O conhecimento do conhecimento", Río de Janeiro, Bertrand Brasil, en Castrogiovanni, A. C., *Lugar, no-lugar y entre-lugares. Los ángulos del espacio turístico*, Estudios y Perspectivas en Turismo (Volumen 16, Número 1), Buenos Aires, Centro de Investigaciones y Estudios Turísticos, 2007, pp. 5-25.

Morin, E. (2000) "A cabeça bem-feita: repensar a reforma, reformar o pensamento", Río de Janeiro, Bertrand Brasil, en Castrogiovanni, A. C., *Lugar, no-lugar y entre-lugares. Los ángulos del espacio turístico*, Estudios y Perspectivas en Turismo (Volumen 16, Número 1), Buenos Aires, Centro de Investigaciones y Estudios Turísticos, 2007, pp. 5-25.

Morley, D. (2005) "Pertenencias. Lugar, espacio e identidad en un mundo mediatizado", en Arfuch, L. (compiladora), *Pensar este tiempo. Espacios, afectos, pertenencias*, Buenos Aires, Paidós, pp. 129-168.

Nash, R. (1967) *Wilderness and the american mind*, New Haven y Londres, Yale University Press (3a edición, 1982).

Nelson, J. G., R.D. Needham y D.L. Mann (editores) (1978) *International experience with national parks and related reserves*, Waterloo, Ontario.

Oelschlaeger, M. (1991) *The idea of wilderness. From prehistory to the age of ecology*, New Haven y Londres, Yale University Press.

OJEDA RIVERA, J. F. (2005) "Percepciones identitarias y creativas de los paisajes", [en línea] en *Scripta Nova* (Revista electrónica de Geografía y Ciencias Sociales), Volumen IX, Número 187, Universidad de Barcelona <http://www.ub.es/geocrit/nova.htm>.

ORGANIZACIÓN DE NACIONES UNIDAS PARA LA EDUCACIÓN, LA CIENCIA Y LA CULTURA (UNESCO) Y PROGRAMA DE NACIONES UNIDAS PARA EL MEDIO AMBIENTE (PNUMA) (1993) "Una ética ambiental universal", en Goin, F. Y R. Goñi (compiladores), *Elementos de política ambiental*, Honorable Cámara de Diputados de la Provincia de Buenos Aires, La Plata, pp. 69 - 75.

ORGANIZACIÓN DE NACIONES UNIDAS PARA LA EDUCACIÓN, LA CIENCIA Y LA CULTURA (UNESCO) (1971) *Programa sobre el Hombre y la Biosfera* (MAB); (1972), *Convención para la Protección del Patrimonio Mundial* (París, Francia).

OSZLAK, O. (1997) *La formación del Estado argentino. Orden, progreso y organización nacional*, Buenos Aires, Planeta Argentina.

OVERTON, J. (1979) "Un examen crítico del establecimiento de parques nacionales y del turismo en áreas subdesarrolladas: el Parque Nacional Gros Mome en Newfouland (Canadá)", en *Antípode*, Volumen 11, N° 2, 1979.

PETERSON, H. F. (1970) *La Argentina y los Estados Unidos*, Buenos Aires, Editorial Universitaria de Buenos Aires.

PEYRET, A. (1881) *Cartas sobre Misiones*, Buenos Aires, Imprenta La Tribuna Nacional.

PORCEL DE PERALTA, M. (1952) "La ciudad de los lagos: San Carlos de Bariloche", en *Farol*, Volumen 3, N° 4, Buenos Aires, 1952, pp. 16 - 21.

PRESCOTT, J. V. R. (1990) *Political frontiers and boundaries*, Londres, Allen & Unwin.

QUINTERO PALACIOS, S. (1995) "Geografía y Nación: estrategias educativas en la representación del territorio argentino (1862 - 1870)", en *Territorio (para la producción crítica en Geografía y Ciencias Sociales)*, N° 8, *Revista del Instituto de Geografía*, Facultad de Filosofía y Letras, Universidad de Buenos Aires, 1995.

RADCLIFFE, S. A. (1998) "Frontiers and popular nationhood: geographies of identity in the 1995 Ecuador-Peru border dispute", en *Political Geography*, N° 17.

RAFFESTIN, C. (1999) "Paysages construits et territorialités, en *Convegno Internazionales Disegnare paesaggi costruiti*, DIPRA, Instituto Politénico de Turín.

REBORATTI, C. (1987): *Nueva capital, viejos mitos. La geopolítica criolla o la razón extraviada*, Buenos Aires, Sudamericana Planeta.

REBORATTI, C. (1999): *Ambiente y sociedad: conceptos y relaciones*, Buenos Aires, Ariel.

Rey, H. D. y L. Vidal (1975) *Historia de Río Negro*, Viedma, Ministerio de Asuntos Sociales, Consejo de Investigaciones Científicas.

ROSS, D. (1984) "Historical consciousness in nineteenth-century America", en *American Historical Review*, N° 89, pp. 909 - 928.

SACK, R. D. (1986) *Human territoriality. Its theory and history*, Cambridge, Cambridge University Press.

SALTALAMACCHIA, H. (1992) *La historia de vida. Reflexiones a partir de una experiencia de investigación*, San Juan de Puerto Rico, Centro de Investigación para la Juventud Puertorriqueña.

SANTAMARÍA, D. (1976) "El poblamiento del Nordeste Argentino", en *El país de los argentinos*, Tomo IV, Buenos Aires, Centro Editor de América Latina, 1976.

SANTAMARÍA, D. (1977) "Nuestras fronteras", en *El país de los argentinos*, Tomo I, Buenos Aires, Centro Editor de América Latina, 1977.

SAUER, C. O. (1929) "Historical Geography and the Western Frontier", en Leighly, J (editor), *Land and life a selection from the writings of Carl Sauer*, Berkeley, University of California, 1963.

SCHLÜTER, R. (1983) *Turismo y Parques Nacionales. Una Perspectiva*, Buenos Aires, Centro de Investigaciones y Estudios Turísticos (CIET).

SCHLÜTER, R. (2001) *El turismo en Argentina. Del balneario al campo*, Buenos Aires, Centro de Investigaciones y Estudios Turísticos (CIET).

SCHUMACHER, E. (1987) *Lo pequeño es hermoso*, Madrid, Editorial Blume.

SECKT, H. (1923) "Sobre la protección de la naturaleza y el cuidado por los monumentos naturales", en *Revista de la Universidad Nacional de Córdoba*, Año X, N° 1 - 3, Córdoba, 1923.

SENADO DE LA NACIÓN ARGENTINA (1995) *Labor Parlamentaria del Perito Doctor Francisco P. Moreno*, Proyecto del Senador Nacional Felipe Ludueña, Buenos Aires, Secretaría Parlamentaria, Dirección de Publicaciones, Imprenta del Congreso de la Nación Argentina.

SERVICIO NACIONAL DE PARQUES NACIONALES (1953) *Guía del Parque Nacional Nahuel Huapi*, Buenos Aires (prensa), pp. 88 - 90.

SERVICIO NACIONAL DE PARQUES NACIONALES (1974) "La conservación de la naturaleza: Parques Nacionales argentinos", Buenos Aires (prensa).

SLOTKIN, R. (1973) *Regeneration throug violence; the mitology of the american frontier (1600-1890)*, Middletown, Wesleyan University Press.

SLOTKIN, R. (1981) "Nostalgia and progress: Theodore Roosevelt's myth of the frontier", en *American Quaterly*, Volumen 33, N° 3, 1981, pp. 608 - 637.

SLOTKIN, R. (1986) "Myth and the production of history", en Bercovitch, S. y Jehlen, M. (editores), *Ideology and classic american literature*, Cambridge, Cambridge University Press, pp. 21 - 35.

Slotkin, R. (1998) *The fatal envonment: the myth of the frontier in the age of industrialization (1600 - 1890)*, Oklahoma, University of Oklahoma Press.

SMITH, H. N. (1971) *Virgin land: the american west as symbol and myth*, Harvard, Harvard University Press.

SMITH, N. y C. KATZ (1993) "Grounding metaphor: towards a spacialized politics", en Keith, M. y Pile, S. (editores), *Place and the politics of identity*, Londres, Routledge, 1993.

SOUTO, P. (1996) *Planificación, geopolítica y universidad. Un estudio de la promoción estatal y convergencia ideológica en la coyuntura de institucionalización de la geografía argentina (1948-1954)*, Facultad de Filosofía y Letras, Universidad de Buenos Aires (mimeo), pp. 9 - 12.

STODDART, D. R. (1986) *On geography*, Oxford, Blackwell.

SUBSECRETARÍA DE TURISMO DE LA NACIÓN (1978) "Desarrollo de una hipótesis para una propuesta política de turismo", en *IX Reunión Nacional de Turismo*, Resistencia, 10, 11 y 12 de mayo de 1978 (prensa), pp. 116 - 122.

SUNKEL, O. (1981) *La dimensión ambiental en los estilos de desarrollo de América Latina*, Programa de las Naciones Unidas para el Medio Ambiente (PNUMA) y Comisión Económica para América Latina (CEPAL).

SVAMPA, M. (1994) *El dilema argentino: civilización o barbarie. De Sarmiento al revisionismo peronista*, Buenos Aires, Ediciones El Cielo por Asalto (Colección La Cultura Argentina).

SWERDLOW, J. L. (1998) "Exploración", en *National Geographic* –en español–, Volumen 2, N° 2, Febrero de 1998, pp. 2 - 5.

THOREAU, H. D. (1854) *Walden, o La vida en los bosques* (1a edición, Buenos Aires, Errepar, 1999).

TOAL, G. (1989) *Critical geopolitics. The social construction of space and place in the practice of the statecraft*, Tesis de Doctorado, Syracuse, Syracuse University.

TOLEDO, V. M. (1993) "Ecología, ecologismos y ecología política", en Goin, F. Y Goñi, R. (compiladores), *Elementos de política ambiental*, Honorable Cámara de Diputados de la Provincia de Buenos Aires, La Plata, pp. 899 - 910.

TORREJÓN, A. (2001) "Áreas protegidas. Historia de la conservación de partes relevantes del planeta", en *La Ley (Suplemento de Derecho Ambiental)*, Fundación Ambiente y Recursos Naturales (FARN), Año VIII, Número 5, 22 de Noviembre de 2001.

TURNER, F. J. (1893) *The frontier in american history*, Nueva York, Holt, Rinehart y Winston (1a edición, The University of Arizona Press, 1986).

TURNER, F. J. (1991) "El significado de la frontera en la historia americana", en Solano, F. y Bernabeu. S. (coordinadores), *Estudios (Nuevos y Viejos) sobre la Frontera*, Anexo N° 4, Revista de Indias, Madrid, CSIC, Centro de Estudios Históricos.

TURNER, F. W. (1980) *Beyond Geography: the western spirit against the wilderness*, Nueva York, The Viking Press (5a edición, 1994, New Brunswick-New Jersey, Rutgers University Press).

UNIÓN INTERNACIONAL PARA LA CONSERVACIÓN DE LA NATURALEZA (1971) *Convención de Ramsar sobre los Humedales* (Ramsar, Irán).

VALLMITJANA, R. (1993) *Historia de Bariloche*, San Carlos de Bariloche, Asociación de Hoteles de Turismo de Bariloche.

Vapñarsky, C. (1982) "Breve historia urbanística de Bariloche", en *Documentos de Arquitectura Nacional y Americana*, N° 14, Resistencia, 1982.

Vázquez-Rial, H. (1999) *La formación del país de los argentinos*, Buenos Aires, Javier Vergara Editor.

Vitar Mudski, M. B. (1991) "Las fronteras 'bárbaras' en los Virreinato de Nueva España y Perú (Las tierras del norte de México y oriente del Tucumán en el siglo XVIII)", en *Revista de Indias*, Volumen LV, N° 203.

Vitar Mudski, M. B. (1997) *Guerra y misiones en la frontera chaqueña del Tucumán (1700-1767)*, Madrid, CSIC, Biblioteca Historia de América.

Walther, J. C. (1970) *La conquista del desierto. Síntesis histórica de los principales sucesos ocurridos y operaciones militares realizadas en La Pampa y Patagonia, contra los indios (años 1527 - 1885)*, Buenos Aires, Editorial Universitaria de Buenos Aires (Colección Lucha de fronteras con el indio).

Weber, D. (1991) "Turner, los boltonianos y las tierras de la frontera", en Solano, F. y Bernabeu. S. (coordinadores), *Estudios (nuevos y viejos) sobre la frontera*, Anexo N° 4, Revista de Indias, Madrid, CSIC, Centro de Estudios Históricos.

Willis, B. (1943) *El norte de la Patagonia*, Buenos Aires, Ministerio de Agricultura, Dirección de Parques Nacionales y Turismo.

Ygobone, A. D. (1953) *Francisco P. Moreno, arquetipo de argentinidad. Contribución al estudio e investigación histórica, geográfica, económica y social del país*, Buenos Aires, Orientación Cultural Editores.

Yi-Fu, T. (2003) *Escapismo. Formas de evasión en el mundo actual*, Barcelona, Península.

Zelinsky, W. (1988) *Nation into state: the shifting symbolic foundations of American nationalism*, Chapell Hill y Londres, The University of North Carolina Press.

Zusman, P. (1997) "La Geografia y el proyecto territorial de la elite ilustrada paulista: La Asociación de los Geógrafos Brasileros (1934-1945)", [en línea] en *Scripta Nova*, N° 7, Barcelona, Universidad de Barcelona <http://www.ub.es/geocrit/menu.htm> Consulta: 1 de septiembre de 1997.

Documentos

-Ley Nacional N° 5559 de "Fomento de los Territorios Nacionales" (28 de agosto de 1908).

-Ley Nacional N° 6712 de "Inclusión de Misiones en la Ley de Fomento de los Territorios Nacionales" (11 de octubre de 1909).

-Artículo periodístico de Benito Carrasco, resumen de su trabajo sobre Parques Nacionales presentado al Congreso Científico del Centenario, publicado por el diario *La Nación* (7 de mayo de 1912).

-Nota editorial del diario *La Nación*, sobre el artículo de Benito Carrasco publicado el 7 de mayo de 1912 (28 de mayo de 1912).

-Texto y fundamentos del proyecto de ley "Parque Nacional del Sur" elaborado por Francisco Moreno en calidad de diputado nacional y presidente de la Comisión de Territorios Nacionales, suscripto junto a Miguel S. Coronado, Manuel S. Ordóñez y A. Echegaray (25 de septiembre de 1912).

-Texto y fundamentos del proyecto de ley "Parques y Jardines Nacionales" elaborado por Francisco Moreno en calidad de diputado nacional y presidente de la Comisión de Territorios Nacionales, suscripto junto a Miguel S. Coronado, Manuel S. Ordóñez y A. Echegaray (28 de septiembre de 1912).

-Proyecto de ley "Parque Nacional del Sud", elaborado por Bailey Willis (1913).

-Fragmento final del memorándum referido al desarrollo de los territorios nacionales, enviado por Francisco Moreno al ministro de Agricultura de la Nación, Honorio Pueyrredón (30 de julio de 1917).

-Ley Nacional 12.103 de "Parques Nacionales" (9 de octubre de 1934).

-Proyecto de ley "Federalización definitiva de la zona de frontera patagónica declarándola parque nacional e incorporándola al régimen de la Ley Nacional N° 12.103", enviado por Exequiel Bustillo al ministro de Agricultura, Ganadería, Comercio e Industria de la Nación, Diego E. Mason (noviembre de 1943).

-Fragmentos del prefacio de *El despertar de Bariloche. Una estrategia patagónica*, obra escrita por Exequiel Bustillo (1968).

Carta de donación del núcleo primitivo del Parque Nacional Nahuel Huapi enviada por Francisco Moreno al ministro de Agricultura de la Nación, Wenceslao Escalante (6 de noviembre de 1903)

La ley 4192 que he visto promulgada en el "Boletín Oficial de la Nación" del 2 de agosto último me acuerda como recompensa por servicios prestados al país con anterioridad a mi nombramiento como Perito Argentino en la demarcación de límites con Chile una extensión de campos fiscales en el territorio del Neuquén o al sur del Río Negro. Durante las excursiones que en aquellos años hice en el sur con los propósitos que más tarde motivaron dicho nombramiento, admiré lugares excepcionalmente hermosos y más de una vez enuncié la conveniencia de que la Nación conservara la propiedad de algunos para el mejor provecho de las generaciones presentes y las venideras, siguiendo el ejemplo de los Estados Unidos y otras naciones que poseen soberbios parques naturales. Hoy la ley citada me permite hacerme dueño de paisajes que en días ya lejanos me hicieron entrever la grandeza futura de tierras entonces ignoradas que nos eran disputadas, pero que su conocimiento ha hecho argentinas para siempre, y me es grato apresurarme a contribuir a la realización de ideales nacidos durante el desempeño de mis tareas en aquel medio y desarrollados con la enseñanza de su observación. Vengo por eso, por la presente, invocando los términos de la ley, a solicitar la ubicación de un área de tres leguas cuadradas en la región situada en el límite de los territorios del Neuquén y Río Negro, en el extremo oeste del fjord principal del Lago Nahuel Huapi, con el fin de que sea conservada como parque público natural y al efecto pido a V.E. que hecha esta ubicación se sirva aceptar la donación que hago a favor del país en esa área que comprende desde la Laguna de los Cántaros, inclusive, al norte, hasta el boquete Barros Arana al sur, teniendo por límite occidental la línea fronteriza con Chile en los boquetes de los Raulíes y Pérez Rosales, y oriental la serranía al este de la Ensenada de Puerto Blest y de la Laguna Frías, y contiene la reunión más interesante de bellezas naturales que he observado en la Patagonia. Cada vez que he visitado esa región me he dicho que convertida en propiedad pública inalienable llegaría a ser pronto centro de grandes actividades intelectuales y sociales, y, por lo tanto, excelente instrumento del progreso humano. Los fenómenos físico-naturales que allí se observan empiezan a atraer a los estudiosos, que se entregarían cómodos a sus investigaciones fructíferas y los maravillosos escenarios de lagos y torrentes, de las selvas gigantes, de la montaña abrupta y del hielo eterno que se desarrollan en una situación geográfica trascendental, desde que la cruza la vía más corta entre Australia, Nueva Zelanda y la Europa bañada por el Atlántico, formando un conjunto único de circunstancias favorables a mi propósito presente en ese hermoso pedazo de tierra andino donde el Monte Tronador asocia en su cumbre a dos naciones, cuya unión impuesta por la naturaleza, saludarán siempre las salvas del coloso. Chile posee tierras fiscales en la vecindad y quizás les diera ese destino. Así en aquella magnificencia tranquila podrán encontrar sano y adecuado panorama los habitantes de ambos lados de los Andes, y contribuir, reunidos en comunidades de ideas durante el descanso y solaz, cada vez más necesarios en la vida activa del día, a resolver problemas que no llegarán a solucionar nunca los documentos diplomáticos y los visitantes del mundo entero, entremezclando intereses y sentimientos en aquella encrucijada internacional, beneficiarán más aún el progreso natural de la influencia que por sus condiciones geográficas corresponde a este extremo de América. Al hacer esta donación emito el deseo de que la fisonomía actual del perímetro que abarca no sea alterada y que no se hagan más obras que aquellas que faciliten las comodidades para la vida del visitante culto, cuya presencia en esos lugares será siempre beneficiosa a las regiones incorporadas definitivamente a nuestra soberanía y cuyo rápido y mediato aprovechamiento debe contribuir tanto a la buena orientación de los destinos de la nacionalidad argentina. Tengo el honor de saludar a V.E. con mi más alta consideración".

Ley Nacional N° 5559 de "Fomento de los Territorios Nacionales" (28 de agosto de 1908)

Capítulo I

Artículo 1 - Autorízase al Poder Ejecutivo para estudiar, construir y explotar los siguientes ferrocarriles:

a) desde Puerto San Antonio en el Territorio del Río Negro, hasta el lago Nahuel Huapi;

b) desde Puerto Deseado hasta empalmar con la línea anterior que va al lago Nahuel Huapi, pasando por la Colonia San Martín, con un ramal a Comodoro Rivadavia, pasando por Colonia Sarmiento, otro ramal al lago Buenos Aires, y otro a la Colonia 16 de Octubre;

c) desde el puerto Barranqueras sobre el río Paraná hasta empalmar con el Ferrocarril Central Norte en el punto que resulte más conveniente, con un ramal a la línea de Añatuya al Chaco;

d) desde Formosa a Embarcación;

e) otros ramales de las citadas líneas, que el Poder Ejecutivo considere convenientes.

Artículo 2 - La trocha de estas líneas será fijada por el Poder Ejecutivo según resulte en cada caso más conveniente de los estudios y proyectos que practicará el departamento de obras públicas, a cuyo cargo estará también la construcción y explotación de estas líneas.

Artículo 3 - Las líneas serán de carácter secundario y su explotación será regida por una ley especial de ferrocarriles secundarios. Mientras esta ley no sea dictada, las líneas quedarán eximidas de las disposiciones legales que fijan el tiempo acordado para los transportes, el cual será reglamentado por el Poder Ejecutivo. Las líneas serán declaradas de primer orden y sujetas a la ley general de ferrocarriles en vigencia cuando el producto bruto pase del seis por ciento sobre el capital invertido y siempre que a juicio del Poder Ejecutivo, el tráfico de ellas lo requiera.

Artículo 4 - La construcción de cada línea podrá ser comenzada después de hechos los estudios de máxima de toda ella y siempre que se hayan terminado los estudios y proyectos definitivos de los trozos iniciales. La prosecución de los estudios definitivos podrá llevarse a delante a medida que avance la construcción.

Artículo 5 - El Poder Ejecutivo podrá licitar la construcción, adjudicarla directamente si recibiese propuestas ventajosas suscriptas por firmas conocidas de responsabilidad notoria, o ejecutarla por administración. En este último caso adquirirá los materiales de construcción y el tren rodante mediante licitación pública o privada, pudiendo también en los otros casos adquirirlos mediante una licitación especial, si así lo creyera conveniente.

Artículo 6 - Se autoriza al Poder Ejecutivo para construir en los puertos, por intermedio del departamento de obras públicas, los muelles, depósitos y demás instalaciones que fuesen necesarias para la carga, descarga y acomodo de todo lo que constituye el tráfico del ferrocarril.

Artículo 7 - El Poder Ejecutivo tendrá derecho a adquirir o expropiar el agua que se necesita para el servicio de la construcción y explotación de las líneas, de los ríos, arroyos, lagos y manantiales que se encuentren a inmediaciones del trayecto, así como para conducirla por medio de canales, acequias o cañerías, desde el punto de toma hasta el ferrocarril, declarándose de utilidad pública el derecho a la servidumbre de paso de éstas por las propiedades que deben cruzarse.

Artículo 8 - Los materiales destinados a la construcción y explotación de estas líneas se introducirán libres de derechos. Las líneas y sus dependencias no podrán ser gravadas con impuestos nacionales, provinciales ni municipales.

Capítulo II

Artículo 9 - Autorízase al Poder Ejecutivo para acordar primas a empresas particulares que hagan el servicio de navegación de los puertos del sur, y podrá destinar a ese fin la suma de ciento veinte mil pesos oro al año.

Capítulo III

Artículo 10 - Autorízase al Poder Ejecutivo para invertir hasta la suma de tres millones ochocientos mil pesos oro en los estudios y obras siguientes:

a) estudios definitivos de las obras necesarias para hacer navegable el río Pilcomayo en todo su curso, desde el paralelo 22, y los de construcción de un canal navegable de unión, entre el Pilcomayo superior y su trozo inferior, en lo cual podrá invertir la suma de cien mil pesos oro;

b) limpieza y rectificación del río Bermejo, construcción de una línea telegráfica y adquisición de una escuadrilla para su navegación, a cuyo fin podrá invertir hasta la suma de ochocientos mil pesos oro;

c) limpieza y dragado del río Santa Cruz y de la ría del Chubut, hasta Rawson, en cuyas obras podrá invertir hasta la suma de cuatrocientos cincuenta mil pesos oro;

d) estudios definitivos y obras de regularización del régimen de las aguas del río Negro, por los medios más conducentes a evitar las inundaciones del valle del mismo, y a mejorar sus condiciones de navegabilidad y de su distribución para el riego, pudiendo invertir en ellas la suma de dos millones de pesos oro;

e) estudios definitivos del río Colorado, sus afluentes y lagos o cuencas imbríferas, que comprenderán los relevamientos planialtimétricos de toda esa cuenca y los estudios hidrométricos para determinar el régimen de las aguas y los embalses máximos, para formar las grandes reservas para la navegación y el regadío. Podrá destinar a este fin la suma de doscientos cincuenta mil pesos oro;

f) estudios de los puertos sobre el Atlántico que deberán servir a la exportación de los productos de la zona a que afectan las obras y estudios autorizados por la presente ley, pudiendo invertir la suma de doscientos cincuenta mil pesos oro.

Capítulo IV

Artículo 11 - Las obras, los estudios y las adquisiciones autorizadas por esta ley se pagarán en dinero efectivo. A este efecto, queda facultado el Poder Ejecutivo para hacer uso del crédito interno o externo hasta la suma de veinticinco millones de pesos oro, pudiendo afectar al pago de la amortización e intereses de la suma tomada en préstamo, las líneas construidas en virtud de la autorización acordada por la presente ley y sus entradas, así como el producido de la tierra a que se refiere el artículo 13.

Artículo 12 - El producido de esta operación de crédito se depositará en cuenta especial en el Banco de la Nación Argentina, y el Poder Ejecutivo no podrá disponer de estos recursos sino en pago de los certificados definitivamente aprobados por obras ejecutadas o gastos autorizados por esta ley. Igualmente se depositará en cuenta especial en el Banco de la Nación Argentina, desde la promulgación de la presente ley, el producido de la venta y arrendamiento de las tierras a que se refiere el artículo 13, a fin de asegurar el servicio e intereses y amortizaciones de la operación de crédito que autoriza esta ley.

Capítulo V

Artículo 13 - El Poder Ejecutivo no podrá comprometer en forma alguna la disponibilidad de las tierras afectadas por esta ley, por ventas, contratos de arrendamientos o permisos de ocupación, en las regiones servidas por las obras proyectadas. Las ventas de las tierras ubicadas en las zonas de influencia de las obras autorizadas por la presente ley quedarán en adelante sistemáticamente subordinadas al adelanto de las que se ejecuten para colocar dichas tierras en condiciones de explotación económica y al pago del costo de las obras. La zona de influencia será fijada por el Poder Ejecutivo, dentro de los doce meses de la promulgación de la presente ley, con un mínimum de valor aproximado al duplo del costo de las obras.

Artículo 14 - Las tierras propias para la agricultura quedarán reservadas, mientras no se hayan puesto en comunicación con los centros comerciales del país por obras proyectadas o a proyectarse con ese fin, y luego serán destinadas a la colonización agrícola, de acuerdo con las leyes vigentes.

Artículo 15 - La reserva de las tierras a que se refieren los artículos anteriores durará en cada zona, hasta tanto se haya amortizado el importe de la obra que las afecta. En caso de que algunas de las obras autorizadas no hubiera podido tener principio en un término de cinco años, el Poder Ejecutivo dará cuenta al Honorable Congreso para resolver sobre la disponibilidad de las tierras.

Artículo 16 - Al realizarse las ventas de tierras de pastoreo comprendidas en la zona de influencia, se acordará el título definitivo al aprobarse el remate, quedando constituida una hipoteca a favor del Gobierno de la Nación, por el valor total de la venta, en las condiciones determinadas por la ley orgánica del Banco Hipotecario Nacional, en todo lo que no sea modificada por la presente.

Artículo 17 - El pago de las tierras así adquiridas se hará abonando un servicio semestral de cinco por ciento de interés anual y de, por lo menos, un cinco por ciento de amortización anual acumulativa. El primer semestre se abonará en el acto del remate al firmarse boleto de compra, cuyo importe será devuelto íntegro en el caso de que la venta no fuese aprobada por el Poder Ejecutivo. La desaprobación de los remates deberá hacerse dentro de los sesenta días de realizados, pasados los cuales quedarán de hecho aprobados.

Capítulo VI

Artículo 18 - Declárase incorporado a la presente ley el decreto del Poder Ejecutivo de 11 de abril de 1907, estableciendo reservas permanentes de tierras para tránsito.

Capítulo VII

Artículo 19 - El Poder Ejecutivo podrá atender a los primeros gastos que sea necesario anticipar a la ejecución de esas obras, con las entradas de la Dirección de Tierras y Colonias, no afectadas por el cálculo de recursos vigente.

Artículo 20 - Los estudios y contratos de construcción de las obras autorizadas por esta ley quedarán a cargo del departamento de Obras Públicas con la intervención que corresponde al departamento de Agricultura.

Artículo 21 - Autorízase al Poder Ejecutivo para expropiar las tierras de propiedad particular, cuya ocupación sea necesaria para la ejecución de las obras autorizadas por la presente ley.

Artículo 22 - Quedan derogadas las disposiciones de las leyes vigentes que se opongan a la presente.

Artículo 23 - Comuníquese, etc.

Ley Nacional N° 6712 de "Inclusión de Misiones en la Ley de Fomento de los Territorios Nacionales" (29 de septiembre de 1909)

Artículo 1 - Declárase comprendido en la Ley 5559, el territorio de Misiones.

Artículo 2 - Autorízase al Poder Ejecutivo para mandar estudiar, construir y explotar una línea férrea que arrancando del ferrocarril Nordeste Argentino –en las inmediaciones de Apóstoles, San José– siga por la parte central de Misiones hasta un punto de la frontera argentino-brasileña, entre las cabeceras de los ríos Pepirí y San Antonio y desde éste a la confluencia de los ríos Paraná e Iguazú.

Artículo 3 - El Poder Ejecutivo mandará practicar estudios para facilitar la viabilidad interna del territorio de Misiones y hacer desaparecer los obstáculos que se oponen a la navegación regular del Alto Paraná.

Artículo 4 - Para estos estudios y para establecer comunicaciones telegráficas, amplía en doscientos mil pesos oro la suma votada por el artículo 10 de la referida Ley 5559.

Artículo 5 - Autorízase también al Poder Ejecutivo para adquirir por compra o permuta una zona de tierras en el ángulo formado por los ríos Iguazú y Paraná, con los siguientes límites: al Norte el río Iguazú, al Oeste el río Paraná, al sur una recta que desde este río corra en rumbo al Este verdadero y pasando a cinco (5) kilómetros al Sur de la parte más meridional de la margen izquierda del Iguazú, en la curva que está frente al Salto, termine en el deslinde oriental del título de Errecaborde y Compañía; y al Oeste el mismo deslinde hasta el referido río Iguazú. Si esta adquisición no fuera posible en la forma expresada, autorízase la expropiación a cuyo fin se declara de utilidad pública la ocupación de la zona que queda delimitada.

Artículo 6 - Estas tierras serán reservadas para los fines siguientes:
a) a un gran parque nacional y obras de embellecimiento en las inmediaciones del gran Salto y de acceso a sus cataratas;
b) fundación de una colonia militar;
c) a usinas cuyas instalaciones sean convenientes en el futuro para el aprovechamiento industrial de las fuerzas que las caidas de aguas proporcionan.

Artículo 7 - Para el cumplimiento de esta ley amplíase hasta treinta millones de pesos oro la autorización contenida en el artículo 2 de la ya citada Ley 5559.

Artículo 8 - Todas las tierras fiscales del territorio de Misiones quedan afectadas a las obras nacionales, en las condiciones que esta misma ley establece.

Artículo 9 - Comuniquese, etc.

Artículo periodístico de Benito Carrasco, resumen de su trabajo sobre Parques Nacionales presentado al Congreso Científico del Centenario, publicado por el diario La Nación (7 de mayo de 1912)

Antes de que fuera demasiado tarde se han dado cuenta, en Norte América, de que el Estado poseía magníficas extensiones de terrenos, muchos de ellos cubiertos de bosques, donde abundan las bellezas pintorescas, cascadas, cursos de agua, desfiladeros, etc., que sería deplorable verlos desaparecer bajo los golpes del leñador o de las empresas industriales que utilizando la fuerza motriz destruyen las bellezas de las caídas. Convencidos pueblo y Gobierno de que el empleo más provechoso que podría darse a estas vastas superficies era destinarlas al bienestar público, aúnan esfuerzos y se lanzan a la lucha con el tesón y empeño que la nación del norte sabe poner en sus empresas. Llevada esta cuestión ante el Congreso, esa asamblea toma medidas legislativas oportunas, cuya consagración fue declarar de utilidad pública los territorios de que se trata, por decreto presidencial, destinándolas a parques nacionales. En las leyes dictadas se sostuvo el principio de reconocer el derecho del Estado de prohibir la venta de distritos que por razones de los atractivos que ofrecen, tienen más valor como lugares de paseo que como campos de explotación. El primer precedente instituido, en el sentido de la preservación de las bellezas de ese orden, data de la creación del Parque Nacional de Yellowstone, que se encuentra comprendido entre los estados de Wyoming, Montana y Idaho. Las hermosas cataratas que contiene y la superficie superior a dos millones de acres, dan idea de la importancia de la reserva. Después de tal creación, muchos parques similares, aunque de menor extensión, han sido formados en once puntos de los Estados Unidos con una superficie actual de 3.624.472 acres. Como estos parques se encuentran todos en la región occidental, nuevas iniciativas se presentan al Congreso y obtienen la adquisición de una ancha faja de bosques bastante espesos a lo largo de la cadena de los Montes Apalaches. Fuera de estos territorios montañosos, cuyo principal atractivo es su carácter salvaje y pintoresco, el gobierno federal posee otras extensiones en las que se encuentran ruinas históricas, fenómenos naturales de particular rareza, como bosques petrificados, puentes de rocas y singularidades análogas. Con el objeto de conseguir la conservación de semejantes riquezas, el Congreso ha votado una ley autorizando al Presidente de los Estados Unidos a declararlos monumentos nacionales, así como a las construcciones prehistóricas y otros objetos de interés documentario y científico, juntamente con los terrenos adyacentes necesarios a su conservación en buen estado. Veintitrés monumentos se encuentran acogidos a los términos de dicha ley, diseminados en gran número de estados y con una superficie total de 1. 496.783 acres. En la misma forma, el Congreso trata de adquirir y convertir en parques los territorios en que se libraron las grandes batallas de la guerra civil. El ex Presidente Roosevelt fue el *leader* parlamentario de una campaña llamada de ´conservación´ en la que se reclamaba la necesidad imperiosa de impedir la destrucción de los bosques, ya fuese por las industrias de explotación u otras causas. Como consecuencia de la iniciativa, el Congreso dictó leyes cuyo texto autorizaba la creación de un servicio general de bosques con la función de poner esas superficies al abrigo de las explotaciones desenfrenadas de los incendios y otras causas destructoras. Ciento cuarenta y siete reservas nacionales se han instituido en veinte estados diferentes ocupando una superficie total de 167.677.749 acres. La última medida tomada por el Congreso, de las que ligeramente hemos expuesto, se refiere a las reservas nacionales de caza. En dicha ley se autoriza la utilización de grandes extensiones de territorio ubicadas en distintos puntos de la república, y destinadas a salvaguardar la caza de piezas grandes que, como el bisonte o el búfalo, se van perdiendo. Y no solamente el gobierno federal se dedica a la obra de crear y formar reservas nacionales, sino que su acción es complementada por los estados particulares que en razón de sus menores recursos financieros no pueden rivalizar con el poder central. No obstante, contribuyen con su esfuerzo a la realización del propósito perseguido. Los estados de Nueva York y Massachussets, para no citar otros, han procedido a la adquisición de grandes y ventajosas extensiones de terrenos destinados al mismo objeto; alentados por donaciones particulares que –como el rasgo generoso de la señora de Harriman donando 10.000 acres de buen terreno y la suma de dos millones quinientos mil dólares para la adquisición de una superficie complementaria– han contribuido a la formación de muchas reservas particulares. Ahora bien, las profusas bellezas naturales que mantenemos abandonadas o que por enajenaciones inconsultas han pasado a poder de particulares, como ocurre con las adyacencias de las cataratas del Iguazú y otros territorios pintorescos vendidos a vil precio, constituyen suficientes motivos para dar la voz de alarma y pedir al actual Gobierno que se presenta bien inspirado, salvaguarde las bellezas que aún nos quedan y ponga a cubierto de explotaciones sin medida la hermosa heredad con que la naturaleza nos ha favorecido. Los magníficos parques naturales de la región subtropical, plantados con mano maestra por la Naturaleza, los lagos, cataratas, regiones agrestes, panoramas espléndidos y fenómenos naturales que adornan nuestro suelo bien merecen la atención pública y el cuidado de las autoridades. Una comisión de personas entendidas y laboriosas podría aconsejar al Gobierno las medidas convenientes a tomar; la mejor distribución de parques nacionales en todo el territorio de la República, aprovechando los terrenos fiscales que aún quedan. Podría proponer las leyes indispensables para poner a cubierto de las devastaciones frenéticas no solamente los bosques de esencias indígenas, que además de su riqueza presentan en primavera el espectáculo maravilloso de cubrirse de flores de variados matices, formando ramos de kilómetros de extensión, sino también otras bellezas que, como las rocallosas, merecen atención, castigando severamente la repetición de hechos como el ocurrido en Mar del Plata, con la destrucción de las hermosas piedras que engarzadas en la costa constituían su mejor adorno; bien diferente del resto de informes que la dinamita ha dejado hoy.

Norberto Fortunato

Nota editorial del diario *La Nación* sobre el artículo de Benito Carrasco publicado el 7 de mayo de 1912 (28 de mayo de 1912)

Se trata de seguir esta vez el ejemplo de nuevos regímenes que han adoptado ya algunas naciones, entre las que por su entusiasmo se halla a la cabeza la Unión Americana donde se ha iniciado el establecimiento de grandes reservas, advirtiendo que el Estado poseía magníficas extensiones de terrenos, muchas de ellas cubiertas de bosques, donde abundan los paisajes sin artífice: cascadas, desfiladeros, cursos de agua, etc., que de otro modo hubieran desaparecido, en un caso, bajo el hacha del leñador, en los otros, convertidos en dínamos naturales para mover maquinarias industriales. Nuestro país cuenta en su haber mucha belleza natural en gran parte desconocida; la zona subtropical posee bosques de muchas leguas donde podría descubrir el botánico nuevas especies de la flora americana; la región andina, las más variada en aspectos, tiene fértiles valles donde se levantan ejemplares milenarios, testigos tal vez de las primeras convulsiones geológicas de la cordillera; las laderas de las montañas cuentan con mil clases variadas de enredaderas, helechos, musgos alpinos y bosques de tabaquillo; las regiones patagónicas ofrecen profundos y límpidos lagos, propios para la piscicultura, abras, boscajes, desfiladeros y torrentes, y por último en el extremo sur existen paisajes comparables a los más ponderados de Suiza. No es posible que tanta riqueza natural vaya a poder de particulares que irán arrasando todo o aislando esos encantados paisajes con líneas de cerco que los hagan inaccesibles. Todos esos tesoros del territorio no deben ser usufructuados y consumidos por una ni por dos, ni por cien generaciones. Son la heredad nacional y el Gobierno debe conservarla a través de la sucesión de los años y de los siglos. Más tarde, en un porvenir que quizá no sea remoto, las líneas férreas unirán esas grandes reservas territoriales para que el turista nacional o extranjero pueda recorrerlas y satisfacer en su presencia sus investigaciones científicas o sus curiosidades espirituales o estéticas. Una comisión de personas entendidas y laboriosas podría aconsejar al Gobierno las medidas que conviene tomar para la mejor distribución de parques y reservas nacionales en todo el territorio de la República, aprovechando los terrenos fiscales que aún se conservan.

Texto y fundamentos del proyecto de ley "Parque Nacional del Sur" elaborado por Francisco Moreno en calidad de diputado nacional y presidente de la Comisión de Territorios Nacionales, suscripto junto a Miguel S. Coronado, Manuel S. Ordóñez y A. Echegaray (25 de septiembre de 1912)

Artículo 1° - Inclúyese en el Parque Nacional del Sur los terrenos de la región del lago Nahuel Huapi y del lago Traful e inmediaciones, comprendidos entre los límites siguientes: la divisoria de aguas al norte de la cuenca del Traful hasta el río Limay, al oeste del Limay hasta el río Picheleofu, este río hasta la divisoria con el río Villegas, y el curso de este río y el río Manso hasta el límite con Chile, y por el oeste este límite.

Artículo 2° - El Poder Ejecutivo procederá a la expropiación de los terrenos de propiedad privada situados dentro de ese perímetro.

Artículo 3° - El Poder Ejecutivo dispondrá el relevamiento topográfico, hidrográfico, geológico y botánico de la zona mencionada en el artículo 1°, en las proporciones que faciliten la utilización de esas tierras en beneficio de la colectividad nacional, sin modificar sustancialmente su fisonomía.

Artículo 4° - El gasto que demande la expropiación y relevamiento y su publicación se imputarán a la ley número 5559.

Artículo 5° - Suspéndase toda ubicación y ventas de tierra fiscal situadas entre los paralelos 38 grados 30 minutos y 44 grados de latitud sur, al oeste del río Alummine, desde sus fuentes hasta confluenciar con el Limay y del río Limay al oeste del arroyo Carren-Leufu afluente del Limay, desde sus fuentes en el Cordón de Cerros que se levantan próximos a Nahuel Huapi en el cerro Colorado y al oeste de la cumbre de este cordón, que termina en las inmediaciones del paralelo de 44 grados de latitud sur.

Artículo 6° - Comuníquese al Poder Ejecutivo.

Señor Presidente: La ley de fomento de los territorios nacionales dispone la construcción de un ferrocarril entre el puerto de San Antonio y el lago Nahuel Huapi; ferrocarril construido ya hasta más de la mitad de su trayecto. Este ferrocarril, que es de nuestro deber aconsejar sea continuado hasta su término, aún

237

cuando para ello deba suspenderse la continuación de los demás comprendidos en esta ley, tiene importancia excepcional. Basta mirar un mapa de esa parte del continente para darse cuenta de ello, sobre todo si se le prolonga hasta la frontera de Chile, entre Junín de los Andes y el lago Nahuel Huapi. No trepidamos en decir que es una línea indispensable para la seguridad y grandeza de la Nación, y a esta comisión le será grato informar con más detalle a la que se encargue del estudio del proyecto. Este ferrocarril, de costo relativamente crecido, sobre todo en la parte aún no construida, tiene su terminal en el lago, donde hoy no existen tierras fiscales apropiadas para desarrollar la población y las industrias que requieren su explotación y las conveniencias nacionales de todo orden. Se ha destinado para parque nacional gran parte de la tierra fiscal de la región oeste del lago, pero las condiciones del suelo no admiten radicación allí de población nutrida ni la de industrias de gran empuje. Será siempre un sitio de solaz y de descanso. Se hace pues necesario, indispensable que la Nación posea tierras en el sur, norte y oriente de este lago y de los inmediatos. Con su aprovechamiento se llenarán los altos propósitos que se han tenido en cuenta al disponer la construcción del ferrocarril. En esa región, llamada con propiedad la Suiza argentina, debe levantarse una ciudad industriosa en la Boca del Limay, como la de Ginebra en la Suiza europea, en la Boca del Ródano, y para ello es indispensable la expropiación de tierras particulares para que en las inmediaciones de esa nueva Ginebra crezcan también otros pueblos, se muevan industrias, y desde ese centro, privilegiado por la naturaleza, irradie el progreso nacional, extendiéndose al norte hasta el corazón del Neuquén y al sur hasta las colonias florecientes de Valle Nuevo, Cholila y 16 de Octubre. Explotando conservativamente sus riquezas naturales y aumentándolas con el aprovechamiento de la enorme fuerza hidráulica disponible, se radicará allí una población provechosa para la colectividad. A esta necesidad responde el proyecto de ley que presentamos a la honorable Cámara. La expropiación de las tierras privadas es urgente. A causa de la ignorancia de lo que eran aquellas regiones, la Nación se ha desprendido, en beneficio de unos pocos, de la más bella y rica joya andina, donde se impone la formación de ciudades, la erección de fábricas y de granjas donde se organizan en estos momentos grandes empresas para explotar la cría de ganado en mucho mayor escala que actualmente. Si se demora esta expropiación, el valor de esas tierras irá en rápido aumento con la mayor proximidad o llegada del riel al lago. Además, hay que tener listos los relevamientos y estudios para el aprovechamiento y fraccionamiento de los terrenos antes que el ferrocarril llegue, de modo que se pueda reglamentar su distribución en la forma más conveniente a los intereses generales, para dar resultados inmediatos. El costo de esta expropiación, que comprenderá aproximadamente 50 leguas, será relativamente reducido. La municipalidad de la Capital ha invertido, seguramente, mayor suma en la adquisición de algunos de los edificios en las calles que requieren ensanche o avenidas. ¿Cómo no emplear igual en el asiento de ciudades y otros núcleos de población o industrias en la zona que aumentará considerablemente el valor económico, político y social de toda la Nación?

Texto y fundamentos del proyecto de ley "Parques y Jardines Nacionales" elaborado por Francisco Moreno en calidad de diputado nacional y presidente de la Comisión de Territorios Nacionales, suscripto junto a Miguel S. Coronado, Manuel S. Ordóñez y A. Echegaray (28 de septiembre de 1912)

Artículo 1° - El Poder Ejecutivo procederá a la expropiación de:
a) en el territorio de Misiones, cuarenta mil hectáreas comprendidas entre el río Iguazú, el río Paraná, el límite sur de los terrenos conocidos como de don Domingo Ayarragaray –antes Martín Errecaborde y compañía–, y el límite oriental que corresponde a esa área; veinticinco hectáreas, cuando el terreno no sea fiscal, en cada uno de los asientos de las antiguas poblaciones jesuíticas de San Ignacio, Candelaria, Hábeas, Apóstoles, San Juan y Santa Ana, medidas de modo que sus terrenos contengan las ruinas de esas poblaciones y permitan la conservación del paisaje circundante;
b) hasta veinte mil hectáreas en los puntos de las provincias de Jujuy, Tucumán, Córdoba, Mendoza y Corrientes y en el Territorio de La Pampa, que caracterice los diferentes aspectos del suelo nacional;
c) hasta doscientas hectáreas en cada uno de los puntos de las provincias y territorios donde existan ruinas de las viejas culturas indígenas, o estén vinculadas a los grandes hechos de la historia nacional, o contengan monumentos naturales dignos de conservación, hasta doscientas hectáreas.

Artículo 2° - Resérvase de toda venta o arrendamiento hasta cinco mil kilómetros cuadrados de tierras fiscales en cada uno de los Territorios Nacionales, en las regiones que caractericen los diferentes aspectos del suelo, o hayan sido teatro de hechos de gran recordación en nuestra historia.

Artículo 3° - Todos estos terrenos serán destinados a parques y jardines nacionales.

Artículo 4° - El Poder Ejecutivo nombrará una comisión *ad honorem*, la que dispondrá del personal administrativo necesario, y tendrá a su cargo la elección de los terrenos que convenga adquirir y reservar en cumplimiento de esta ley, y su conservación y administración. Esta comisión no podrá alterar substancialmente la fisonomía de los parques y jardines, debiendo consultar con el Poder Ejecutivo los trabajos que deben ejecutar en ellos, lo mismo que las medidas que considere necesaria para conservación de los monumentos o recordación de los hechos históricos. Esta comisión dependerá del Ministerio del Interior y estará compuesta por un representante del Poder Ejecutivo, dos senadores y dos diputados nacionales y cuatro ciudadanos. Los representantes del honorable Congreso serán nombrados por las cámaras respectivas.

Artículo 5° - Los gastos que demande la expropiación de terrenos en el territorio nacional de Misiones serán cubiertos con la venta de tierras fiscales ubicadas en el mismo. Los gastos que demande la expropiación de los demás terrenos dispuestos en esta ley y la conservación y administración de los parques, jardines y monumentos se imputarán a rentas generales.

Artículo 6° - Inclúyese en el presupuesto general para el ejercicio de 1913 la suma de cincuenta mil pesos moneda nacional con destino a los estudios que requieran las expropiaciones y demás estudios de esta ley.

Artículo 7° - El Poder Ejecutivo reglamentará esta ley.

Artículo 8° - Comuníquese al Poder Ejecutivo.

Señor Presidente:
Nuestro país prospera en proporciones asombrosas; la población se extiende en todas direcciones y le sigue la destrucción de todo lo que parece estorbar su acción; es, pues, tiempo de recordar que la historia de la Nación no consiste solamente en los actos de los hombres que se desarrollan en su suelo. Las generaciones pasan y el historiador no puede representar nunca al aspecto físico del medio en que se realizaron los hechos de sus relatos, ni la reproducción gráfica consigue darle la necesaria ayuda. De aquí que algunas naciones se preocupen desde largo tiempo de conservar para el presente y para el futuro, sin alterarlos, aquellos parajes de sus dominios asociados a su historia o que caractericen el medio en que tuvo principio la actuación de sus habitantes. Persona observadora y de alto criterio y conocimientos científicos se expresaba últimamente así: "Si miro el suelo buscando la Pampa, me encuentro con Europa. La flora nativa ha sido conquistada por la extrajera. ¿Dónde podré encontrar sin dificultad un pedazo de suelo genuinamente pampeano?". Lo mismo que en los centros poblados, donde el cosmopolitismo despreocupado y la ignorancia general de los nativos del valor que para la cohesión na-

cional tienen los objetos y lugares históricos, sucede con la conservación de los grandes aspectos de la naturaleza. Una prueba de ello es la desaparición de la piedra del Tandil, culpa de la inercia de las autoridades, de la curiosidad ignorante y de la vanidad del pueblo. Las interesantes reliquias históricas precolombinas del noroeste argentino, las colonias de Misiones, las de la época de nuestra independencia, desaparecen rápidamente. El portal de la cada de Tucumán no existe ya; poco ha faltado para que la pirámide de Mayo siguiera el mismo camino, y expuesta está a inmediata destrucción la sala sagrada donde resonó el grito de Mayo. Si esto sucede con los monumentos humanos, igual suerte tendrán muchos de los grandes rasgos naturales del suelo argentino, que son los que explicarán siempre no pocas de las modalidades nacionales. [Nota mía: determinismo geográfico]. El proyecto que fundamos tiende a detener esta destrucción y a conservar para nuestros hijos lo que les hará comprender la genealogía de la Nación, en ambientes de ensueños, de descanso y de instrucción. (...) La educación moderna inculca que nada enseña más que el espectáculo de la naturaleza; que hay que completar la enseñanza en la escuela con la observación directa de los hechos naturales; que el patriotismo marcha a la par del aprecio del ambiente físico nacional, sin el cual no puede comprenderse la historia ni fundarse anhelos colectivos. (...) Esta devoción por la naturaleza se asocia en todos esos casos a la devoción por la patria. (...) El artículo 1º de este proyecto se refiere al parque del Iguazú, para el cual el preparado director de paseos públicos de esta Capital ha construido un admirable plano en el que se consulta (o conjuga) la asociación del goce de los sentidos y la tranquilidad del espíritu con el aprovechamiento de los elementos naturales para la industria, sin perjudicar el conjunto. El salto del Iguazú, rival del Niágara y de los de Victoria en el Zambezi, favorecerá además con su natural atracción mundial, son su parque, el afianzamiento del dominio nacional en su extremo noreste, y el ferrocarril, que el honorable Congreso ha dispuesto construir, tendrá allí una cabecera digna de su alto destino, haciendo que esas regiones dejen de ser argentinas sólo de nombre, como sucede hoy. Las tierras que se mandan adquirir por el artículo 2º contienen variados caracteres naturales, que en conjunto caracterizan la vasta extensión de las 14 provincias actuales, con sus altas montañas y hielos, sus admirables faldas boscosas y los paisajes del llano, testigos de nuestras luchas cruentas y hoy teatro de actividades prodigiosas. Iguales aspectos contienen las fiscales que se reservan en los territorios nacionales entre las latitudes y en las alturas del territorio nacional. Crimen sería que desaparecieran los imponentes bosques de la región vecina de Nahuel Huapi, los colosales alerces inmediatos a Valle Nuevo, rivales de los gigantes californianos, y se modificaran esos y otros parajes como los que rodean a los hermosos lagos y a los ventisqueros extraordinarios del Tronador y del lago Argentino, como también los alrededores del lago Belgrano y del lago San Martín. Y en los Chacos, los bosques seculares con caracteres que no se encuentran en otras regiones de fácil acceso en esta América, requieren la misma área de conservación. En todos estos lugares las generaciones futuras agradecerán la previsión de los que les dejaron esta noble herencia. (...) Los lugares de hechos históricos recordados en nuestro himno, y los que se han impuesto después al recuerdo, el Pasaje de Belgrano, el Campanario de San Martín en Mendoza, el Campo de Caseros, el Puente de Corrientes, los sitios donde se conservan restos de fortines, que evocan la guerra contra el salvaje, cuando corrió tanta sangre de nuestros soldados, deben ser igualmente sitios de peregrinación nacional, altares de la religión de la patria".

Proyecto de ley *"Parque Nacional del Sud"*, elaborado por Bailey Willis (1913)

Artículo 1 - Queda reservada a los efectos de un parque nacional, a perpetuidad, el área aproximada de 11.000 kilómetros cuadrados en la cordillera de los Andes, ubicada sobre el lago Nahuel Huapi y extendiéndose hacia el norte, sud, este y oeste, dentro de los siguientes límites: partiendo del límite con Chile en el canal del río Huahum, el límite norte del parque nacional seguirá por el lago Lácar hasta la desembocadura del arroyo que sale del Paso Pilpil en el lago, y por dicho arroyo al sud hasta su nacimiento en el cerro Armenúa; desde dicho pico bajará hasta el sud-sudoeste por la división de las aguas que corren al oeste y al sudeste hasta el río Meliquina, que cruzará para subir por la continuación de la partida de las aguas hasta el cerro del Buque; desde éste bajará al valle del desagüe del lago Falkne, lo cruzará a un kilómetro al este del mismo lago, y subirá al sud al pico del cerro Alto en la cumbre, entre las cuencas de los lagos Filohuahuen y Traful; seguirá dicha cumbre y la continuación de la misma entre el arroyo Córdoba y los ríos Caleufú y Limay, hasta la confluencia del río Traful con el Limay; cruzará el río Limay aguas bajo de la confluencia con el Traful, subirá a la próxima cumbre al este y lo seguirá hacia el sudeste, dando vuelta hacia el sud y sudeste, cruzando las quebradas de los arroyos largos y entendiéndose aproximadamente paralela al río Limay en una línea distante desde 3 hasta 5 kilómetros del mismo, hasta el punto de triangulación del cerro Carmen de Villegas, sobre el desagüe del lago Nahuel Huapi. Desde el cerro Carmen la línea del límite se fijará por puntos altos, que serán: el cerro de Leones, unos 6200 metros al sud-sudoeste del cerro Carmen; el cerro con cota de 1040, unos 7350 metros al sudeste del cerro Leones; punto de triangulación Bernal, unos 10.000 metros al sud por oeste del Cerro 1040; desde el punto Bernal el límite subirá a la cumbre, entre el arroyo Pichileufu y el río Nirihuau y lo seguirá hasta el *Divortium Aquarum* continental en el grupo de picos llamado cerro Colorado, con cota de 2087; desde el cerro Colorado el límite seguirá el *Divortium* continental hacia el sud, entre los tributarios del río Chubut en la vertiente este y los de los ríos Manso y Puelo en la oeste hasta la esquina oeste de la sección de Fitirihuín de la Compañía Argentina Land and Investment; de allí al sudoeste hasta el pico con cota 2060 del cordón de Cholila, y por el grupo de los Tres Picos hasta el límite con Chile; desde éste último punto volverá por dicho límite al punto de salida, en el desagüe del Lago Lácar.

Artículo 2 - El territorio reservado como parque nacional se destina al placer y descanso. A estos efectos, han de conservarse la belleza, la tranquilidad y la salubridad de todos los parajes dentro del parque, para mantener tanto como sea posible las condiciones de la naturaleza vírgen, sin alterarla por otras obras artificiales que las que sean necesarias para facilitar comodidades a sus residentes y visitantes.

Artículo 3 - El área del parque se dividirá en reservas de dos clases, que son: 1°- reserva absoluta, destinada exclusivamente al interés público, en la que queda absolutamente prohibida la existencia de tierras particulares; 2°- reserva condicional, que consistirá en áreas determinadas, dentro de las cuales se permitirá la posesión y adquisición de propiedades por particulares, bajo la condición de que el propietario se comprometa a cumplir con los reglamentos del parque, a saber: sobre conservación, explotación y plantación de bosques y montes-arbustos; caza y pesca; ganadería y explotación de pastos; ubicación, construcción y conservación de caminos, sendas y demás obras públicas en el parque; defensa contra los que intentaren causar molestias o perjuicios en detrimento de la reserva; cualesquiera otros reglamentos que se establecieren por el Poder Ejecutivo para obtener los fines indicados en los artículos antecedentes.

Artículo 4 - El Poder Ejecutivo clasificará los terrenos del parque nacional por medio de estudios y levantamientos topográficos bien adecuados, a la brevedad que permitan dichos estudios, de acuerdo con los que determina el artículo 3, y destinará a reserva absoluta todo lo que tenga relación inmediata con lo dispuesto por el artículo 2, e incluyendo en la reserva o por su ubicación y carácter se presten a utilizarse más como propiedades, sin perjudicar el interés público. Una vez hecha dicha clasificación, no podrá enajenarse ninguna parte de la reserva absoluta.

Artículo 5 - El Poder Ejecutivo queda autorizado para expropiar, dentro de los límites del parque, los terrenos necesarios a los efectos determinados en los artículos 2 y 4. El terreno expropiado puede declararse como perteneciente a la reserva absoluta o a la condicional, según resulte más apropiado en la fecha de la expropiación.

Artículo 6 - El Poder Ejecutivo queda autorizado a dar concesiones para hoteles, explotar medios de comunicación, hacer instalaciones para aprovechar fuerza hidráulica, suministrar agua, a facilitar la comodidad del pueblo residente o viajero por cualquiera otra obra de utilidad pública, a condición de que se respete lo determinado por el artículo 2 sin enajenar ningún elemento de la naturaleza del parque, ni permitir que se establezcan monopolios permanentes.

Artículo 7 - El producto de la venta de tierras fiscales dentro de la reserva condicional, o de arrendamientos o concesiones, se destinará exclusivamente para gastos de administración, explotación y fomento del parque.

Artículo 8 - La administración del parque nacional dependerá de la Dirección General de Territorios Nacionales, y tendrá a su frente un director, equiparado en deberes, autoridad y sueldo a un gobernador de territorio nacional. El director deberá residir dentro del parque.

Artículo 9 - Si, en virtud de subdivisión de los territorios del sud, el parque nacional quedare comprendido en alguno de los nuevos territorios, el gobernador de éste será a la vez director del parque, sin mayor remuneración.

Artículo 10 - El director del parque tendrá a sus órdenes el personal administrativo y técnico de policía, de guardabosques y subalternos necesarios para administrar el parque, cuidar de las reservas y hacer los estudios que fuere menester.

Artículo 11 - La dirección del parque velará especialmente por la conservación, explotación razonable y replanteo de los bosques.

Fragmento final del memorándum referido al desarrollo de los territorios nacionales, enviado por Francisco Moreno al ministro de Agricultura de la Nación, Honorio Pueyrredón (30 de julio de 1917)

Termino este memorándum, cuya rápida redacción me ha sugerido la conveniencia de ampliarlo y de ilustrarlo en forma de libro. He vivido lo que he escrito en él; al hacerlo he sentido el empuje de los intereses nacionales y al terminarlo recapacito. Si al principio consulté mapas de nuestro territorio, al concluir miro el del Globo. Revisto lo que sé de las fuerzas económicas de otras naciones, que pueden intervenir en nuestro crecimiento o decrecimiento, y me siento obligado a decir cuán necesario es que no perdamos un segundo en desarrollar las nuestras, en forma que el desarrollo de elementos extraños a nuestro país, aún latentes, no nos traiga perjuicios. Bolivia, el Paraguay, el Brasil son ya países ganaderos y productor éste último de cereales, y pronto rivalizarán con nosotros en la producción bovina. Más al norte, Colombia y Venezuela pronto se encontrarán en condiciones más favorables para esa industria, mientras que ya he señalado el desarrollo tan prometedor de la oveja en el Perú, Ecuador y parte de Bolivia. El Canadá produce tanto como nosotros en las industrias agropecuarias, mientras que en el África del Sur avanzan rápidamente. En Asia, concluida la guerra actual, triunfe quien triunfe, sólo Mesopotamia y el Asia Menor producirán más cereales que nosotros con la ventaja de la proximidad de los centros populosos consumidores, y a Siberia se le considera como el futuro mayor granero del mundo; más, la industria pecuaria se está desarrollando allí en proporciones colosales. En 1893 no exportaba una sola libra de manteca, y veinte años después su comercio en este renglón, pasó de ¡40.000 toneladas! No creamos, pues, que continuaremos contándonos entre los productores de primera línea de cereales, carne, lana y cueros, con sólo las actividades presentes. Pensemos sí que debemos multiplicar éstas, y que lo conseguiremos si sabemos utilizar prudentemente la tierra. Para ello fundemos una gran institución que nos oriente hacia esa y otras mayores producciones, institución que tenga a su cargo el estudio del suelo y de sus capacidades, que mensure la tierra oficialmente, que ponga toda atención en su entrega a la industria privada, evitando todo cuanto pueda redundar en perjuicio público, que tenga por norma siempre el bienestar general. Institución que podría comprender la Dirección General de Tierras, la Dirección General de Geología y Minas, la Dirección de Bosques y Yerbales, y que estudie el suelo y sus aguas, siempre bajo el punto de vista técnico, quedando a cargo de subsecciones lo administrativo. Le será fácil al

247

Poder Ejecutivo encontrar hombres de buena voluntad capacitados para que, constituidos en comisión, informen sobre la conveniencia de esta institución, y que con su apreciación de nuestra situación geográfica, de nuestros ambientes físicos, de las posibilidades de nuestro suelo podrían proyectar su programa. Hagamos un movimiento como el que hicieron en Estados Unidos sus presidentes, Roosevelt y Taft, buscando el medio de manejar nuestros recursos naturales sin gastarlos, y entonces tendremos los elementos de riqueza que salven a la República de sus dificultades presentes. Tenemos aún mucha y buena tierra pública, procuremos sobre ella la pequeña suma que requieran los primeros trabajos de esa institución y los millones de renta fiscal surgirán donde apenas hoy se recogen sólo centenares de pesos. Un ejemplo: ¿no es increíble que por la ignorancia de quienes entregaran a la explotación leguas que alimentan sólo mil ovejas, abonen arrendamiento igual que la que soporta seis mil? ¡Cuánto recurso desdeñado o malbaratado! En mi carta al señor ministro de Agricultura, de fecha 28 de mayo pasado, le encarecía la conveniencia de suspender toda concesión de carbón y petróleo. El presidente Roosevelt, en 1907, consiguió reservar permanentemente para su país cien millones de acres de tierra, para uso público, por su contenido de petróleo, carbón y varios minerales. Hagamos nosotros otro tanto con las tierras que contienen análogas sustancias. ¡Cuidado con los acaparamientos con miras comerciales y políticas! Declaremos también propiedad nacional el combustible blanco, el torrente, la cascada y, sobre todo, estudiemos la tierra como lo manda el sentido común, cambiando las leyes y los métodos anticientíficos actuales. Sólo así llegaremos a crear la "Gran Nacionalidad Americana del Sur".

Ley Nacional N° 12.103 de "Parques Nacionales" (9 de octubre de 1934)

Artículo 1 - Créase bajo la dependencia inmediata del Ministerio de Agricultura, la Dirección de Parques Nacionales, con domicilio en la Capital Federal.

Artículo 2 - Esta dirección será administrada por un Directorio compuesto por un presidente designado con acuerdo del Senado y ocho directores nombrados por el Poder Ejecutivo.

Artículo 3 - Los miembros del Directorio deberán ser argentinos y durarán seis años en sus funciones, pudiendo ser reelectos. Desempeñarán sus cargos gratuitamente, con excepción de lo dispuesto en el artículo 4.

Artículo 4 - El Directorio queda autorizado a fijar una remuneración de carácter extraordinario al director - secretario, en caso que la índole y cúmulo de sus funciones lo justifique.

Artículo 5 - La Dirección de Parques Nacionales funcionará con la autonomía que le acuerda esta ley, pero el Poder Ejecutivo podrá intervenirla cuando las exigencias del buen servicio lo hicieran indispensable, con cargo de dar cuenta al Congreso en su oportunidad.

Artículo 6 - Será además una institución de derecho público, que tendrá capacidad para actuar privada y públicamente de acuerdo a lo que establezcan las leyes generales de la Nación y especiales que afecten su funcionamiento, siendo sus miembros responsables personal y solidariamente por los actos del directorio, salvo expresa constancia en acta de quienes hubieran votado en contra.

Competencia y jurisdicción

Artículo 7 - A los fines de esta ley, podrá declararse parques o reservas nacionales aquellas porciones del territorio de la Nación que por su extraordinaria belleza, o en razón de algún interés científico determinado, sean dignas de ser conservadas para uso y goce de la población de la República.

Artículo 8 - La Dirección tendrá a su cargo la administración y contralor de los parques nacionales que se crean por la presente ley y de todos los parques y reservas nacionales que, de acuerdo a lo dispuesto en el artículo anterior, puedan ser creados en el futuro por el Congreso de la Nación.

Artículo 9 - Ningún parque o reserva situado en el territorio de una provincia será incluido en el sistema de parques nacionales, si antes la provincia no cede al Gobierno Nacional el dominio y jurisdicción dentro de sus límites.

Artículo 10 - Será de la competencia exclusiva de la Dirección propender a la conservación de los parques y su embellecimiento; estimular las investigaciones científicas e históricas, organizar y fomentar el turismo a los mismos, y en general, todas aquellas actividades que por su índole puedan ser comprendidas dentro de esos fines.

Artículo 11 - Declárase reserva, a los efectos de la exploración y explotación minera, las zonas comprendidas dentro de los parques y reservas nacionales.

Artículo 12 - Las reparticiones públicas, instituciones oficiales o gobernaciones que realicen actos administrativos dentro de la jurisdicción de los parques y reservas nacionales deben dar intervención en esos actos a la Dirección de Parques Nacionales en todos los casos que guarden relación con lo determinado por la presente ley y para su mejor cumplimiento.

Artículo 13 - Salvo el derecho de los municipios y el de los propietarios particulares situados dentro del perímetro de los parques, la Dirección ejercerá su jurisdicción o competencia dentro de los límites que se fije a cada uno de ellos por las leyes de su creación. Puede, asimismo, ejecutar, libre de impuestos nacionales, todos los actos de propaganda que se juzgue necesarios en el territorio de la República.

Artículo 14 - Sin perjuicio de lo dispuesto en la primera parte del artículo anterior, la Dirección podrá reglamentar y fiscalizar las explotaciones forestales, industriales, construcciones, régimen de las aguas, etcétera, de las propiedades privadas situadas en los parques, dentro de los límites del derecho público y administrativo.

Artículo 15 - Declárase bienes del dominio público las tierras de propiedad fiscal situadas dentro del perímetro de cada parque o reserva, con las limitaciones expresadas en el artículo 22 de esta ley.

Atribuciones y deberes de la Dirección de Parques Nacionales

Artículo 16- Dentro de las facultades generales conferidas por esta ley y de las que implícitamente le correspondan con arreglo a los fines de su creación, tendrá la Dirección de Parques Nacionales las atribuciones y deberes siguientes:

a) Distribuir sus cargos y dictar los reglamentos relativos a la forma y condiciones de su propio funcionamiento y el de los parques y reservas. Designar y remover su personal, así como disponer la organización y división de sus distintas oficinas administrativas.

b) Someter al Ministerio de Agricultura el plan de trabajo, presupuesto anual de gastos y cálculo de recursos que se fije dentro de las fuentes señaladas en la presente ley, a los efectos de lo dispuesto en el artículo 17.

c) Intervenir en todas las actuaciones administrativas que se refieran directa o indirectamente a los parques y reservas, siendo indispensable su consentimiento para la ejecución de cualquier obra pública que importe una modificación en la situación de aquellos, y recabar de las autoridades nacionales, provinciales o municipales, en su caso, toda la cooperación que necesite para la mejor realización de sus fines.

d) Proteger, conservar y fomentar la fauna y la flora de los parques y reglamentar dentro de ellos la pesca y la caza.

e) Determinar por dos tercios de sus miembros los sitios que merezcan ser propuestos al Honorable Congreso para ser declarados parques o reservas nacionales.

f) Dictar reglamentos sobre el acceso, permanencia y tránsito en los parques y reservas nacionales.

g) Estimular los estudios e investigaciones científicas en las reservas a su cargo, bajo la condición de que sus beneficios alcancen a las universidades e instituciones públicas.

h) Promover el progreso y desarrollo de los parques mediante la construcción de caminos, puentes, escuelas, líneas telegráficas y telefónicas, muelles, puertos, desagües, obras sanitarias, etcétera, pudiendo celebrar convenios para la financiación y ejecución de esas obras con imputación a sus propios recursos y solicitar de las reparticiones públicas respectivas la cooperación necesaria a esos fines.

i) Otorgar y reglamentar las concesiones sobre construcción de hoteles, viviendas, restaurantes, funiculares, alambres-carril, estaciones para el servicio de automóviles, etcétera, y en general sobre cualquier obra, servicio o comercio que se realice en la jurisdicción de los parques o reservas, pudiendo también establecerlos por cuenta propia, pero no explotarlos directamente sino por arrendatarios o concesionarios. Contralorear, asimismo, la organización y tarifas de las distintas empresas que exploten servicios públicos, con la colaboración de las correspondientes oficinas del Estado.

j) Efectuar periódicamente un censo de la población, movimiento y riquezas inherentes a los parques y reservas.

k) Proceder al desalojo de los intrusos en tierras del dominio público que a su juicio no convengan a los intereses de los parques y reservas.

l) Velar por el cuidado y conservación de los bosques, y en general por el desarrollo presente y futuro de la riqueza forestal existente en los parques y reservas, pudiendo a tal fin tomar todas las medidas que juzgue convenientes o necesarias, incluso la de vender o cortar madera fiscal.

m) Disponer del manejo de las tierras del dominio público comprendidas dentro de los límites de los parques y reservas, conforme a las condiciones que establezca la Dirección, pudiendo concederlas únicamente en ocupación a título precario.

n) Disponer la ubicación y trazado de centros de población y lotes agrícolas o pastoriles dentro de los parques, en las extensiones no afectadas por la declaración de dominio público expresada en el artículo 15 de esta ley. Fijar precios y condiciones para su enajenación, concederlos en venta y recabar del Poder Ejecutivo el otorgamiento de títulos definitivos a los compradores.

Del régimen financiero de la Dirección de Parques Nacionales

Artículo 17 - La autonomía conferida a la Dirección de Parques Nacionales comprende también la del manejo de sus propios fondos, conforme a las disposiciones de la ley de contabilidad y de acuerdo al presupuesto anual, aprobado por el Honorable Congreso. En caso de que éste no lo aprobase antes del 1 de enero de cada año, quedará en vigencia por la simple aprobación del Poder Ejecutivo.

Artículo 18 - Además de la suma que anualmente se le asigne en el presupuesto general de la Nación, quedan afectadas al servicio de los parques y reservas nacionales, las entradas, impuestos y tasas siguientes:

a) los derechos de pesca y caza dentro de la zona de los parques y reservas;

b) el producido de la venta de madera fiscal y el beneficio que resulte de la explotación de viveros dentro de los parques y reservas;

c) los derechos de entrada que se establezcan para los visitantes, patentes y derechos de tránsito de los vehículos, embarcaciones, etcétera, empresas de transporte, de turismo, etcétera, y actividades relacionadas con éste dentro de los parques y reservas;

d) el producto de la venta y arrendamiento de las tierras fiscales dentro de los parques y también los saldos pendientes por ventas y arrendamientos pendientes anteriores a la sanción de la presente ley;

e) las multas que resulten por transgresión a los reglamentos de los parques y reservas;

f) las subvenciones, donaciones, legados o aportes de que puedan ser objeto los parques y reservas;

g) el cincuenta por ciento del producido de los impuestos establecidos por la ley 11.283 de 30 de noviembre de 1923;

h) los beneficios que resulten de la venta de revistas, guías, folletos, sus avisos, fotografías y exhibición de películas cinematográficas relacionadas con los parques y reservas:

i) el producido del arrendamiento de locales fiscales para servicios vinculados al turismo;

j) el diez por ciento del importe de los pasajes de turismo que expidan los Ferrocarriles del Estado en las líneas que sirvan a los parques y reservas nacionales.

Artículo 19 - Queda autorizada la Dirección de Parques Nacionales a convenir con el Ministerio de Hacienda y reparticiones autónomas de la Nación la forma de recaudar y percibir los recursos que se le asignan por la presente ley.

De los Parques Nacionales de Nahuel Huapi e Iguazú

Artículo 20 - Créase por la presente ley los parques nacionales de Nahuel Huapi e Iguazú.

Artículo 21 - El Poder Ejecutivo fijará por decreto los límites definitivos del Parque Nacional Iguazú y de la Colonia Militar a que se refiere la ley 6712. Los del Parque Nacional de Nahuel Huapi serán los siguientes: al norte, desde un punto situado en el límite internacional con la República de Chile, a cinco kilómetros aproximadamente al Norte del paso de Cajón Negro se trazará una línea que dividiendo las aguas que caen a los lagos Hermoso y

Meliquida, de las que son tributarias el lago Villarino, se llevará al esquinero noroeste de la propiedad de Cortejarena; el límite Este se iniciará en el citado esquinero Noroeste, siguiendo las líneas Sudoeste y Sudeste de las propiedades de Cortejarena y Traverso, y luego se continuará con las líneas sudoeste, noroeste y sudoeste del campo de la compañía ganadera Gente Grande hasta su intersección con la orilla este del río Limay; seguirá por dicha orilla hasta su nacimiento en el lago Nahuel Huapi; por el límite sud de la zona de la ribera de este lago hasta la desembocadura del río Nirehuao y por la orilla este de dicho río hasta enfrentar el esquinero sud del lote pastoril 133; de allí se trazará una línea que pase por Cerro Colorado y el paso Villegas y llegue hasta el cauce del río de este nombre; el límite Sud estará constituido por la orilla sud de este río y la misma del río Manso hasta el límite internacional con la República de Chile. El límite Oeste será la línea fronteriza con la República de Chile.

Artículo 22 - Se declaran excluidas de la declaración de dominio público, establecida en el artículo 15 de la presente ley, las siguientes fracciones fiscales:

1°. En el Parque Nacional de Nahuel Huapi:
a) Las existentes dentro de la colonia agrícola Nahuel Huapi, el pueblo San Carlos de Bariloche y sus ensanches.
b) Una fracción limitada al noroeste por el límite Sudeste del lote pastoril 85 y su prolongación hasta el cruce del mismo con la prolongación del límite Norte del lote pastoril 96; este límite hasta el arroyo Gutiérrez; este arroyo hasta el límite Norte del lote pastoril 110; este límite hasta el noroeste del lote pastoril 109; por el Este el lote 109 y por el Norte las líneas límites de los lotes agrícolas y mixtos de la colonia Nahuel Huapi hasta el lago Moreno, y la costa de este lago hasta el lote pastoril 85.
c) Las tierras situadas entre el límite Sud del lote pastoril 9, el límite Oeste del lote pastoril 11, la parte más angosta del itsmo de la península Ketrihué y la costa del lago Nahuel Huapi, destinadas para el trazado de un centro de población.
d) Las tierras situadas entre el límite Norte de las adjudicadas a la sucesión O'Connor, la parte más angosta del istmo de la península de Ketrihué y las costas del lago Nahuel Huapi.
e) Una fracción de 1250 hectáreas, comprendidas entre el límite Norte del lote pastoril 22, la costa del lago Nahuel Huapi y el límite Este del lote pastoril 15.

f) Una fracción de 400 hectáreas situada en el frente de los lotes pastoriles 1, 2, 3 y 4 de la colonia Nahuel Huapi, destinada al trazado de un centro de población.

g) El lote 10 de la sección XXXVIII del territorio del Neuquén;

h) La península de Llao Llao, situada al oeste de la colonia agrícola Nahuel Huapi.

i) Una fracción de 625 hectáreas a ubicarse en el brazo Huemul.

j) Los sobrantes fiscales que puedan existir en los lotes agrícolas y pastoriles adjudicados en venta en la fecha de sanción de esta ley.

2°. Facúltase al Poder Ejecutivo a excluir de la declaración de dominio público, establecida en el artículo 15, las fracciones de tierra que a su juicio sean necesarias para la formación de centros de población o instalaciones de hoteles, restaurantes, campos de deportes y todo otro establecimiento destinado a satisfacer las necesidades del turismo en los parques nacionales de Nahuel Huapi y del Iguazú, dentro de la superficie máxima de las 5000 hectáreas.

Artículo 23 - La Dirección de Parques Nacionales deberá resolver dentro del plazo de diez años contados desde la fecha de sanción de esta ley la ubicación y destino que deba darse a las superficies expresadas en el artículo 22, pudiendo concederlas en venta o arrendamiento hasta por 25 años, destinarlas al trazado inmediato o futuro de centros urbanos o incorporarlas a la declaración del dominio público dispuesta en el artículo 15 de la presente ley. Las tierras que al vencimiento de este plazo no hubiesen sido objeto de una resolución especial, quedarán incorporadas al dominio público conforme lo dispuesto en el artículo 15.

Artículo 24 - Las tierras de los parques y reservas nacionales que por cualquier motivo vuelvan al patrimonio fiscal quedarán a disposición de la Dirección de Parques Nacionales, siendo facultativo de la misma adjudicarlas nuevamente o incorporarlas a dominio público.

Disposiciones generales y transitorias

Artículo 25 - Los municipios situados dentro de los parques nacionales conservarán la autonomía que les confieren las leyes de la Nación.

Artículo 26 - Queda prohibido crear nuevos pueblos de propiedades particulares dentro de los parques nacionales sin autorización expresa de la Dirección, que resolverá sobre las características de sus trazados.

Artículo 27 - Sin autorización expresa de la Dirección no podrá establecerse en los parques nacionales nosocomios, sanatorios o casas de salud para la asistencia de enfermedades crónicas contagiosas.

Artículo 28 - El vivero nacional de la Isla Victoria pasará a depender de la Dirección de Parques Nacionales.

Artículo 29 - En caso de incendio de bosques, será obligatoria la concurrencia, para la extinción del mismo, de los pobladores vecinos de la zona.

Artículo 30 - Las disposiciones de la presente ley relativas a su régimen financiero regirán a partir del 1 de enero de 1935.

Artículo 31 - Quedan derogadas todas las leyes en lo que se opongan a la presente.

Artículo 32 - Comuníquese al Poder Ejecutivo.

Proyecto de ley "Federalización definitiva de la zona de frontera patagónica declarándola parque nacional e incorporándola al régimen de la Ley Nacional N° 12.103" enviado por Exequiel Bustillo al ministro de Agricultura, Ganadería, Comercio e Industria de la Nación, Diego E. Mason (noviembre de 1943).

Con fecha 9 del corriente mes, en el diario La Nación apareció el siguiente telegrama (año 1943):

Chile
El traslado de la sede del gobierno

Santiago, F. - Con el fin de estar en contacto con las necesidades de las provincias del norte y del sur del país, con el objeto de satisfacer un antiguo anhelo encaminado a descentralizar la administración pública, se tiene el propósito de trasladar la sede del gobierno por dos meses en el invierno al norte y por dos meses en el verano al sur del país. En el norte la sede del gobierno se instalaría en Iquique, y en el sur en Osorno.

La lectura de este telegrama pone de manifiesto la preocupación del Gobierno chileno por vencer los inconvenientes que se derivan en países de extenso territorio de un gobierno excesivamente centralizado, tanto desde el punto de vista administrativo como político. Implícitamente la iniciativa chilena tiende también a un contacto más directo con el sur del país y de la parte patagónica argentina sobre la cual mantiene en forma latente propósitos de expansión.

¿ Puede nuestro país neutralizar los efectos de esa política del país vecino, favorecida como está por su proximidad geográfica ? Esto es lo que se pretende con el proyecto adjunto.

a) Estado actual de la frontera de la Patagonia y problemas que se derivan del mismo

Es público y notorio el abandono en que la Argentina ha tenido durante muchos años su región patagónica y en especial aquella de la cordillera que, por su falta de comunicaciones, se ha mantenido totalmente aislada y que por su vecindad a los centros poblados del sur de Chile ha estado casi totalmente bajo la influencia del Pacífico, a cuyo *hinterland* pertenece geográficamente. No es exa-

257

gerado afirmar que casi un 60% de la población ha sido hasta hace poco chilena, siendo también manifiesta la intervención invisible de las autoridades chilenas a través de muchos aspectos de la vida civil y económica, como ser: registro civil, asistencia hospitalaria, educación, comercio, etc.

La actual división administrativa de a Patagonia se ha constituido, por cierto, en un factor favorable de la dominación de este estado de cosas, ya porque los gobernadores han carecido de las facultades y recursos necesarios para que su función de gobierno se cumpliese de acuerdo a lo que el país exigía o porque el asiento de sus gobiernos situados sobre el litoral están demasiado lejos para mantener el contacto directo con una región que, más que ninguna otra, requiere la presencia continua de la autoridad y que se conserve vivo un sentimiento nacional. La diferencia notoria de las características económicas que existen entre ambas regiones de la cordillera y del litoral ha sido también obstáculo serio, porque imponen una técnica de gobierno totalmente diferente, al punto que el ministro Melo proyectó, en su hora, una división distinta formando una sola unidad geográfica y administrativa con la región montañosa y boscosa de la cordillera (gobernación de los lagos).

Con el gobierno del general Justo, la Argentina rectifica en parte su perniciosa negligencia y a partir de ese momento la acción oficial se hace sentir en distintas zonas. Fruto de ella son las guarniciones militares que se instalan a lo largo de la cordillera; la obra vial, que contribuye a favorecer las comunicaciones y, por último, la creación de la Dirección de Parques Nacionales que, aunque en un radio limitado, ha desarrollado una acción de evidente progreso.

Sin embargo, todas esas iniciativas, por grande que sea su mérito, no constituyen un plan orgánico ni la política firme que la seguridad de esa frontera requiere si se desea para el futuro asentar allí una civilización verdaderamente argentina, que guarde relación con la grandeza alcanzada por el país en otros sectores de su territorio.

El hecho actual y notorio, a simple vista, es que en la densidad demográfica de ambos lados de la frontera existe una relación 0,45 para la población argentina contra 10,6 del lado chileno, o sea 25 veces superior a la nuestra (La Prensa del 15 del corriente, editorial titulado "La colonización de los territorios del sur"). Esto en cuanto se refiere a la desproporción demográfica dentro de sus respectivas fronteras; pero si se tiene en cuenta que a ello hay que agregar todavía la continua corriente migratoria por el mejor salario o el mayor valor de la moneda que en ciertos lugares, como en Bariloche –lo que he visto con mis propios ojos–, se traducen en contingentes realmente numerosos, puede tenerse la certeza de que el desequilibrio a favor de la corriente del Pacífico, a través de los años creará a la Argentina una situación realmente difícil, convirtiendo aquella maravillosa región en una especie de Alsacia y Lorena, cuando no en un campo propicio para teorías plebiscitarias susceptibles de ser resucitadas en cualquier momento internacional favorable.

b) Importancia económica de esa frontera

Lo expresado pone de manifiesto el valor militar y político de esta región de nuestro territorio; pero a ello debe agregarse su riqueza potencial y sus posibilidades económicas de proyecciones tan vastas que es dable afirmar que, dentro de su marco, cabe desarrollar industrias y una producción que equilibrará en muchos aspectos la economía argentina.
La superficie marcada en rojo en el plano adjunto, y que es la que motiva este memorándum, alcanza una extensión de ciento cincuenta mil kilómetros cuadrados, vale decir superior en tres o cuatro veces a la República Suiza y con una capacidad por lo tanto para una población aproximada de quince millones de habitantes, que vivirían allí no sólo frente a un paisaje maravilloso proclamado como uno de los más hermosos del mundo, sino también en un clima similar al del norte de Europa y, por ello, apto para las razas más activas e industriosas como las nórdicas.

La enunciación de ese solo cuadro basta para darse cuenta que en la región de nuestra cordillera no sólo se pueden echar las bases de una gran provincia argentina, sino todo un país sobre el cual tarde o temprano echarán su mirada ávida las grandes potencias imperialistas que, pletóricas de población, vienen buscando, como lo prueba la guerra actual, los pocos espacios vitales disponibles en la superficie de la Tierra.

En esa región, la Argentina puede disponer de cinco o seis millones de caballos de fuerza, cifra que da una idea de las industrias que podrían desarrollarse allí, entre las cuales cabría destacar las textiles, teniendo como se tiene la lana al lado mismo, y las electroquímicas que requieren energía barata.
La inmensa región de bosques cuyo suelo y clima tanto se presta para el desarrollo de una riqueza maderera a base de un vasto plan de reforestación, de

especies comerciales útiles y que hoy día se importan por millones de pesos del extranjero, constituye también uno de los aspectos económicos más interesantes que cabe destacar.

Puede señalarse también la riqueza pesquera que bien organizada y aprovechando su enorme superficie lacustre constituye como Noruega, Suiza y Escocia un renglón importante, ya que la trucha y el salmón pueden tener un mercado ilimitado en todo el continente sudamericano.

Agregaré finalmente a todo esto el turismo, para lo cual la región reúne condiciones excepcionales y que por su desarrollo en vasta escala constituirá el mercado impulsador de la industria granjera; así como también la minería, de la que existen ya en explotación algunos yacimientos de carbón y estaño de singular importancia y se tendrá una idea acabada de lo que puede significar para el país una política definida que tienda a poner en valor y en condiciones de rápido progreso un pedazo tan privilegiado de nuestro suelo.

c) Solución que se propone

El país ya tiene una experiencia realizada en lo que se refiere a la administración de esa zona: es la Dirección de Parques Nacionales que, creada hace nueve años por ley 12.103, ha podido cumplir una tarea que, colocando a Bariloche y a su zona de influencia en un nivel de progreso y de argentinización extraordinarios, nos da la pauta de lo que también podría hacerse en el resto de la cordillera ampliando su jurisdicción y sus recursos. Es lo que propongo, con lo cual se extendería a toda esa zona, cuya riqueza e importancia política queda señalada, los beneficios de un régimen que por su elasticidad y autonomía permite desarrollar una acción pública rápida e intensa que una excesiva dependencia del gobierno central, como les sucede a las gobernaciones hace muchas veces difícil y hasta imposible.

Cabe asimismo poner en evidencia que convertir en Parque Nacional toda una zona que se destaca por su extraordinaria belleza, digna de ser conservada celosamente como un valor económico, implica su federalización definitiva y por ende sustraerla a la contingencia política futura, en forma tal que el Gobierno Nacional a través de la Dirección de Parques Nacionales y de los organismos de su dependencia (Ministerios de Guerra, Vialidad, etc.) mantendría siempre allí una influencia directa y permanente que le permitiría controlar desde ahora la evolución económica, política y social de una frontera sobre la que conviene a todas luces mantener una vigilancia que nunca será excesiva.

El mismo nombre de Parques Nacionales aleja toda sospecha y cubre apariencias bajo las cuales es más fácil cuidar los aspectos militares que con el andar del tiempo irán lógicamente tomando cada vez más importancia. Por eso sería conveniente que entre la Dirección de Parques Nacionales y el Ministerio de Guerra hubiese una estrecha vinculación.

En el plano que se adjunta bajo el número uno marcado con colorado se delimita la zona que motiva este memorándum y a la que se le daría el nombre de "Parque Nacional de la Patagonia", bajo el número dos se acompaña otro plano y en donde marcado con verde aparecen los Parques y Reservas actuales. De la comparación de ambos surge claro el proyecto que se propone.

Para delimitar esta nueva superficie de Parques Nacionales que va desde el lago Aluminé inclusive hasta el límite que separa nuestro país del departamento de Magallanes de Chile, se ha tenido en cuenta sus características geográficas y de belleza escénica y determinados meridianos y paralelos de modo que sus límites fuesen precisados con facilidad.

Este parque estaría a cargo de la Dirección de Parques Nacionales con todas las facultades de la ley 12.103 y en cuyo directorio figurarían siempre uno o dos representantes del Estado Mayor del Ejército a fin de que en la acción a desarrollar se tuviese siempre en cuenta los problemas presentes y futuros de la defensa nacional. Administrativamente, la región sería dividida en cuatro subintendencias a cargo del personal civil correspondiente y con la adscripción de los distintos jefes de las agrupaciones militares con asiento allí, para que en todo momento existiese una mancomunidad de ideas y propósitos en lo que se refiere a la seguridad de la frontera.

Señalo como antecedente interesante que el Brasil tiene federalizada y como dependiente del gobierno central una franja de su frontera con Bolivia, Paraguay, la Argentina y el Uruguay. Entiendo que también Estados Unidos –aunque no puedo afirmarlo con seguridad– mantiene federalizada una parte de su frontera con el Canadá.

En el caso que se propone para nuestro país, las circunstancias serían mucho más favorables por tratarse de la formación de un gran parque nacional de dimensiones casi similares al gran Parque Nacional de Banff, en el Canadá.

Programa a Desarrollar

De llevarse a cabo esta iniciativa, cuyo decreto-ley contemplando todos los problemas conexos podría proyectar Parques Nacionales, la primera medida a tomar sería la designación de una comisión amplia integrada por hombres especializados y dividida en varias subcomisiones, para que en el término de seis meses, aprovechando la época propicia del verano próximo, se expidiesen y estudiasen las cuestiones siguientes:

a) clasificación de las tierras agrícolas, pastoriles y forestales;

b) ubicación y trazado de los numerosos pueblos a fundar a lo largo de la cordillera;

c) inventario aproximado de la riqueza hidroeléctrica existente;

d) ubicación de los viveros que servirían de base para emprender una reforestación en vasta escala de las especies ya experimentadas en la Estación Forestal de la isla Victoria (Parque Nacional de Nahuel Huapi);

e) ubicación de pisciculturas para intensificar la siembra de salmón y trucha, también en vasta escala en los numerosos lagos comprendidos en los límites proyectados;

f) delimitación de las zonas que se conservarían intangibles como sagrarios naturales y planificación de una cadena de hoteles de diversas categorías para llevar una intensa corriente turística hacia todos esos rincones, dando así vida al comercio y a las industrias locales.

Obtenido ese estudio completo, que sería la base del programa a desarrollar, la Dirección de Parques Nacionales construiría los edificios públicos y de asistencia social necesarios en la medida de sus recursos y asimismo los hoteles y caminos que harían posible la comunicación en zonas hasta ahora inaccesibles. Se procedería igualmente a la venta en remate público o por licitación de pequeñas fracciones destinadas a granjas, viviendas, hoteles, etc., dando toda clase de facilidad a los argentinos y a aquella inmigración que el Estado Mayor aceptase. Se buscaría también movilizar capitales argentinos y la ayuda de los bancos oficiales. En una palabra, se desarrollaría todo un plan de colonización vasto, armónicamente conducido, poniendo en movimiento todas las fuerzas de la Nación y cuyo desarrollo sería análogo al cumplido por el mariscal Liautey en el Marrueco francés, citado siempre como ejemplo de rápida y eficaz colonización oficial.

Financiación

Para que este programa pueda llevarse a cabo y no resulte puramente lírico, como ha sucedido en el país con otras tantas iniciativas, sería indispensable que la incorporación de toda esa zona de cordillera al régimen de la ley 12.103 fuese acompañada de los recursos necesarios.

Actualmente la Dirección de Parques Nacionales dispone de un aporte de cuatro millones anuales para obras, sin contar con la suma destinada a su presupuesto administrativo que alcanza a un millón de pesos y de la cual aproximadamente la mitad se recauda en su propia región.

Dada la magnitud de la obra que habría que realizar y que se desarrollaría sobre una superficie de ciento cincuenta mil kilómetros cuadrados, casi virgen y desierta, se haría indispensable elevar a diez millones la partida destinada para obras y en algo más de quinientos mil la dedicada a sufragar gastos de presupuesto.

Si se tiene en cuenta que el Gobierno Nacional gasta más de trescientos millones de pesos en obras públicas sin contar los fondos de Vialidad, es fácil convenir que no es exagerada la suma que se pide, cuando se trata de una superficie tan vasta con relación al resto del territorio y cuya inversión al cabo de algunos años contribuirá a solucionar uno de los problemas más agudos que tiene el país y que se relaciona con el afianzamiento definitivo de la soberanía patagónica.

Hago notar también que la venta de tierra fiscal constituirá en un futuro muy próximo una entrada considerable.

Conclusión

Lo expuesto someramente permite formarse una idea de la importancia del proyecto que se somete a consideración del Poder Ejecutivo, tendiente a la consolidación definitiva del dominio patagónico, ya que al crear una barrera de interés y población argentina en la región de la cordillera resuelve integralmente todo el problema de inseguridad y penetración extranjera que afecta el vasto sur de nuestro territorio, dando a la vez vida al litoral patagónico, que seguiría siempre languideciendo mientras a sus espaldas no se radiquen densos núcleos de población.

Fragmentos del prefacio de "El despertar de Bariloche. Una estrategia patagónica", obra escrita por Exequiel Bustillo (1968)

He procurado evocar aquí, con rigurosa fidelidad, una ardua labor cumplida hace más de un cuarto de siglo. Ello permitirá, a mi juicio, ilustrar al lector sobre cómo se crearon nuestros Parques Nacionales, su difícil desenvolvimiento y las circunstancias aleatorias que me llevaron a dirigir un organismo oficial que, aparte de su función específica de preservar las bellezas naturales y ponerlas al alcance del pueblo, perseguía también, como alto y difícil objetivo, afianzar en su área nuestra soberanía territorial. (...) Es de público conocimiento que estos Parques Nacionales, en su mayor extensión, están ubicados sobre el flanco de nuestra cordillera austral. En plena zona limítrofe con Chile que fue nuestro contendor en una larga cuestión de límites, cuya sustanciación duró más de medio siglo. (...) En ese lapso, nuestra República, absorbida como estaba por graves problemas concernientes a su organización institucional y a su propio desarrollo, se vio obligada a un permanente estado de alerta ante las pretensiones chilenas. (...) Su inteligencia y su saber tuvieron que ser aplicados a la defensa de una integridad geográfica, amenazada por un vecino que por razones geopolíticas se volvía cada vez más inquietante. Sin cejar un solo momento en sus sueños de expansión territorial. Pero si nuestro país soportó serios sacrificios y períodos de aguda tensión, fue ampliamente compensado con el pleno reconocimiento que obtuvo de su derecho. Perdió, es verdad, el Estrecho de Magallanes; pero sólo en apariencia, porque al neutralizárselo quedó abierto a la navegación mundial. En cambio zonas ricas y de gran belleza natural, como las cuencas del lago Lácar, del Mascardi, las adyacentes del Futalaufquen y otras de gran valor, indiscutiblemente argentinas, quedaron, para siempre, incluidas en su soberanía. Tenía, pues, la Argentina, sobrados motivos de sentirse satisfecha con la justicia que se le hacía frente a los absurdos y arbitrarios reclamos de su vecino. (...) Era entonces dable suponer que, después de tantas vicisitudes, esa actividad diplomática que había puesto a prueba el talento y sagacidad de nuestros más brillantes hombres públicos sería seguida, sin solución de continuidad, de un plan de gobierno bien meditado y de alcance constructivo, como para que nuestra soberanía, en esa frontera, se consolidase firmemente. No bastaba el fallo arbitral. Había que apoyarla en algo más que un simple título jurídico. Hundir sus raíces para que esa cordillera con la acumulación de capitales, población y todos aquellos elementos imprescindibles a su progreso, se convirtiese plenamente en Argentina. (...) A la brillante acción diplomática sucede la inercia, el descuido, cuando no el virtual renunciamiento territorial: la conquista del desierto parece detenerse donde la deja la espada de Roca y los audaces planes de Ramos Mejía se desvanecen o se derrumban ante el abierto fuego de un Parlamento que empieza a surgir del comité y no, como antes, de los consejos áulicos de la República. Pero lo grave es que este período de transformación política, que desvió la atención pública de nuestros más fundamentales problemas, vino a ser hábilmente aprovechado por nuestro inquieto vecino. Fue un motivo más que utilizó para estimular la penetración pacífica de una zona geográficamente más dependiente del Pacífico que del Atlántico. Año a año a cientos de chilenos se les ve pasar la frontera e instalarse a voluntad, sin que nadie se lo impida y sin que siquiera merezca la preocupación de nuestros poderes públicos. El manipuleo del Registro Civil, inscribiendo en Chile los hijos que nacen en la Argentina, completa la obra de ocupación que va echando sus raíces. En el día de mañana servirá de pretexto para renovar apetitos, voltear hitos y despertar nuevos anhelos de reivindicación. Es la misma época en que como dice Bailey Willis: "Mientras se baila en Buenos Aires, se queman los bosques de la cordillera". Tal era, en síntesis, el escenario que en 1934 se entregaba a la acción de Parques Nacionales: abandono, indiferencia oficial, lejanía y desierto codiciado, con algunos conatos de colonización que más era el daño que el bien que habían producido. Se puede decir que todo estaba allí por hacerse: desde el ferrocarril detenido en el desierto, hasta los caminos y demás obras o servicios públicos que son signos de un determinado estado de civilización. (...) Y nuestra misma soberanía aparecía también tan frágil y teórica que un chofer de Parques, entre veras y bromas, me decía "que en Bariloche lo que hacía falta era designar con urgencia un cónsul argentino". Conservar la naturaleza en su estado virgen, preservar la belleza del paisaje y procurar el rápido acceso del pueblo constituía, sin duda, nuestra función legal; pero no por ello había que descuidar una soberanía teórica, ejercida con desgano y que, jaqueada constantemente, se hacía urgente apuntalar, dándole bases más sólidas como para obtener su arraigo definitivo e inconmovible. Una política de más largo aliento que la simplemente específica se imponía así a nuestro sentir de argentinos, como para que, sin desnaturalizar la institución, nos permitiese cumplir con el sagrado deber de defender el alto interés nacional comprometido por una situación a la que a todas luces convenía poner punto final. Es, pues, bajo este prisma que hay que juzgar lo que nos tocó realizar durante nuestro largo mandato. Porque partiendo de un estado de cosas, caracterizado por el atraso y una prolongada negligencia oficial, es como se puede apreciar el esfuerzo que, en medio de tremendas dificultades, hubo que cumplir para transformar nuestra región lacustre septentrional en el gran centro de turismo que enorgullece actualmente a la República. (…) Es entonces de justicia reconocer que Parques Nacionales, en los tiempos de nuestra dirección, no sólo puso a salvo los rincones más hermosos del suelo argentino, sino que en los hechos vino a resultar un verdadero instrumento de colonización: creó bases de sustentación demográfica y, al fomentar el turismo, preparó el terreno para completar la conquista del vencedor de Santa Rosa. Tengo la profunda convicción que nuestra ya lejana labor ha dejado así una huella profunda, que no será fácil borrar ni desconocer. Y algo más trascendental: una enseñanza para que ese ejemplo extendido a toda la codillera austral concluya para siempre con controversias y reclamos que encuentran su mejor estímulo en nuestra inercia y despreocupación. El turismo como avanzada, acompañado de una racional conservación de la naturaleza y de un buen y meditado programa de colonización, por elemental que sea, he ahí el camino que la Argentina debe seguir si quiere algún día y de una vez por todas ser dueña de toda esa extensión geográfica que con sus lagos, ríos, bosques, montañas y nieve reúne condiciones para convertirse, a corto plazo, en uno de los centros turísticos más atrayentes e importantes del mundo. Que las nuevas generaciones recojan, pues, nuestra bandera para que, desde el lago Aluminé hasta el lago Argentino, se complete la obra que en su hora inició un grupo de hombres que, animados de los más puros ideales y secundados de un plantel de leales y eficientes funcionarios y empleados, me tocó conducir. En constante combate con una clase gobernante que, con las excepciones que confirman la regla, no tuvo visión ni entusiasmo, ni coraje para fortalecer nuestra patriótica y por cierto perdurable empresa.